자유주의만이 살길이다

한국하이에크 소사이어티 엮음

자유주의 시리즈 · 5

자유주의만이 살길이다

한국 하이에크 소사이어티 편

평민사

차 례

서 문

　　인류 역사는 개인의 자유 쟁취를 위한 역사라고 해도 과언이 아니다. 한국도 예외가 아니다. 4·19혁명과 광주민주화운동, 그리고 1987년의 시민혁명은 모두 절대권력으로부터 개인의 자유를 지키기 위한 것이었다. 그렇게 얻은 확장된 자유로 말미암아 한국은 세계 역사에서 그 유례를 찾아보기 어려울 만큼 짧은 기간에 민주화와 경제성장을 달성한 나라가 되었다.

　　그러나 요즈음, 한국에서 자유주의가 국가 운행의 초석이 되지 못한 채 흔들리고 있으며, 그 흔들림은 현 정부 들어서 더욱 심해지고 있다. 사유재산권을 침해하는 각종 부동산정책, 증가하는 세금으로 표현되는 정부의 비대화 현상, 기업 활동과 기업가 정신을 옥죄는 각종 규제, 정치 구호화가 목적인 양극화 해소정책 등은 모두 개인의 자유를 침해하는 정책들이다. 그 이름 자체에서 오만이 묻어나는 '크고 효율적인 정부'라는 이름 아래 정부가 민간 활동에 깊숙이 개입한 결과, '한강의 기적'이라는 말이 무색할 정도로 요즈음 한국 경제는 나날이 침체되고 있다. 자유주의의 퇴조는 앞으로 한국사회에 더욱 어두운 그림자를 드리울 것이며, 자유주의로 회귀하지 않고서는 한국사회의 부흥을 기대할 수 없다. 이것이 바로 자유주의가 강조되어야 하는 이유다.

　　한국 하이에크 소사이어티는 한국사회의 현안에 대해 자유주의와 시장경제적 시각에서 진단하고 토론함으로써 자유주의적 정책 대안을 모색하는 학회이다. 이번에 한국 하이에크 소사이어티가 『자유주

의만이 살길이다』라는 이름으로 내놓은 <자유주의 시리즈·5>에서
는 한국사회에서 자유주의가 퇴조하고 있는 마당에, 다시금 자유주
의의 의미를 살펴보고 자유주의가 한국사회 운행의 기본 틀이 되어
야 하는 당위성을 심도있게 다루었다. 수록된 논문들은 '월례 논문
발표회'와 2005년의 '제5회 자유주의정책 심포지엄'과 '제4회 초정박
제가 포럼'에서 발표한 논문들을 수정·보완한 것이다.

　제1부 '자유주의의 기본원리'에서는 동서양의 자유에 대한 인식을
그 철학적 의미에서 공자와 하이에크, 그리고 포퍼를 중심으로 살펴
보고, 현재 한국사회에서 중요한 자유주의 운동 세력으로 떠오르고
있는 자유주의연대의 철학적 기초를 검토하였다. 제2부의 '자유주의
와 정치'에서는 경제시장과 정치시장에서의 도덕적 동기, 이 시대에
요구되는 지식인의 역할, 지식의 관점에서 본 NGO 활동 등을 다루
었으며, 제3부의 '자유주의와 경제'에서는 지식의 관점에서 본 통화
문제, 노동시장과 민주화, 그리고 민주주의와 시장경제가 진보로 나
아가는 길 등을 수록하였다.

　아무쪼록 이 책이 지식들의 한국사회의 물질적 풍요와 정신적 번
영을 약속하는 자유주의를 실천하는 데 도움이 되는 공론의 장이
되기를 바란다.

2006년 7월
한국 하이에크 소사이어티 회장
김영용

제1부 자유주의의 기본원리

공자와 자유
강위석(전 중앙일보 논설위원)

자유주의의 철학적 기초 — 포퍼와 하이에크를 중심으로
신중섭(강원대학교 교수)

자유연대, 뉴라이트 그리고 자유주의
민경국(강원대학교 교수)

孔子와 자유

강위석
(전 중앙일보 논설위원)

1. 사람과 자유

사람과 마음

　사람의 본성 또는 천성이라는 것은 무엇을 이름인가. 본성은 우리
가 본능이라고 부르는 것과 능력이라고 부르는 것의 합게다. 사람이
가진 능력 가운데서 다른 동물의 그것과 다른 것은 거의 전부가 두
뇌적인 능력이다.

　사람을 알기 위해서는 생물을 아는 것은 필수적이다 (비록 사람
의 생물부분과 인간부분을 환원론적(reductionist)으로 가를 수는 없
지만). 생물학 교과서 하나에서 생물개체(living organism)에 관하여
다음과 같은 구절을 인용한다.[1]

　　다음 글 가운데서 이탤릭으로 표시한 것은 살아 있는 상태와 관
　　련되는 주된 성질이다. 첫째로 모든 생물개체는 *정확한 구조적 조*

---

1) p9, Biology, Concepts and Connections/N. A. Campbell, L. G. Mitchell, J. B.
Reece/The Benjamin & Cummings Publishing Company, Inc/1994

직(*precise structural organization*)을 가지고 있다. … 생명을 정의하는 다른 특징은 구조적 질서로부터 창발(創發, emerge)한다. 예를 들어 여러 가지 일을 하기 위하여 에너지를 *흡취하여* 사용하는 능력은 생명개체의 소화, 순환, 신경, 근육 계통에 있는 세포와 분자의 정확한 배열에서 창발한다. 생명체의 다른 능력들, 즉 환경이 주는 *자극에 대응하는 능력, 성장하고 발전하는 능력, 생식(生殖)하는 능력*은 모두 세포와 신체 부분의 정확한 배열에서 창발한다. …*진화* 능력은 종(種)전체(population)수준에서 일어나는 성질이다. …생명이란 것은 생명개체와 종 전체가 본성으로 가지고 있는(inherent in organism and population) 특별한 구조적 질서에서 창발된 *특별한 한 벌*(*a particular set of emergent properties*)의 성질들이라고 말할 수 있다.

사람이 가진 기본적인 본능은 다른 동물들, 특히 고등동물이 가진 본능과 다를 것이 없다. 개체보존본능과 번식본능은 사람의 본능 가운데 기본적인 것이고 다른 동물들과 공유하는 본능이다. 본능은 외부와 내부의 자극을 감각하고 거기에 대응한다. 생명은 죽음에 비하여 불완전하고 불확실하다. 본능도 마찬가지로 불완전하고 불확실하다.

다른 동물도 기억과 사고(思考)능력을 낮은 수준이나마 가지고 있다. 사람은 다른 동물 수준을 넘는 기억과 사고능력을 가지고 있다. 다른 동물의 것을 넘는 사람의 기억과 사고능력을 뭉뚱그려 '능력'이라고 부르기로 하자. 능력은 목적을 달성하려는 게임에 주로 사용된다. 사람의 능력은 불완전하고 불확실한 것이어서 왕왕 오류와 실패를 낳는다. 생명이란 것이 그런 것처럼 특히 시간의 경과에 맞서 충분히 오래 견딜 수 있는 '능력'은 없다.

사람에게는 역시 불완전하지만 생각을 생각하는 능력이 있다. 자신이 생각하고 있는 것을 생각해 보는 것이 그것이다. 자신을 객관화하는 일, 자신의 생각을 비판하는 일이 그것이다. 이것은 본능과 능력이 합하여 창발한 것이라고 보인다. 그러나 사람의 마음속에서 이것은 별도의 층을 형성하는 것으로 보인다. 이것을 관조(觀照)라고 부르기로 하자. 관조가 매우 세련되면 소강절이 반관(反觀)이라고 부른 것에 이르게 될 것이다.

> 반관이라는 것은 나를 가지고 물체를 보는 것이 아니다. 나를 가지고 물체를 보는 것이 아니란 것은 물체를 가지고 물체를 보는 것을 이른다. 이미 능히 물체를 가지고 물체를 볼 수 있다면 어찌 그 사이에 내가 또 있을 수 있겠는가?[2]
> 所以謂之反觀者　不以我觀物也　不以我觀物者　以物觀物之謂也　既能以物觀物
> 又安有我其間哉

능력과 관조가 교호(交互)하면 사람은 자신에게는 불가지(不可知), 불가능(不可能) 영역이 있다는 것을 알게 되고, 예술품이나 신(神)을 알아보거나 창조하는 일, 도덕, 수학, 논리 등을 만드는 능력이 가능해진다. 능력이 현실적 층임에 비하여 관조는 상징적이다.

사람에게 창발(創發)되어 있는 소프트웨어는 본능, 능력, 관조, 이렇게 3층으로 된 구조를 가지고 있다.[3] 이 세 층은 분리되어 있는 것이 아니라 서로 상호작용과 상승작용을 한다. 본능과 능력, 본능과 관조, 또 능력 층 안에서는 기억, 사고 등이 상호·상승작용을 한다. 이들의 상호작용에는 일정한 방향성이 없다. 본능은 관조에 참여하며 본능이나 능력 없이는 관조가 가동하지 못한다.

---

2) 소강절 지음, 노영균 옮김, 『황극경세서』, 대원출판, p186, 觀物內篇
3) 3층으로 된 우주관, 인생관, 역사관으로는 천지인(天地人) 3재: 욕계, 색계, 무색계 3계(界): id, ego, super ego의 triplet 구조: 정(正), 반(反), 종(綜)의 변증법 등이 있다.

관조 층에 감각이 상호작용을 일으키지 않는다면 '아름다움'이란 가치는 있을 수 없을 것이다. 감각은 본래는 본능 층의 것이다. 한자에 美(미)와 善(선)이 둘 다 羊(양)을 요소로 가지고 있는 것은 유목민에게 양은 가장 맛있고 이로운 식품이었기 때문이라고 한다. 맛있다는 것은 아름다움(美)이고 이롭다는 것은 착함(善)이다.

생명체의 하드웨어 구조는 정확한 것으로 특징지을 수 있다. 여기서 창발하는 본능, 사고, 가치창조 등 소프트웨어 층들은 정확한 구조를 가지고 있지 않다. 그리고 그 정확성은 층수가 본능에서 사고로, 사고에서 가치창조로 올라갈수록 점점 그 정확성은 떨어진다. 그렇더라도 그것이 정확한 물질적 구조에서 창발한다는 것이 현대 생물학이 암시하는 결론이다.

자유

자유는 위에서 말한 사람의 본능, 능력, 관조 이 모든 층에서 무엇일까.

이 질문을 염두에 두면서 이 글에서는 서양의 자유 개념 가운데 홉스(Thomas Hobbes)와 벌린(Isaiah Berlin), 이 두 사람의 것을 준거(準據)로써 택하고자 한다.

홉스는 인간의 노력이 어떤 대상을 향하려는 것일 때는 그것을 욕구(desire, appetite)라고 부르고 어떤 대상을 떠나려는 것일 때는 기피(aversion)라고 불렀다. 그는 자유(liberty, freedom)는 어떤 개인의 행동(movement)에 대하여 외부의 방해(external impediment)가 없는 것이라고 정의하였다.4)

---

4) Chap. 6, 및 Chap 21, Leviathan/T. Hobbes/1651. 홉스 자신은 사람들에게 이런 자유가 주어지면 '만인의 만인에 대한 투쟁'이 일어날 것이라는 비관적 견해 때문에 철저한 전제주의를 주장하였다.

　홉스는 인간의 자연스런 상태에서는 도덕이라는 것이 존재하지 않는다고 보았다. 그는 인간이 욕구하는 것이면 그것은 선(善, good)이고 기피하는 것이면 그것은 악(惡, evil)이라고 보았다.

　이런 욕구나 기피가 일어나는 기초적인 층은 본능이다. 프로이트는 그의 후기에 인간의 본능을 에로스(eros, 사랑의 신)와 타나토스(thanatos, 죽음의 신), 두 가지로 압축하였다.5) 긍정적인 본능과 부정적인 본능으로 구분한 것이다.

　인간이 가진 본능으로 생각되는 것들 가운데 호기심, 측은(惻隱), 인정(人情), 성애(性愛), 자식 사랑, 사회성, 동정, 놀이, 모방, 건설하기, 획득, 축적 등은 전자에 들어갈 것이고 공포, 분노, 수줍음, 질투, 선망, 비밀, 적대, 복수, 가해, 공격, 좌절, 살해, 폭력, 훔치기 등은 후자에 들어갈 것이다. 이 분류는 반드시 합리적인 것은 아니다. 긍정적인 본능이라고 본 호기심이 곧 부정적인 본능으로 본 훔치기에 연관될 수 있다.

　홉스가 17세기인 근대 초기에 자유를 설명한 학자인데 비하여 그 후 미국독립, 프랑스혁명, 식민지쟁탈 시대, 유럽의 민족주의 시대, 1차대전, 소련혁명, 2차대전을 겪은 다음인 약 3백년 후에 다시 자유에 대한 해석에 가담한 벌린의 설명을 간단히 기술해 보자. 벌린은 자유를 적극적 자유(positive freedom)와 소극적 자유(negative freedom)로 나누었다.

　자신의 선택, 결정, 행동을 자기 개인이 제어하고 있다고 '인지(sense)'하는 것이 적극적 자유다. 외부적 요소들은 자신의 개인적인 행동에 별다른 영향을 미치지 못한다고 느끼는 것이다. 적극적 자유는 주관적이고 개인적이며 그 주인공은 자기 자신이다. '~을 향한 자유(freedom to~)'다. '나는 자유롭다'라는 인지 내지 느낌이 이 자

---

5) 초기에는 그는 본능을 개체보존본능과 생식본능 두 가지로 나누었다.

유의 핵심이다.

자신이 무언가를 '추구하고 있다'라는 뜻에서 능동적이며 긍정적이고, 주체적으로 행사하는 자유다. 자신의 욕망을 달성하는 것과 관련해서 생각하면 자유라는 것은 적극적 자유를 우선적으로 뜻한다.

적극적 자유는 사람뿐만 아니라 생존본능, 번식본능을 가지고 있는 모든 동물이 본능적으로 바라는 바다. 바라기 이전에 그들은 본래 존재로서 자유스러운 것이어야 한다고 프로그램 되어 있는 듯 행동한다. 예컨대 어떤 야생동물을 좁은 공간에 처음으로 감금했을 때를 생각해 보자.

그 녀석은 일단 그 감금을 뚫고 나가려고 노력한다. 감금은 부당하며 그 감금을 자신이 당연히 뚫을 수 있다고 여기는 것으로 행동한다. 다시 말하면 자신은 적극적 자유를 가진 존재로 행동하는 것이다. 이런 행동은 녀석이 좌절하여 자유를 포기할 때까지 계속된다.

이에 대하여 벌린은 소극적 자유는 어떤 사람이 고통스러운 입장, 유해한 자극, 기아, 질병 등에서 (대체로) 벗어나 있는 '상태(state)'라고 말한다. 소극적 자유는 그 중심이 자유의 주체인 사람이 아니라 그 사람에게 주어져 있는 상태가 된다.

이 자유는 '~으로부터의 자유(freedom from~)'로 표현된다. 어떤 개인이 자신은 자유롭다고 느끼는 주관적 '인지'가 아니라 자신이 처해 있는 상태에 대한 객관적 묘사다. 다른 사람, 자연, 사회, 국가, 관습, 도덕, 규칙, 입장 등 외부가 자신의 행동을 방해하지 않고 있는 상태 말이다.

적극적 자유는 어떤 것(즉, 자신의 제어력, 자제력, 자기 결정력, 자기 실현력, 등의 능력)의 '존재(presence)'를 말한다. 그래서 적극적 또는 긍정적이라는 표현을 얻을 수 있다. 반면에 소극적 자유는 어떤 것(즉, 외부의 장애, 장벽, 제약, 간섭 등의 방해)의 단지 부재(absence)를 말한다. 그래서 소극적 또는 부정적이라는 표현을 얻었다. 자유의 주체인 어떤 개인에 대하여 적극적 자유는 내부적 요소이고, 소극적 자유는 외부적 요소다.6)

자유는 원천적으로 그 주체가 개인이고 개인이 주관적인 인지(認知, sense)다. 다시 말해서 적극적 자유야말로 사람들이 바라는 자유의 옹근 모습이다. 그런데 주관적인 인지가 있기 위해서는 그 이전에 그런 인지를 일어나게 하는 외부적 상태 조건이 필요할 수 있을 것이다.

다시 말하여 '외부의 방해가 없는 상태'라는 것이 있어야 '자신이 자신의 행동을 주관하고 있다고 인지'하게 될 수 있을 것 아니냐는 논리가 그것이다. 그러나 어떤 객관적인 상태가 성립해 있다고 해서 반드시 동일한 주관적 인지를 일으키는 것은 아니다.

같은 나라의 같은 관습과 법률 속에서 사는 두 사람 가운데 한 사람은 그 나라를 자유롭다고 생각하는 데 반하여 다른 한 사람은 부자유스럽다고 생각할 수 있다. 이것은 동일한 소극적 자유가 개인에 따라서 동일하지 않는 적극적 자유가 될 수 있으며 그것이 보통이라는 것을 말해 준다.

한편, 욕구나 기피를 구태여 본능적인 것에 한정시킬 필요는 없을 것이다. 그리고 이런 행동에 대한 방해가 반드시 외부의 것에 한정될 필요도 없을 것이다. 다시 말해 욕구나 기피는 본능 층에서만 일어나는 것이 아니라 관조의 층에서도 일어난다.

그리고 방해는 외부만이 아니라 개인 내부에서 능력의 부족으로 나타날 수도 있다. 또는 기피와 욕구 사이의 갈등 양상을 띠고 생길 수도 있다. 본능은 기피하는데 관조는 욕구한다든지, 반대로 본능은

---

6) http://plato.stanford.edu/entries/liberty-positve-negative

욕구하는데 관조는 기피하는 경우는 얼마든지 있다.

'사랑을 따르자니 스승이 울고 스승을 따르자니 사랑이 운다'가 이런 갈등을 말하고 있다. 자신의 능력의 부족이나 내부적 갈등이 행동에 대한 방해로 나타난다는 것은 이것을 외부의 탓으로 돌릴 수 없음을 뜻한다. 사람에게 완전한 자유나 이성의 지배 같은 것은 불가능하다는 겸손한 회의론이 여기서 나오게 된다.

소극적 자유, 즉 외부에 의하여 주어지는 자유는 행동 종류의 영역을 정한 영역적인 자유이기도 하다. 금지, 규제, 방해의 대상이 되는 행동과 그것이 없는 행동으로 나누어진다. 해도 괜찮은 것의 영역과 해서는 안 되는 것의 영역으로 이분되는 것이다. 이 영역이 표시되는 방법은 '해서는 안 되는 것을 명시함'으로써 해도 괜찮은 것이 그 나머지로 있게 하는 것이다.

부정적 자유에서 '부정(否定)'은 금지된 영역을 말하기도 한다. 또는 금지되지 않은 것으로서의 자유가 부정적 자유다. 금지되지 않은 것은 무엇이나 '해도 좋다'는 의미의 자유다. 여기서 '해도 좋다'는 것은 '해야 한다', '할 수 있다', '하는 것이 좋다' 이 가운데 그 어떤 것도 아니다.

홉스가 말하는 자유는 전형적인 소극적 자유라고 할 것이다. 그의 자유에서는 적어도 중요한 두 가지가 빠져 있다.

그 하나는 개인의 능력이다. 욕망은 외부의 방해가 없기만 하면 달성할 수 있는 것이 아니다. 부뚜막의 소금도 집어넣어야 짜다는 속담이 있다. 집어넣을 능력의 필요를 말하는 것이다. 욕망은 방해가 없는 외부가 달성시켜 주는 것이 아니라 방해가 있더라도 자신이 달성하는 것이다.

다른 하나는 해도 좋은 영역과 해서는 안 되는 영역을 구별하는 경계선이다. 그런 경계선 없이 그야말로 아무것이나 해도 좋도록 방치된다면 살인자와 약탈자만이 그들의 자유를 행사할 수 있을 것이다.

소극적 자유는 적극적 자유를 도와주는 외부적 조건에 지나지 않는다. 홉스 이후의 18세기 이른바 스코틀랜드 계몽주의 철학자들의 자유는 홉스의 자유와는 다르다.

이들은 자유를 정의할 때 한편으로는 적극적 자유를 말하고 다른 한편에서 강조한 것은 그런 적극적 자유를 위한 외부적 조건인 소극적 자유였다.

대표적으로 로크는 '자유는 어떤 사람이 가지고 있는 특정한 행동을 하거나 삼가는 힘이다'라고 말했다.7) 흄은 '자유란 것은 의지의 결정에 따라 행동하는 힘을 말할 뿐이다'라고 정의하였다.8) 이 두 사람이 이와 같이 말한 자유는 적극적 자유다.

적극적 자유는 자기가 어떤 일을 선택하고 결정하며 완수하는 데 필요한 이런 힘, 즉 능력을 가지고 있다고 느끼는 것이다. 어떤 욕망을 달성하는 데 있어 자연, 사회, 또는 타인으로부터 방해가 강하면 강할수록 그 욕망을 달성하는 데는 더 큰 자신의 능력이 필요할 것이다.

그래서 어지간한 능력으로써는 욕망을 달성할 수 없을 것이고 그런 사람은 자신에게 적극적 자유를 실현할 능력이 부족하거나 없다고 느낄 것이다. 반대로 그런 방해가 없을 때는 훨씬 쉽게 욕망을 달성할 수 있을 것이고 더 큰 자유를 느낄 수 있을 것이다.

적극적 자유와 소극적 자유는 굿과 멍석으로 설명할 수 있다. 굿과 멍석은 본래는 아무 관계가 없다. 굿을 하기 위하여 멍석을 펴고 그 위에서 굿을 펼치게 되면 그제서야 멍석은 굿과 관계를 가지게 된다. 멍석은 굿을 위하여 있는 것이 된다.

멍석은 굿을 위하여 있는 것이고 굿에 비하면 그 가치가 낮을 수

---

7) chap. 21, Book 2, *An Essay Concerning Human Understanding*/ J. Locke
8) section 8, part 1, *An Enquiry Concerning Human Understanding*/D. Hume

밖에 없다. '멍석을 깔아 놓았다'라는 것은 굿을 위한 준비에 불과하다. 멍석이 없어도 굿은 가능하며 멍석이 있다고 하여 굿이 꼭 잘 된다는 보장은 없다. 굿을 하는 것은 광대(배우, actor)다. 멍석은 무대(stage)다.

적극적 자유는 소극적 자유, 즉 멍석의 넓이가 더 커지기를 바란다. 혹은 전에 있던 것과는 전혀 다른 멍석을 요구하게 되는 경우도 있다. 이런 바람이 사회적으로 어떤 소극적 자유를 창발할 것인지는 사회 진화론적 문제가 될 것이다.

실제로 소극적 자유는 사회가 개인에게 '허여(許與)'하는 자유다. 그 사회가 가진 여러 가지 초기 조건과 발전 경로에 따라 그 창발의 시기, 내용, 형태가 다를 것이다. 적극적 자유가 개인의 자유라면 소극적 자유는 사회의 자유인 것이다.

적극적 자유 자체는 오랜 생물학적 진화의 결과이고 수백 년 또는 수천 년 단위의 시간에서 보면 불변의 것이다. 그러나 사람들의 욕망이 목표하는 것, 그것을 달성하는 방법 따위는 역사상의 시간 위에서도 변화해 왔다.

예를 들면 만 년 전에 생긴 농업경제가 그런 것이다. 사람들의 음식에 관한 욕망이 목표하는 것이 수렵이나 채취에서 얻는 동식물이 아니라 농사를 지어 거두는 작물로 바뀌고 수렵이 아닌 농업이 그 방법으로 바뀌었다.

사람들의 욕망의 대상, 실현 방법, 실현 능력의 변화를 '적극적 자유에서의 변화'라고 부르기로 하자. (물론 이것은 결코 적극적 자유 자체의 변화는 아니다.) 이 변화는 생물학적 진화에서 말하는 돌연변이와 유사성이 있다.

이런 적극적 자유에서의 변화가 축적과 확산 과정을 통하여 어떤 임계(臨界)를 넘으면 그 사회적 변화가 이에 부응하는 경우가 생긴다. 이런 사회적 변화, 즉 '소극적 자유의 변화'는 자연의 선택과 닮은 점이 있다. (적극적 자유의 경우와는 달리 소극적 자유는 그것 자체가 변한다.)

생물학적 진화론에서는 돌연변이와 자연의 선택이 서로 전혀 별개의 차원에서 진행되지만 적극적 자유에서의 변화와 소극적 자유의 변화는 서로 피드백 하는 변화로 보인다. 적극적 자유 쪽에서 돌연변이 같은 것이 일어나면 소극적 자유에는 그것을 종내 수용하든가 기각하든가, 이 둘 가운데 한쪽으로 사회의 선택이 일어나는 것으로 보인다.

어떤 면에서 보면 적극적 자유는 안에서 쪼고 소극적 자유는 밖에서 쪼는 줄탁동시(啐啄同時)9)와도 유사하다. 사회적으로 소극적 자유의 변화는 관습, 규칙, 법, 제도, 문화의 변화로 나타난다.

자유를 놓고 동아시아와 서유럽을 비교할 때 적극적인 자유든 소극적 자유든 동아시아에는 그것이 없었다고는 보기 어렵다. 적극적 자유는 다시 말하거니와 인간의 본성이다. 그래서 고금동서나 개인에 따라서 그다지 차이가 나지 않는다. 차이는 주로 능력의 차이며 이것은 사회가 아닌 개인 차원의 것이다.

사회적으로 문제가 되는 차이가 있다면 그것은 사회가 허여하는 소극적 자유의 사회 간 차이다. 동아시아와 유럽 사이의 자유에 차이가 난다면 적극적 자유에서가 아니라 소극적 자유에서 난다. 그러나 이렇게 말하는 것이 이 소극적 자유의 차이가 시초에는 적극적 자유에서의 변화로부터 시작되었다는 점을 외면하려는 것이어서는 안 될 것이다.

예를 들어 유럽에서 십자군 원정 동안에 일어난 상업의 급속한 발달은 적극적 자유에서 일어난 큰 변화였다. 유럽 사회가 상인 계급의 활동과 상업 도시의 등장을 허여한 것은 이런 적극적 자유에

---

9) 병아리는 안에서 쪼고 어미닭은 밖에서 쫀다는 뜻

서의 변화에 대응하여 소극적 자유도 변화한 것이다.

동아시아에서는 적극적 자유에서의 변화가 일어나지 않았을 뿐만 아니라 소극적 자유가 본래 대단히 좁고 경직되어 있었다. 즉 동아시아에서는 소극적 자유라는 멍석이 매우 좁게 유지되어 왔다. 그 이유를 가장 잘 설명하는 것은 위트포겔(K. A. Wittfogel)[10]로 보인다.

위트포겔에 의하면 동아시아적 농업 방식이 동아시아적 전제주의를 뒷받침하고 촉진시켰다. 그 다음에는 이 전제정치가 농업에의 안주와 농업 밖으로 나가는 기회를 제약하였다. 중국의 전제적 대규모 농업경영정치는 치수(治水), 관개(灌漑)에 의한 최고의 농업 생산력을 수천 년간 유지할 수 있었던 것에서 뒷받침되었다.

그 덕분으로 동아시아에서는 소극적 자유의 넓이의 변화, 즉 사회제도의 변화 없이 견딜 수 있었다. 바꾸어 말하면 동아시아에서는 농업사회적 자기만족과 좌절된 안주(安住) 사이에서 새로운 욕망이나 욕망 실현 수단을 찾아 떠나려는 모험심이 임계질량을 이루지 못 했을 것이다.

유럽에서는 중세 말기에 시작된 십자군전쟁으로 인하여 장원제도의 몰락, 같은 때 상업의 융성과 그에 따른 도시 및 시민계급의 등장이 이어졌다. 르네상스를 거치면서 많은 사람들이 자유에 대한 의식을 가지게 되었다.

이런 것이 산업혁명과 정치혁명을 만들어 내기에까지 이르렀다. 이와 같이 새로운 굿은 더 넓은 멍석을 요구하게 된다. 이 요구를 유럽 사회는 수용하는 쪽으로 진화해 온 것이다.

여기서 한 번 더 강조해 두어야 할 것이 있다. 소극적 자유가 진정으로 적극적 자유를 돕고 보호하는 멍석 노릇을 할 수 있으려면

---

10) *Oriental Despotism, A Comparative Study of Total Power*/K. A. Wittfogel/ Yale University Press, Inc./1963

그 멍석이 침범되지 않게 할 장치를 가지고 있어야 한다는 것이 그
것이다.

즉, 남의 자유를 침범하는 자유, 또는 자유를 부정하는 자유는 인
정할 수 없다. 현실적으로 남의 자유를 침범하는 것은 권력이다. 이
런 권력을 행사하는 것은 정부와 무법자들이다. 그런데 좀 이상하지
만 인간의 마음의 관조(觀照) 층에 있는 이성(理性)도 이런 권력을
가지고 있다.

18세기 스코틀랜드의 계몽주의 철학자들은 법이 정부와 무법자들
이 다른 사람의 자유를 침범하지 못하도록 하는 것이 자유의 핵심
이라고 보았다. 그들이 말한 것은 소극자유에 이런 장치가 있어야
적극적 자유가 굿을 제대로 하기에 좋다는 것이었다. 그들은 법은
바로 이 일을 위하여 반드시 있어야 하며 정부는 법을 스스로 지키
고 인민으로 하여금 지키도록 하는 것 그 이상도 이하도 해서는 안
된다고 보았다.

이와 관련된 칸트의 설명은 다음과 같다. "모든 법률은 보편화 가
능성 기준(the criteria of universalization)을 충족시킬 수 있는 것이
어야 한다. 이것은 법률이 일반적이어야 하며(즉, 예측할 수 없는
수의 사람들과 상황들에도 동일하게 적용될 수 있어야 하며), 추상
적이라야 하며(즉, 특정한 행위를 명령하는 것이 아니라 단지 한정
된 수의 행동들을 사전에 금지하는 것이어야 하며), 확정적이어야
하며(즉, 어떤 특정한 행위가 합법적인가 아닌가를 가려내기를 원하
는 사람이면 누구라도 옳은 평가를 할 수 있는 가능성이 높아야 하
며 더 나가서는 오늘의 법규가 내일의 법규와 동일할 것이라고 예
측할 수 있어야만 하며), 합리적인(즉, 이성적 담화일 것을 전제로
하는) 것이어야 한다"11)

---

11) Kant, I. <도덕의 형이상학>, Voigt, Stefan <헌법의 권위 살리기>, Emerge새
천년 1999년 11월호에서 재인용

하이에크는 이 가운데서 법이 이성적이어야 한다는 조건이 이성은 아무것이나 할 수 있다는 식으로 오만하게 발전하여 오늘의 법이 내일의 법과 같은 것이어야 한다는 조건을 능멸하는 경우를 염려하였다. 나아가서 이성의 이름으로 인간의 자유 자체가 파괴되는 것을 염려하였다.

그는 이것을 이성의 오만이라고 부르고 구성주의의 실패라고 불렀다. 과도한 이성은 현재의 질서를 유린함으로써 사람의 자유를 파괴하고, 이성 자체의 한계를 외면함으로써 사회 전체의 실패를 가지고 온다.

2천 5백여 년 전에 공자가 염려한 것도 이것과 유사했던 것 같다.

2. 공자 시대의 중국

공자는 주(周)의 말기인 춘추시대 끝을 살았다. 지금부터 약 2,500년 전이다.

하(夏), 은(殷), 주(周), 삼대(三代)는 중국에서 고대 농업이 일단 완성된 시대다. 삼대(三代)는 대체로 BC 2,200년에서 BC 200년에 걸치는 2,000년간이다. 이 기간에 역법(曆法), 치산치수(治山治水), 관개(灌漑) 등 농업 인프라가 광범하게 완성되었다.

역대의 명군은 농업기술자, 농업지도자였다. 하의 우(禹)는 치산치수의 공적으로 왕위에 올랐다.[12] 주의 건국 이전 시조 가운데 하나인 기(棄)가 그 후 주나라 사람들에 의하여 농신(農神)인 후직(后稷)으로 불렸다는 것은 자기네의 농업적 발전을 그만큼 자랑스러워했다는 것을 상징하기에 충분하다. 주(周)는 자기네가 발전시킨 농업

---

12) 당시의 왕위는 세습(世襲)이 아니라 선양(禪讓)이라는 제도를 따랐다. 선양은 현왕이 후임 왕을 선택하는 제도임.

생산 방식과 거기에 기초한 정치·경제체제로써 중국 역사에서 '주나라 8백년'이라는 큰 획을 그었던 나라였다.

중국이라는 말은 단일국이 아닌 복수의 나라를 지칭하는 것이 그 원형이다. 중원(中原)에 있는 여러 나라들이라는 복수 명사다. 이 여러 나라의 집합을 천하(天下)라고 불렀다. 중원은 황하 중류와 하류 지역이다. 지금의 섬서성(陝西省) 동부에서 산동성(山東省) 서부에 이르는 황하 유역이다.

춘추전국시대를 지나면서 중원의 개념은 한수(漢水), 양자강 이남으로까지 넓어진다. 공자가 살고 있던 춘추시대의 중국에 몇 개의 나라가 있었는가를 정확하게 말해 주는 문서는 없다고 한다. 70여 개의 나라가 있었다는 말이 있다.

그보다 일찍, 주(周)나라 초, 즉 서주(西周) 시대에는 천여 개의 제후국이 있었다고도 한다. 주나라 말기인 전국시대의 끝, 즉 진(秦)이 천하를 통일하기 직전에는 10개 미만의 나라로 줄어들었다. 공자는 이렇게 나라의 숫자가 줄어들고 있는 것을 주나라 식의 봉건체제가 무너지고 통일된 전제국가가 탄생하고 있는 과정으로 이해하였던 것으로 보인다.

공자는 하(夏), 은(殷), 주(周) 3대와 그것을 앞선 요순(堯舜) 시대의 정치를 흠모하였다. 이에 대한 흠모가 다름 아닌 공자의 유교다. 공자 스스로 자신을 '전술(傳述)은 하되 조작(造作)하지는 않으며, 옛것을 믿고 좋아하는(述而不作 信而好古)'13) 사람이라고 주장하였다.

주나라는 형식의 제국(帝國)이었다. 여기서 말하는 형식은 공자가 예(禮)라고 불렀던 그것이다. 영토와 국민에 관한 것조차도 당시의 주나라 사람들은 자기들이 읊던 시(詩) 안에다 담았다. 이런 형식은

---

13) 『논어』, 述而 1

제도나 관습을 관통하는 하나의 사상이라고 볼 수 있다.

> 넓은 하늘 아래 왕의 것 아닌 땅이 없고
> 모든 땅에 사는 사람은 왕의 신하 아닌 자가 없다
> 溥天之下 莫非王土 率土之濱 莫非王臣[14]

　그리고 주나라는 형식상으로만 제국이었다. 그럼에도 불구하고 주나라 체제를 유지한 골격은 이 형식이었다. 이 형식이 주나라 천자의 '덕(德)'과 제후의 자발적인 협력 즉 '충(忠)'에 의하여 잘 유지되는 때는 자유스럽고 평화로운 질서가 유지되었다.
　이 골격을 제후국들이 원심력으로 손상시키면 이 질서가 무너져 내리고 혼란기가 왔다. 여기서 질서라는 것은 하이에크가 말하는 자생적 질서와 유사한 것이었다.
　강제적인, 다시 말하여 형식상의 것 아닌 실제적인 구심력이 이 혼란을 수습하려고 등장하면 전제적 통일제국이 나타났다. 주를 이은 훗날의 진(秦), 한(漢) 등 역대의 통일제국이 모두 그러했다.
　주나라가 실제로 가졌던 땅은 왕기(王畿)라고 부르는 수도 주위의 식읍(食邑) 밖에는 없었다. 그 외의 '왕토(王土)'는 모두 제후와 귀족이 가지고 있었다. 왕신(王臣)이라고 해도 제후는 약간의 공납(貢納), 조근(朝覲), 출병(出兵), 왕기(王畿) 구난(救難) 등의 책임을 졌다. 공납은 재정적 의무라기보다는 예의적인 것이었다. 게다가 왕은 제후의 공납에 모자라지 않는 하사(下賜)로 응답하였다.
　출병과 구난은 일종의 상호방위와 상호구호 협력체제였다. 그것은 중원권 밖의 야만족에 의한 것을 위시한 내외의 침략과 반란을 평정하기 위한 것이었다. 주의 봉건제도는 중국들 사이의 동맹적인 국가연합 성격의 봉건제도였다.

---

14) 『詩經』, 小雅 '北山'

주나라의 왕은 왕 또는 천자(天子)라고 부르고 다른 나라의 수장(首長)은 제후라고 불렀다. 이것 역시 형식이었다. 다만 이런 형식은 대단히 엄격하게 지켜졌다. 형식은 형식에 불과하지만 말이다.

이런 형식, 예(禮)의 제국이던 주(周)는 그 시대의 중국적 체제를 완성하였고 그리고 그런 체제는 그 후 다시 중국 역사에서 나타나지 않았다. 주나라의 각 제후국은 주나라 왕과 관련하여 자치국이라기보다 독립국에 가까웠다.

'제후를 봉한다'에서 제후는 장자 상속, 또는 종법(宗法)제도15)에 의하여 계승되었고 주나라 왕은 형식에 따라 그것을 인정하는 절차를 밟았을 뿐이다. 주의 봉건제도는 종법에 의하여 자동적으로 유지되고 계승되는 제도였다.

중국 또는 중원이라는 명칭은 그 테두리 바깥에 있는 나라들과 구별하는 데 주안점이 있었다. 중원 바깥에 있는 사람과 나라를 사이(四夷)라는 멸칭(蔑稱)으로 불렀으므로 다시 말하면 중국이란 말은 사이(四夷)에 대하여 자신들을 존칭(尊稱)하자는 의도를 표출한 것이지 반드시 통일된 한 개의 나라를 이름한 것은 아니었다.

이 존칭은 무엇보다 풍요한 농업경제와 그에 따라 발전한 평화숭상적인 정치제도와 문화를 내세우는 것이었다. 주위의 유목민족의 후진적 빈곤과 약탈적 무질서에 대비되는 것이 중원의 여러 나라 즉 중국들이다.

중국들은 농업적 생활방식, 정치형태, 사회질서를 형성하여 나갔다. 이런 공통적인 특성으로써 자기들이 사는 중원의 여러 나라들을 주변의 다른 나라들과 구별하였다. 야만 즉 사이(四夷)는 중원의 바깥에 위치하여 채취나 유목시대에 아직 남아 있었거나 중원 사람들

---

15) 장자(長子) 상속법: 왕, 제후, 평민에 이르기까지 적장자(嫡長子) 또는 '종자(宗子)'가 주인 자리를 계승하는 제도. 부락승 저, 신승하 역/우경사 발행/『중국통사』, p40 참조

과는 다른 방식이나 체제의 농업 문화를 가지고 있던 사람들이다.

춘추시대 전기(前期)까지만 해도 양자강 유역에 있던 초(楚)나라는 사이(四夷) 가운데 하나인 남만(南蠻)에 속하였다. 중국의 정치제도와 문화가 번져 들어가면서 초나라는 중국들 가운데 하나가 되었다. 중국의 정치제도를 받아 들여 중국의 일부가 되는 것을 '왕화(王化)'라고 불렀다.

왕화는 중국의 정치제도를 받아들이는 것을 말했다. 중국의 문자제도와 예법을 받아들이는 것을 '문화(文化)'라고 불렀다. 흥미로운 것은 고대 중국의 유교 지식인 관료들은 문화와 왕화를 같은 것으로 생각했다는 점이다.

왕화(王化)의 경로 가운데는 중국에 의하여 정치적으로 정복당함으로써 중국화(中國化)되는 것이 있다. 대체로 그 수단은 무력이었다. 반대로 무력에 의하여 중국을 정복한 세력이 스스로 중국의 문물에 문화(文化)됨으로써 중국화(中國化)된 예도 그 수가 적지 않다.

고대에는 말할 것도 없고 서기 13세기 이후에도 중국을 무력으로 정복했던 거란, 몽골, 여진이 차례로 중국식으로 문화(文化)되어 중국화 하였다. 문화와 왕화가 같은 것임을 문화 쪽에서 입증한 예라 할 것이다.

한국은 여기에 대한 중요한 예외였다. 이 글에서 시도할 일은 아니지만 그 이유를 알아내는 것은 중요한 일이 될 것이다. 한국은 문화적으로는 적어도 지배계층에 있어서는 자진하여 중국화되려고 힘써 온 나라다. 그 바람에 중국으로부터 '동방예의지국'이라는 비하(卑下)된 칭찬을 들어왔다. 동방예의지국이라는 칭호는 자발적인 중국추종자 또는 중국문화숭배자라는 뜻이 들어 있다.

3. 공자의 자유 관련 사상

개인과 욕망

공자가 설교하던 유교, 즉 원시 유교는 철저한 개인주의이고 사람의 욕망을 자연스럽게 인정하는 사상이었다. 개인과 욕망은 자유라는 말이 가지는 의미의 9할 이상을 차지하지 않을까.

논어와 다른 관련 유교 고전에는 자기 자신 또는 개인을 오(吾), 신(身), 기(己), 자(自)로 보통 쓰고 있다. 공자는 개인을 가족보다 더 큰 집단, 즉 나라나 천하의 일원으로 정의하려 한 바가 없다. 집단을 위하여 개인을 희생해야 한다고 주장한 바도 없다. 오히려 그 반대다. 공자는 개인과 가정을 나라나 세계보다 훨씬 가치 있는 것으로 보았다.

그리고 가정, 동네, 국가, 세계(천하)를 각각 다른 원리에 따라 존재하고 영위되는 집단으로 보았다. 그래서 더 큰 집단은 보다 작은 집단에게 자치와 자유를 허용해야 한다고 주장하였다. 공자는 집단주의를 가르치려 하지 않았다. 오히려 개인주의를 가르치려 했다.

개인주의자와 집단주의자를 가르는 표준으로는 의외로 간단한 것이 있다. 개인에서 집단으로 가느냐 아니면 집단에서 개인으로 가느냐 하는 순서가 그것이다. 개인이 있고 사회나 국가가 있다고 생각하는 사람은 개인주의자다. 국가나 사회가 있고 맨 마지막에 개인이 있다고 생각하는 사람은 집단주의자다. 공자는 다음과 같이 말했다.

> 옛날의 배우는 자는 자기를 위해서 배웠는데 요새 배우는 자는 남을 위해서 배운다.
> 古之學者爲己今之學者 爲人[16]

---

16) 『논어』, 憲問 25

정이(程頤=程子)는 위의 인용에서 '남을 위하여 배운다'라는 말을 '남에게 보이려고 배운다'라고 풀었다. 이 말에는 자신이 좋아서, 자신을 위하여, 그리고 '자신에게 보이기 위하여' 배우는 자라야 진정한 배우는 자라는 주장이 들어 있다.

공자는 유가(儒家) 집단에 속하는 사람이었다. 당시에 유가(儒家)는 그때 새로 등장하던 사(士) 계급의 사람들로 구성된 하나의 대표적 집단이었다. 사(士) 계급은 귀족과 평민 사이에 위치하는 지식인 집단이다.

사(士)는 각각 서로 다른 직업적 배경을 가지고 있었다. 예컨대 묵가(墨家)는 수공업자들이었다. 사가(史家)는 왕이나 제후의 가(家)에서 주로 역사를 기술하고 때로는 길흉에 관한 점을 치기도 하는 대대로 세습적 직업인이었다.

유가(儒家)는 교육을 세습적인 직업으로 삼고 있는 사람들이었다고 한다. 그들이 교육해 내는 인재는 출신 성분이나 재능이 맞으면 치자(治者)가 되고 그렇지 못하면 교육자가 되었다.

제자백가(諸子百家) 가운데 대부분의 유파가 이미 절멸되었으나 오직 유가는 그 지위가 중국에서 2,500년이나 이어져 내려오고 있다. 산동성 곡부에 있는 공자묘는 문화혁명에도 시련은 겪었으나 살아남았다. 그 비밀은 유가가 교육을 전통적으로 독점한 데 있지 않을까. 이렇게 보면 정치권력은 유가가 생산하는 부산물에 불과했다고 말할 수 있다.

이런 교육전문집단인 유가의 비조(鼻祖) 공자가 배움의 목적은 개인에 있어야 한다고 그가 가르치는 학생들에게 말한 것은 그 무엇에도 앞서 공자 자신이 매우 신념에 찬 개인주의자였음을 입증하는 것이 아닐까.

초기 유교의 이런 개인주의는 대학(大學)에서도 이어진다.

　　천자로부터 서인(庶人)에 이르기까지 일체 모두 수신(修身)을 근
본으로 삼는다.
　　自天子 以至於庶人 壹是皆以修身爲本

　　여기서 수신(修身)의 신(身)은 개인을 말한다. 수신이라는 것은
요새 말로 하면 훌륭한 개인의 인격을 이루는 것이다. 대학은 천하
(周나라)의 평화를 보장하는 방법(平天下)은 밝은 덕을 천하에 밝히
는 것(明明德 於天下)이라고 주장하면서 그 실천적 중심을 '身(개
인)'에 맞추고 있다.

　　대학은 이른바 3강령(明明德, 親民, 止於至善), 8조목(格物, 致知,
誠意, 正心, 修身, 齊家, 治國, 平天下)을 다룬 책이라 하여도 과언이
아니다. 3강령은 유교적 정치가 이루려는 목표이고 8조목은 그것을
달성하는 방법이라고 할 수 있다. 가르침으로서의 유교(儒敎)는 그
방법을 가르치는 것, 즉 8조목에 주안점을 두고 있다.

　　이 8조목 가운데 격물, 치지, 성의, 정심은 모두 수신을 향한 계단
이다. 그리고 수신 이후의 제가, 치국, 평천하는 모두 수신을 기점으
로 하여 창발한다. 이렇게 보았을 때 공자 유교[17]의 중심이론은 身,
즉 개인과 그 수양에 있음을 알 수 있다.

　　공자의 유교에서 개인주의와 함께 중시되어야 할 것은 개인의 욕
구(欲求) 문제다. 욕구는 개인적 자유, 즉 적극적 자유의 시발점이
다. 예기(禮記)에는 욕(欲)을 다음과 같이 설명하고 있다.

　　살면서 고요한 것은 천성이요 물건에서 느낌을 받아 움직이는
것은 그 천성의 욕구다.
　　人生而靜 天之性也 感于物而動 性之欲

---

17) 유교는 초기 이후, 특히 한대(漢代)부터는 통일중국의 전제정치 이데올로기로
변화하였다.

여기서 대비되고 있는 것이 靜과 動, 性과 欲이다. 性은 다름 아닌 사람의 본성, 천성이다. 이 글의 앞에서 사람의 천성은 본능, 능력, 관조 이 3층으로 되어 있다고 본 그 천성 말이다.

유교는 시간에 따라 변천했고 정통-이단 논쟁이 늘 따랐으나 대체로 사람의 천성을 선(善)의 원천으로 보는 전통은 유지되어 왔다. 그래서 유교에서는 '선이란 것은 천성을 말한다'라고 할 정도다. 그러므로 천성에 반대되는 것, 천성을 해치는 것은 악이 된다.

欲은 性의 움직임이기 때문에 그것도 善할 수밖에 없다. 다만 그 움직임이 심하여 자신의 천성을 위험하게 하거나 남의 천성을 해하는 범위로 넘어갈 수 있을 것이다. 천성이 머물러야 할 표준되는 범위를 중(中), 또는 중용(中庸)이라고 부른다. 거기서 머무는 것을 정(靜)이라고 불렀다. 욕(欲)이 중용을 멀리 벗어나면 악이 되는 경우가 있을 것이다.

중용이란 말의 의미는 공자가 제순(帝舜)에 관하여 "순임금은 큰 지혜다. … 두 끝을 잡아 그 中을 백성에게 썼다(舜 其大知也與 … 執其兩端 用其中於民)"18)라고 말한 것에 있다.

논어에서 공자는 중(中)을 설명하기 위하여 진보주의자와 보수주의자를 끌어들여 다음과 이를 설명한다.19)

> 공자가 말했다. 중행(中行)하는 사람과 함께할 수 없다면 틀림없이 광(狂)이나 견(狷)일 것이다. 광(狂)은 진보주의요 견(狷)은 보수주의다.
> 子曰 不得中行而與之 必也狂狷乎 狂者 進取 狷者 有所不爲也

중용은 하나의 잣대다. 그것은 관조, 즉 이성이 만드는 잣대가 아

---

18) 『中庸』, 6
19) 『논어』, 子路 21

니라 이성이 따라야 하는 잣대다. 그것은 자연과 사회 속에 있는 현실의 잣대다. 극단을 제외한다는 점에서 인(仁)을 권력의 행동의 잣대 면에서 표현한 것이다.

그것은 자신의 행동이 다른 사람, 특히 서인의 자유를 해치지 않기를 바라는 노력이다. 그리고 서인(庶人)을 포함하는 누구에게나 자신의 자유가 남의 자유를 해치지 않는지 판단할 수 있는 표준이기도 하다. 중용은 그야말로 장기간에 걸쳐 진화한 인간의 행동규칙을 정하는 잣대일 것이다.

공자가 제순(帝舜)을 중용과 특별히 관련시키는 데는 이유가 있다. 순임금은 정치에 중용이 가장 큰 원리라는 것을 깨닫고 그것을 다음 임금 자리에 오를 우(禹)에게 가르친 사람이기 때문이다. 순(舜)은 우(禹)에게 말했다. "진실로 중용(中庸)을 잡아라."[20] 대학(大學)의 3강령에서 지선(至善)이라고 한 것은 바로 중용이다.

> 옛날에 밝은 덕을 천하(天下, 주나라 전체)에 밝히려고 욕구한 자는 먼저 자기네 제후국부터 다스리고, 자기네 제후국을 다스리고자 욕구한 자는 먼저 자기 집안부터 가지런히 하고, 자기 집안을 가지런히 하려고 욕구한 자는 먼저 자기 일신(一身)을 수양하였다. 자기 일신을 수양하려고 욕구한 자는 먼저 자신의 마음을 바루고, 자신의 마음을 바루려고 욕구한 자는 먼저 자신의 뜻을 성실하게 하고, 자신의 뜻을 성실하게 하려고 욕구한 자는 먼저 그 지식을 지극하게 하고, 지식을 지극히 하는 것은 사물의 이치를 궁구함에 있다.
>
> 古之欲明明德於天下者 先治其國 欲治其國者 先齊其家 欲齊其家者 先修其身
>
> 欲修其身者 先正其心 欲正其心者 先致其知 致知在格物[21]

---

20) 『서경(書經)』, 대우모(大禹謨) 5
21) 『大學』

위의 인용문에는 각 구에 '欲(하고자 함=욕구)'이 들어 있다. 욕구를 거쳐서 '개인'을 수양하고 집안을 가지런히 하고 나라를 다스리고 세계를 평화롭게 할 수 있다. 욕구는 도를 넘쳐서는 아니 되지만 그것의 발휘 없이는 아무것도 이룰 수 없다.

개인을 인정하면 욕구를 인정하지 않을 수 없고 개인과 욕구를 인정한다는 것은 적어도 개인의 자유, 즉 적극적 자유를 인정하고 고무한다는 뜻이 된다.

맹자(孟子)는 천하(天下), 국(國), 가(家), 신(身=개인)의 관계에 관하여 아래와 같이 더 분명히 말하고 있다.

> 맹자가 말했다. 사람들은 항상 천하, 나라, 집을 말하지만 천하는 나라에 근본이 있고 나라는 가족에 근본이 있고 가족은 개인에 근본이 있다.
> 孟子曰　人有恒言皆曰天下國家　天下之本在國　國之本在家　家之本在身[22]

이 말에서 주목할 만한 수사(修辭)는 앞 대목에서는 天下, 國, 家만을 말하고 이것들의 근본을 챙기는 뒷 대목 끝에서 비로소 身을 등장시킴으로써 그것을 가장 강조한 점이다. 초기 유교가 개인을 강조한 것은 이런 정도까지 이르고 있다.

유교의 경전에서 공자나 맹자의 대화 상대 또는 그 대화가 언급하는 인물은 대체로 권력자이거나 어느 땐가 벼슬에 나갈 수 있는 지식 계급 사람이었다. 제자들 자체가 그런 사람들이었다. 그런 사람에게 조언, 비판하거나 그런 사람을 교육하는 것이 그들이 말하는 바 내용이기 때문이다. 이 점은 대단히 중요하다. 그래서 이 글에서는 필요하다고 생각들 때마다 이 점을 말하려고 한다.

---

[22] 『맹자』, 離婁 上 5

다음에 인용하는 것은 예외적으로 필부(匹夫)에 관련된 것을 제자들에게 말한 것이다. 필부라면 권력이나 지식이 없는 사람이다.

> 공자가 말했다. 삼군(三軍)의 장수는 빼앗을 수 있으나 필부(匹夫)의 뜻은 빼앗을 수 없다.
> 子曰 三軍可奪帥也 匹夫不可奪志也[23]

여기서 뜻(志)은 의지(will, volition)다. 주희(朱熹)는 논어 집주(集註)에서 그 이유를 후(候)씨라는 사람의 말을 빌려 '필부의 의지는 자기 자신에게 있는 것(在己)이라서 빼앗을 수 없는 것'이라고 설명하고 있다. 여기에서 '己'는 개인을 말한다. 개인의 자유는 아무도 빼앗을 수 없다는 것을 공자가 말한 것이다.

공자가 자유에 관하여 말한 것 가운데 위의 필부에 관한 것보다 더 압권(壓卷)은 자기 자신을 두고 했던 술회(述懷)에서 만나게 된다.

> (나는) 일흔 살부터는 하고자 하는 바를 마음대로 좇아도 법도를 넘지 않았다.
> 七十而從心所欲 不踰矩[24]

이 구절에도 그 중심은 '欲'에 있다. 종심소욕(從心所欲)은 적극적 자유라는 말로 바꾸어도 좋을 것이다. 칠십은 그가 15살에 배움에 뜻을 둔 다음 평생을 노력한 결과 도달한 마지막 대성(大成)의 단계였다. 그 대성이란 '從心所欲 不踰矩' 그것이다. 공자 자신이 '자유롭게 자유를 행사할 수 있게 된' 단계다. 이런 뜻에서도 공자는 자유주의자였다. 자신의 최고의 성공을 자유에 두었으니까 말이다.

---

23) 논어, 子罕 25
24) 논어, 爲政 4

국(國) vs. 가(家)

　국가(國家)라는 것은 '국(國)'과 '가(家)'다. 이 둘을 중층적으로 포괄하여 성립된 명사가 국가다. 가(家)는 국(國)의 단순한 구성요소가 아니라 독립성을 유지하는 구성요소다. 국(國)을 국(國)이라고만 부르지 않고 국가(國家)라고 부르는 것은 이 점이 강조되는 탓이다.

　제후의 영토를 국(國)이라고 하는 반면에 대부의 영지를 가(家)라고 부르기도 했다. 앞에서 인용한 바 있는 대학(大學)이나 맹자(孟子)의 가(家)는 바로 이 뜻일 수 있다. 그리고 신(身)으로서 지칭되는 개인은 제후나 대부 등 귀족이나 적어도 선비만을 말했을 수 있다.

　말하자면 서인(庶人)은 여기서 제외되었을 수 있다. 공자나 그와 세대가 가까운 제자들은 권력자와 지식인이 해야 할 바를 강조하기 위하여 수신(修身)을 강조했을 것이다. 이것은 권력에 대한 훈계이고 권력의 자제를 요구한 것이라는 측면에서 보면 그 또한 서인(庶人)의 자유를 보호하는 것이었다고 볼 수도 있다.

　그러나 가(家)가 가진 이런 뜻은 오히려 특수하다. 논어, 대학, 맹자에서 말하는 가(家)는 대체로는 서민의 것을 포함하는 보통 가정을 뜻하는 것으로 보인다. 주례(周禮)에는 가(家)에 관하여 '지아비와 지어미가 있으면 가(家)가 된다'라고 하였다.

　다시 말하면 가(家)는 부부 단위의 가족, 가정이다. 주례는 가족의 수를 7인으로 적어 놓고 있다. 대부의 영지에 사는 인구수가 이렇게 적었다고 보기는 어렵다. 서민의 가족의 평균 가구원 수라고 보아야 할 것이다. 주례가 말하는 가족은 핵가족이었음이 틀림없을 것이다.

　중국에서 농업은 소수의 노예 경작 경우를 제외하면 서인(庶人)이라고 불리는 평민이 주로 영위하였다. 그들은 적어도 주거(住居) 이

전(移轉)의 자유와 소규모이지만 사축(私蓄=사유재산)의 자유를 가지고 있었다.

농업경제의 생산 수단은 토지와 노동력이다. 노예소유 체제는 소수의 권력자가 토지뿐만 아니라 노동력인 인간을 노예로 소유하는 체제다. 마르크스의 역사 발전 모델에 의하면 노예소유 체제의 다음 단계가 봉건체제다.

주나라 봉건체제에서는 토지는 국가나 봉건귀족에 의하여 소유되지만 농민은 그들에게 지대(地代)를 낼 뿐 노예의 신분에서는 이미 풀려나 있었다.

같은 시대의 그리스와 로마에서는 광범위하게 노예제도가 시행되고 있었다. 다수의 참정권 있는 시민, 즉 귀족과 다수의 노예, 이 두 계급으로 구성되는 사회였다. 이에 대하여 주나라는 소수의 귀족, 다수의 서인(庶人) 즉 농민, 소수의 노예, 세 계급으로 구성된 사회였다.

공자는 인간을 군자(君子)와 소인(小人)으로 칼로 자른 듯이 양분한다. 여기서 소인(小人)은 즉 서인(庶人)이다. 군자는 지배자이고 소인은 피지배자다. 군자 또는 대인(大人)은 치자(治者)계급이고 소인은 생산자계급이다. 앞에서 말한 필부(匹夫)는 소인, 즉 생산계급 사람을 말한다.

공자가 국(國)의 권력으로부터 가(家)를 보호하려고 한 것에는 세 가지 뜻이 있다. 그 하나는 윤리적으로 국(國)과 가(家)가 별도의 축을 중심으로 영위되어야 한다는 것을 강조하기 위함이었을 것이다.

그 둘은 가(家)에게 국(國)으로부터의 자치권을 주려는 것이었다. 그 셋은 치자계급의 전횡으로부터 생산자계급을 보호하고 따라서 정치로부터 생산(경제)을 보호하려고 했던 것으로 그 해석을 자연스럽게 확장할 수 있다.

사유재산 제도가 확립되지 못했던 당시로서 경제를 가(家)의 윤리를 정(政)의 윤리보다 우위에 두는 것이 경제를 정치로부터 보호하는 몇 가지 안 되는 방도 가운데 하나였을 것이다. 근대 유럽의 자유는 재산권의 확립에서 비로소 시작되었다는 것을 상기할 필요가 있다. 하이에크는 자유란 것을 개인이 강제나 침해로부터 보호되는 공간으로 보았다.25) 이렇게 보았을 때 서인(庶人)의 가(家)를 이런 공간으로 남겨 두는 것은 정치권력으로부터 그들의 자유를 보호하는 효과를 가지고 있었다.

공자가 생각했던 국가는 첫째는 야만이 아닌 문명국가였다. 특히 무(武)가 아닌 문(文)을 받들고 전쟁이 아닌 평화를 섬기는 나라로서의 문명국가였다. 그런 문명국의 경제적 기반은 농업이었고 국가의 기본은 백성이었다.

둘째는 중앙집권적 통일 국가가 아니라 주나라를 사대(事大)하고 다른 중원 국가들과는 교린(交隣) 관계를 유지하는 다수의 자치제후국(自治諸侯國) 체제였다. 사대교린(事大交隣)은 중원 국가 사이의 외교원칙으로써 문화적동맹 관계 겸 공동방위체제이기도 했다.

셋째는 국가와 가족의 분리였다. 국가는 권력의 원리가 지배하지만 가족은 자효(慈孝)의 원리가 지배한다. 국가의 원리가 가족의 원리를 타고 누르는 것이나 국가권력이 가족 속으로 침투하는 것을 공자는 배격했다. 이런 가족의 연장이 향당이다.

넷째 덕치(德治)를 권치(權治)나 법치(法治)보다 월등하게 중요시했다. 덕(德)은 성(聖)과 같은 것으로 보았고 최고 권력자인 왕의 특성으로서 성(聖)을 요구하였다. 내성외왕(內聖外王)을 정치의 이상(理想)으로 삼았다. 치(治)는 난(亂), 즉 위기(crisis)나 혼돈(chaos)에 대치되는 개념으로 다름 아닌 질서(order)다.

다섯째는 정치와 문화에서 종교적 신비주의를 가능한 한 최소화

---

25) p. 63, *The Fatal Conceit, The Errors of Socialism*/F. A. Hayek/The University of Chicago Press/1988

하고 현실주의적 합리성을 강조했다. 이런 점에서 공자는 계몽주의 자였다. 공자의 현실적 합리주의가 가지는 가장 큰 특성은 중용(中庸)의 원리일 것이다.

공자의 위에 든 다섯 가지 국가관은 현대의 자유주의 국가관과 같거나 비슷한 부분이 많다. 치자와 피치자가 둘 다 법 앞에 평등하다는 법의 지배 원칙이 명시되어 있지 않기 때문에 위의 다섯 가지가 실제적인 효력이 없다고 보는 것은 속단이다.

법이 있을 자리를 예(禮)가 대신하고 있기 때문이다. 모든 사람은 자기가 지켜야 할 예를 가지고 있고 이것을 지켜야 한다는 점에서 모든 사람은 평등했다.

공자의 자치 개념은 천하와 제후국 사이뿐만 아니라 국가와 향당(鄕黨) 사이에도 적용되는 것이었다. 향당, 즉 마을은 국가 조직 단위가 아니라 자연 발생적인 취락(聚落) 단위다. 향당은 국가 관리(官吏)의 명령 대신에 향로(鄕老)들을 지도로 삼아 장유유서(長幼有序)의 원리에 의하여 영위되었다.

향당은 일반 백성의 지역 사회로서는 가장 큰 것이다. 그 구성원은 대부(大夫)의 한 식읍(食邑)의 그것과 일치할 수 있다. 대부는 여러 식읍을 거느리고 있었다. 향당은 대부의 가(家) 안에 있는 비공식 민간자치제도라고 볼 수 있다.

주례(周禮)에 의하면 향(鄕)은 2,500호로 구성되며 당(黨)은 500호로 구성된다.26) 맹자는 다음과 같은 말을 남겼다.27)

천하에 달존(達尊)이 세 가지가 있으니 관작(官爵)이 하나요 연치(年齒)가 하나요 덕(德)이 하나다. 조정에는 관작만한 것이 없고, 향당에는 나이만한 것이 없고, 세상을 돕고 백성을 자라게 하는 데

---

26) 『논어(論語)』 집주(集註)에는 당(黨)이 12,500가로 되어 있다. 五家爲隣, 二十五家爲里, 萬二千五百家爲鄕, 五百家爲黨
27) 『맹자』, 公孫丑 下 2

는 덕(德)만한 것이 없다

　　天下有達尊 三 爵一 齒一 德一 朝廷莫如爵 鄕黨莫如齒 輔世長民 莫如德

이 말에서 알 수 있는 것은 향당은 관료 조직에 의하여 통치되는 국가의 말단 조직이 아니라 그 향당의 나이 많은 사람이 어른 노릇을 맡아 하는 자치(自治) 단위라는 점이다. 가족은 이런 향당 안에 있기 때문에 국가의 간섭으로부터 상당히 떨어져 있을 수 있었다.

이 거리는 은익(隱匿)의 자유를 그만큼 크게 만들어 주었을 것이다. 공자의 생각은 철저한 원근법 위에 기초하고 있다. 가족, 향당, 대부의 가(家), 제후의 나라, 왕의 천하, 이런 순서로 말이다.

공자는 국가란 것이 장차 철저하게 전제적인 통일국가로 발전해 나갈 것임을 알고는 그것을 염려하고 있었던 것으로 보인다. 그는 국가의 행정권력이 개인과 가족의 내부로 그 어떤 정당성을 들고서도 침범할 수 없다는 확고한 신념을 가지고 있었다.

이것을 증명하는 것이 논어에 나오는 다음 말이다.[28]

> 섭공이 공자에게 말했다. '우리 마을에 정직한 자가 있는데 그의 아버지가 양을 훔치자 아들이 그것을 증언했습니다.'
> 공자가 말했다. '우리 마을의 정직한 자는 그렇지 않다. 아버지는 자식을 위하여 숨겨 주고 자식은 아버지를 위하여 숨겨 주니 정직이란 것은 그 가운데 있는 것이다.'
> 　　葉公 語孔子曰 吾黨 有直躬者 其父攘羊 而子證之 孔子曰 吾黨之 直者 異於是
> 　　父爲子隱 直在其中

이것은 공자를 깜짝 놀라서 다시 보게 하는 말이다. 공자는 도둑

---

28)『논어』, 자로(子路) 18

을 아버지라고 해서 숨겨 주어야 한다고 주장한다. 그렇게 되면 국가의 질서는 어떻게 되란 말이냐고 반문할 만하다. 위의 인용에서 공자는 가족이라는 울타리는 효(孝)라는 팻말을 세워 놓으면 국가가 어떤 일이 있어도 넘지 못한다는 것을 단호하게 못박아 버린다. 가족으로서 개인의 자유를 국가권력으로부터 보호하는 철칙을 선포한 것이다.

가족은 부모자식관계와 부부관계로 결속된 단위다. 공자는 가족이라는 특수한 결합이 정치가 내세우는 일반적 정의(正義)에 의하여 침범되는 것을 거부하였다.

공자의 유교가 가지는 가장 큰 특성은 그 어떤 차원의 윤리보다 가족의 윤리인 효(孝)를 절대 우위에 두는 것이다. 이것은 전국시대의 맹자에게도 온전하게 전승되었다. 맹자는 공자의 위의 말의 연장(延長)으로서 다음과 같이 말했다29).

> 도응(桃應)이 맹자에게 '순임금이 천자로 있을 때 아버지 고수(瞽瞍)가 사람을 죽였다면 사법의 책임자로 있던 고요(皐陶)가 어떻게 하였겠습니까' 하고 묻자 맹자는 '고요는 고수를 체포하려 했을 것이고 순임금은 천자의 자리를 버리고 아버지를 업고 몰래 도망하였을 것이다'라고 대답하였다.

천자(天子)마저도 공(公)과 사(私) 사이에 결정적 갈등이 있을 때는 사(私)를 선택하여 거기로 물러나야 한다는 맹자의 추상같은 선언이다. 그것을 최고의 효자요 성인(聖人) 왕인 순(舜)과 악으로써 이름난 그 아버지 고수를 빌려서 말한 것이다.

국가와 가족 사이에 문제가 생기면 가족을 택하는 것은 당연하나, 그 경우 사적인 동기에서 국기를 문란케 함은 없어야 하므로 임금

---

29) 『맹자』, 盡心 上

이 도망을 하는 것이다. 물론 체포되면 고수는 형벌을 받아야 할 것이다.

중요한 것은 그 아비의 죄를 숨기고 벌을 피하게 하려 했던 아들에게는 비록 국가라 할지라도 그것을 죄로 몰아서는 안 된다는 것이 당시의 유교가 주장했던 바라는 점이다.

공자와 원시유교는 3개의 중첩되는 사회 구조를 생각하였다. 가족, 향당, 국가가 그것이다. 이 가운데 가족 안에서 적용되는 윤리 원칙은 부자유친(父子有親)과 부부유별(夫婦有別) 두 가지다. 향당에 적용되는 원칙은 붕우유신(朋友有信)과 장유유서(長幼有序) 두 가지다. 국가에는 군신유의(君臣有義) 한 가지만 있다.

친(親), 의(義), 별(別), 서(序), 신(信), 오륜(五倫) 또는 오상(五常)이라고 불리는 이 다섯 가지 윤리 원칙은 하나 같이 평등하고 상호(相互)적이라는 것을 주목할 필요가 있다. 예를 들어 군신유의(君臣有義)는 신하만이 임금에게 의로울 것이 요구되는 것이 아니라 임금도 신하에게 의로울 것을 요구한다. 충(忠)이라는 말조차도 신하와 임금이 다 같이 상대방에게 가지는 충직(忠直)이 그 본래 뜻이다.

이 평등한 상호성이야 말로 원시유교를 그 뒤의 전제(專制) 이데올로기에 영합하는 일방적이고 불평등한 말류유교(末流儒敎)의 윤리와 구별하는 점 가운데 중요한 한 가지로 보인다. 예컨대 삼강(三綱), 즉 군위신강(君爲臣綱), 부위자강(父爲子綱), 부위부강(夫爲婦綱)은 군(君), 부(父), 부(夫)가 신(臣), 자(子), 부(婦)를 일방적으로 지배하는 윤리다. 삼강은 한(漢)무제 때 관제(官製)된 것으로 그때 말류유교가 시작되었으며 삼강은 그 골자(骨子)라고 볼 수 있다.

공자는 이 모든 크고 작은 사회의 기초를 개인에게 두고 있었다. 그가 가장 강조했던 효(孝), 인(仁), 예(禮) 등 모든 윤리적 덕목의 행위 주체는 개인이었다. 대학(大學)에서 말하는 수신(修身), 제가

(齊家), 치국(治國), 평천하(平天下)는 개인, 즉 신(身)의 수양, 즉 수신(修身)을 그 출발점으로 삼고 있다.

논어에서 공자가 개인을 강조하여 다음과 같은 말로 개인 또는 자기를 학문의 중심에 두지 않는 것을 강력하게 비판한 것은 앞에서 이미 말한 바 있다. "옛날의 학문은 자신을 위한 것이었는데 요새 학문은 남을 위한 것이 되고 말았다.(子曰 古之學者 爲己 今之學者 爲人)"30)

공자의 이 말은 송대(宋代)에 이르러 위기지학(爲己之學), 즉 자기를 위한 학문이라는 말로 부활하여 극기복례(克己復禮)31), 즉 자기를 극복하여 예(禮)로 돌아간다는 말과 함께 주희(朱熹=朱子)가 대성한 신유학(新儒學)의 중심 주제가 되었다.

여기서 위기지학(爲己之學)의 '己'와 극기복례(克己復禮)의 '己'는 전혀 다른 맥락의 것이다. 전자는 학문을 하는 적극적 자유의 주체로서 '己' 즉 개인인 데 반하여 후자는 仁을 실현해야 하는, 즉 소극적 자유를 인민에게 공여하는 治者로서의 자신을 말한다.

그러나 자신을 위하기', 즉 위기(爲己)나 '자신을 극복하기', 즉 극기(克己)는 자기 자신 또는 개인이 행위와 책임의 궁극적 주체요 모든 가치의 근원이라는 점을 잘 밝히고 있다.

고대(古代)에서부터 정치 지도력은 권력(power)과 권위(authority), 이 두 가지에서 나온다고 믿어져 왔다.32) 막스 베버에 의하면 권위는 현실적 강제 없이도 복종을 이끌어 내는 능력이다. 대체로 권위는 지도자가 가진 사회적 지위에서 생긴다. 즉 사람들은 이 사회적 지위를 보고 자발적으로 복종하게 된다는 것이다.

이에 비하여 덕(德)은 지도자의 지위가 아니라 그가 베푸는 봉사,

---

30)『논어』, 憲問 25
31) 子曰 克己復禮爲仁/『논어』, 顔淵 1
32) p3, *How Chiefs Come to Power*/T. Earle/Stanford University Press, 1977,

그가 지닌 품격 등 또 다른 원천에서 발생하는 권위라고 볼 수 있다. 아마도 임금의 덕의 최고봉은 격양가(擊壤歌)에 나오는 제요(帝堯)가 가졌던 덕일 것이다. 그 내용은 다음과 같다.

제왕세기(帝王世紀)에 쓰여 있다. 제요(帝堯)가 다스리던 때에는 천하가 크게 화평하여 백성은 걱정이 없었다. 팔구십 살 먹은 노인들이 밭을 갈면서 노래하기를, "해가 뜨면 일하고 해가 지면 쉬네. 우물을 파서 마시고 밭을 갈아 먹으니 우리에게 임금의 힘이 무슨 소용이랴"

帝王世紀曰　帝堯之世　天下大和　百姓無事　有八九十老人壤擊而歌
日出而作

日入而息　鑿井而飲　耕田而食　帝何力於我哉

앞에 인용한 노래는 정치나 지도자의 필요와 존재조차 느끼지 못할 정도로 제요(帝堯)의 덕은 그렇게 높았다는 이야기를 역설(逆說)로 역설(力說)하고 있다. 그러나 치자 계급의 숭고한 덕보다 치(治), 즉 질서 있는 세상 만들기에 더 효과적인 것이 있다. 다름 아닌 예(禮)가 그것이다.

춘추시대에 이르러서 이런 주(周)체제는 점점 와해되어 갔다. 뒤에 진(秦)이 실제로 성취한 바 있지만, 각 제후국은 국외적으로는 자기네가 천하를 통일하여 그 통일된 나라의 군주가 되려고 군사활동에 정열을 쏟고 있었다. 국내적으로는 노역(勞役)과 군역(軍役)에 백성을 동원하는 데 효율성을 높이기 위하여 가족 단위까지 중앙 정부의 행정체계를 뻗쳤다.

진(秦)은 제후국을 군현으로 대치하고, 귀족을 없애고 관료제도를 확립하였다. 진(秦)은 가족까지도 행정기구에 포함시켰다. 5가(家)를 오(伍), 10가(家)는 십(什)이라는 행정단위로 만들었다. 100개의 가(家)는 한 이(里), 10개의 이는 한 정(亭), 10개의 정을 한 향(鄉)으로 묶었다. 서로 만들었으며 이(里)에는 괴(魁)를, 정(亭)에는 장(長)을 두어 행정을 맡겼다. 그래서 가(家)에서 천하(天下)까지 한 밧줄에 묶어 국가행정을 영위하는 시대가 열린 것이다. 한(漢)제국은 진(秦)의 이 제도를 오히려 더 세련시켰다. 다만 그 실행에서 과도하게 가혹한 점은 누그러뜨렸을 따름이다. 연좌제(連坐制)를 폐지한 것이 그 예다.

다시 말하면 국가적인 정의와 가족적인 정의는 분리되어야 하고 이 두 정의가 마찰을 일으킬 때는 가족적 정의가 우선한다는 것이다. 개인이나 가족만의 보금자리, 즉 프라이버시는 그 자체가 가장 귀중한 자유다. 하이에크의 말처럼 모든 규칙이 반자유적 억압은 아니다. 오히려 어떤 규칙은 그 속에서 자유가 보호를 받는다. 가족 안에서 효(孝), 향당(鄕黨)에서 연치(年齒)가 바로 그런 규칙이다. 이런 행동규칙 속에서는 자생적 질서가 자리 잡게 되고 그것이 국가권력 등, 인위적이고 '설계주의적constructivistic)' 질서로부터 개인 또는 가족생활을 보호하는 것이다.

한(漢)대에 이르면 이러한 공자의 유교는 크게 변질된다. 한은 진(秦)과는 달리 유교를 국가의 기본으로 삼았다. 그러나 한의 국가유교는 크게 두 가지 점에서 공자의 유교와 근본적으로 달라졌다. 그 하나는 유교의 참위화(讖緯化)다. 유교의 경전들이 신비주의적 참위로서 해석되는 지경에까지 이르렀다.

예(禮) vs. 법(法)

하이에크의 용어를 빌려서 말하면 예(禮)는 미리 설계될 수 없고 (cannot be designed in advance) 그 효과를 예견할 수 없는 속에서 진화된(evolved without knowing the effects) 행동규칙(rules of conduct)이라고 할 수 있다.

공자가 중국과 이적(夷狄)을 구별하는 기준은 예(禮)에 있었다. 중국에는 예가 있으나 이적에는 그것이 없다는 것이다. 그가 보수주의자가 된 것도 예를 지키는 것 때문이다. 여기서 보수(保守)라는 것은 시간적으로 전통을 지킨다는 뜻과 함께 공간적으로 자기가 속하는 사회를 지킨다는 뜻도 지니고 있다.

예는 인간관계에 관하여 밖으로 표현된 규칙이다. 그러나 반드시 서로 만났을 때만 행하여지는 것이 아니다. 아들로서의 분수, 신하로서의 분수, 재하자(在下者)로서의 분수를 그 아비나 왕이나 상급자가 없을 때도 정한 대로 지키는 것이다.

공자는 노(魯)나라의 대부 계손씨(季孫氏)가 팔일무(八佾舞)를 자기 집 뜰에서 추게 한 것을 두고 이런 짓을 차마 한다면 무엇을 차마 하지 못할 것인가 하고 계손을 질타하였다. 일(佾)은 춤추는 열인데 그 숫자가 천자는 8열, 제후는 6열, 대부는 4열, 사(士)는 2열로 예에 정해져 있다. 계손은 예에 정한 분수를 지키지 않았던 것이다.33) '무엇을 차마 하지 못할 것인가'라는 말 속에는 반역과 시해(弑害)도 할 수 있다는 뜻이 들어 있다.

예는 그것을 하나씩 보면 별 의미는 없고 까다롭기만 한 규칙들로 보이지만 전체적으로는 이런 규칙의 준수가 사회라는 복잡체계 전체의 질서를 만든다. 그리고 이 질서 덕분으로 사회는 평화롭고 제대로 움직일 수 있다. 차는 왼편으로 간다는 규칙이 전 도시의 교통질서와 원활한 소통을 만들어내는 것처럼 말이다. 누군가 한 운전자가 이 규칙을 어기면 당장에 그 도시의 상당 영역에서 질서와 소통이 손상되고 만다.

『공자가어(孔子家語)』에 나오는 예에 대한 공자의 깊은 견해 가운

---

33) 『논어』, 팔일(八佾) 1

데 하나를 아래에 인용한다.34) 공자에게 노나라 임금 애공(哀公)이 예에 관한 질문을 하고 있던 차에 함께 있던 애공의 신하요 공자의 제자이던 언언(言偃=자유, 子游)이 예에 관하여 묻자 공자가 대답한 말의 일부다.

　대체로 예(禮)는 처음에 음식에서부터 시작된 것이다. 태고시대에 있어서는 기장은 마른대로 먹고 고기는 생것으로 먹었으며 물웅덩이를 술잔으로 삼고 손으로 움켜 마셨지만 그래도 귀신에게 정성을 드리면 잘 흠향하였다.
　사람이 죽으면 집 위에 올라가 <그대, 돌아오라>고 울며 부른 뒤 입에 쌀을 넣고 몸뚱이를 삼으로 감아서 장사지내 왔다. 그럼으로 형체는 땅으로 들어가고 혼은 하늘로 올라간다는 것이었다.
　또 살아 있는 자는 남쪽을 향하고 죽은 자는 머리를 북쪽으로 두게 되는 것은 모두 그 처음 생겨날 때를 좇아서 하기 때문이다.
　옛날에는 임금으로서도 궁실(宮室)을 갖고 있지 않아 겨울에는 굴을 파고 살았고 여름에는 나무를 얽어매고 살았다. 불이 없었기 때문에 초목의 열매를 그대로 따서 먹었다. 새와 짐승들의 고기를 먹는데도 그 피를 마시고 그 털은 나물처럼 먹었다. 또 실이나 무명이 없었기 때문에 새의 날개와 짐승의 가죽을 옷으로 사용해 왔었다.
　이렇게 얼마를 지난 뒤에 성인이 세상에 나서 불을 발명하자 쇠를 녹여 솥을 만들고 흙을 구워 그릇을 만들며 궁실과 집도 만들게 되었다. 음식에 있어서도 구워 먹기도 하고 볶아 먹기도 하고 삶아 먹기도 하였다. 단술도 만들고 초장도 만들며 실과 삼으로 포목도 만들게 되어 이로써 살아 있는 자를 기르고 죽은 자를 보내며 나아가서는 저 귀신까지도 섬기게 되었다.
　이렇게 하여 현주(玄酒)는 방에 있고 예잔(醴酸; 단술을 담는 잔)은 문간에 있으며 약주(藥酒)는 마루에 있고 청주(淸酒)는 마루

---

34) 『공자가어』, 이민수역, 問禮

밑에 있게 되었다.

그 희생(犧牲)들을 진열하고 정조(鼎俎; 종묘에 제사할 때 쓰는 그릇)를 갖추며, 금슬(琴瑟; 거문고와 비파)과 관경(管磬; 피리와 경쇠)과 종고(鐘鼓; 종과 북) 등속을 벌여 놓고 상신(上神; 天神)과 다만 선조께 강신(降神)하고 제사를 지냈다.

그러므로 임금과 신하는 바르고(正) 아비와 자식은 돈독하고(篤) 형과 아우는 화목하고(睦) 윗사람과 아랫사람은 가지런하고(齊) 남편과 아내는 처소가 있게(有所) 되었다.

이것이 이른 바 <하늘이 주는 복을 받았다(承天之祐)>는 말로 축사를 써서 현주(玄酒)로 제사를 지내되 피와 털 있는 짐승으로 생것과 익은 것을 그릇에 담아 바쳤다. 제사 지내는 절차를 말하면 좌석은 부들자리로 하였으며 술잔 뚜껑은 엉성한 베수건으로 하였으며 옷은 명주를 빨아서 입었고 헌작(獻酌)은 단술로 하였으며 적은 구워서 올렸다.

잔은 임금과 그 부인이 함께 올렸고 혼백을 기쁘게 한 뒤 각각 물러가 생고기는 모두 익혀서 이것을 잘라 보궤(簠簋; 제사에서 곡식 담는 그릇)와 변두(籩豆: 제사에 쓰는 대그릇과 나무 그릇)에 담아 놓은 다음 축(祝)을 읽어 자손이 효도한다고 선조께 고했으며 또 하사(嘏辭)를 맡은 축관(祝官)은 자손에게 전하기를 선조께서 사랑한다고 읽었다. 위에 말한 것을 대상(大祥)이라 하는데 이것은 예가 크게 이루어진 것이다.

위에 인용한 공자의 예에 관한 설명에 의하면 예는 사람들 사이의 관계에 그치지 않고 인간의 생활 방식 전체, 즉 문화 전부를 말하는 것임을 알 수 있다. 예는 음식에서 시작했다고 말함으로써 그는 물질적 기초가 문화의 모양을 형성하는 데 가장 중요한 요소라고 주장했다.

공자는 불을 발명한 사람을 성인, 즉 백성을 위해 가장 훌륭한 일을 한 왕 가운데 한 사람으로 생각하고 있다. 서경(書經)과 역경(易

經)도 농사를 위한 역법(曆法) 제정을 비롯하여 농기구, 경작 방법, 치수(治水), 교역(交易) 등에 관한 중요한 발명가와 행정가들을 성인 (聖人) 왕으로 찬양하고 있다. 정복자, 웅변가, 도덕군자 보다는 현실 경제생활에 대한 공로자에게 성인 칭호를 봉정(奉呈)하고 그런 사람을 위대한 왕으로 불렀던 것이다.

고대 중국인들은 이러한 기술적 발견, 발명의 발전과 함께 그들의 경제생활, 즉 농업 생산과 소비 수준이 향상되면서 그에 걸맞는 생활방식과 생활규칙을 만들어 나갔다. 이런 생활방식과 규칙이 다름 아닌 문화다. 생산력이 증대되면서 중국인들의 문화는 점점 더 세련되어 갔다. 그들은 주위 부족들의 것에 비하여 더 풍족한 경제, 더 세련된 문화를 가진 것을 자랑으로 여겼다.

주위의 야만인들에 의하여 자기네의 이러한 진보된 경제 기반이나 세련된 문화를 파괴당하는 것을 염려하는 것은 당연하다. 자기네 사회가 가지고 있는 소망스러운 사회적 자산은 그대로 소극적 자유를 구성하는 항목이다. 반대로 소망스럽지 못한 사회적 자산은 억압 항목이다. 소망스러운 사회적 자산 내지 환경을 보수(保守)하려는 것은 사회 속에서 사는 인간이 가진 본능이다.

공자는 예를 지키는 것은 문명인이 스스로 야만화의 길로 빠져드는 것을 방지한다고 생각하였다. 그렇게 생각한 이유를 이해하는 것은 어렵지 않다. 예는 문명의 결과가 오랜 세월에 걸쳐 진화론적으로 축적되어 형성된 것이기도 하지만 예를 지키는 것은 그 문명을 보존하는 길이기도 하기 때문이다.

공자가 '이적(夷狄)은 중국을 병들게 한다(夷狄也而亟病中國)'고 춘추(春秋)에 쓴 까닭은 단지 이적에 의한 병화(兵禍)만을 걱정한 것일까. 야만의 풍속이 중국을 나쁘게 물들이는 것을, 특히 권력층의 문화적 퇴화 즉 예로부터의 방종과 타락을 더 염려했던 것은 아닐까. 그가 '정(鄭)나라의 음악은 너무 선정적이라(鄭音好濫淫志)'라고 배척했던 것도 문화가 정치에 미칠 퇴폐적 영향을 염려했기 때문이었다.

예(禮)는 프리드리히 하이에크가 말하는 행동규칙과 유사한 점이 많다는 것은 앞에서 이미 말했다. 하이에크는 인간의 행동규칙을 두 가지 범주에 의하여 구분한다. 하나는 암묵적인 것이냐 명시적인 것이냐 하는 분류이고 다른 하나는 개인적이냐 사회적인 것이냐 하는 분류다. 사회적인 행동규칙은 다시 공식적인 것과 비공식적인 것으로 구분한다.

예는 사회적이고 비공식적이고 명시적인 행동규칙이다. 그런데 명시적이지만 대단히 포괄적이다. 유교에서 예를 명시화한 것 가운데 대표적인 것은 오륜(五倫)이다. 그 가운데 부자유친을 예로 들자. 여기서 친(親)은 자효(慈孝)를 뜻한다. 이것은 행동규칙이라기 보다는 부자관계의 본질에 관하여 말하고 있다.

설사 행동규칙이라고 보더라도 그것은 너무 포괄적이라서 실제로 '친(親)'을 행하는 것은 각자 나름대로 할 수 밖에 없다. 그런 의미에서 부자유친이라는 행동규칙은 사회적이라기보다는 개인적이고 명시적이기 보다는 오히려 암묵적이다.

예라는 인간관계의 규범 내지 규칙은 인간의 자유로운 행동을 구속하는 것임에는 틀림없다. 그러나 인간의 자유를 보호하는 장치임에도 틀림없다. 이것은 어초(魚礁)가 물고기의 유영(遊泳)에는 방해가 될 수도 있으나 휴식을 취하고 다른 육식동물들로부터 몸을 숨기고 알을 낳아 부화하는 데는 도움을 준다는 점과 비교될 수 있다. 휴식의 자유, 생명을 지킬 자유, 번식할 자유처럼 중요한 자유가 또 있겠는가.

하이에크는 자유를 빙자하고 모든 구속(拘束)을 철폐해야 한다고 부르짖는 사람들의 말이 실현되면 전통이나 개인들의 행동규칙 속에 있는 자유의 쉼터를 파괴하기에 이른다고 경고하였다. 개인들의 암묵적 행동규칙들은 자기만 아는 자유의 보금자리다. 이러한 행동규칙들은 사회라는 복잡체계 안에서 하이에크가 말하는 이른 바 자생적 질서를 이루게 되는 것이다. 이 자생적 질서는 자유가 만드는 질서이자 그 안에서 개인이 자유를 누릴 수 있는 제도인 것이다.

예(禮)는 치자(治者)와 피치자(被治者)가 일제히 자발적으로 지키는 각자의 분수(分數)로서의 행동규칙이다. 나라에 왕을 비롯한 지도자가 필요한 것은 치, 즉 질서를 얻기 위함이다. 예(禮)가 자발적으로 지켜지는 정도가 클수록 정치의 역할, 따라서 정치가 백성의 생활을 간섭할 필요가 그만큼 줄어든다. 따라서 권력이나 권위도 그만큼 필요하지 않게 된다.

모든 사람이 예를 지킴으로써 달성되는 치, 즉 예치(禮治)는 배경에 공권력이 있어야 하는 법치보다, 현명하고 자애로운 지도자에 의한 덕치보다 더 바람직한 것이 된다.

예(禮)는 하이에크가 생각하는 확장된 질서 또는 자생적 질서를 낳는 규칙이다.35) 공자가 "시(詩)에서 흥기하고, 예(禮)에서 서고, 음악에서 완성한다."36)라고 했을 때의 시와 악(樂)도 예와 같이 문화적이고 진화론적으로 생겨난 규칙들이다.

예(禮)는 성문법과 달라 최종적으로 폭력에 호소하는 구속력은 없으나 그것을 지키는 것은 모두에게 평등한 사회적 의무다. 자연적으로 진화된 보편적으로 인정되는 불성문(不成文) 법과 비슷한 특성을 가지고 있다. 하이에크는 이러한 자생적 규칙을 지키는 것은 생존과 생활을 보호해 준다는 뜻에서 개인의 자유를 신장하는 가장 중요한 환경 요소라고 보았다.

오랜 세월이 걸리기는 하지마는 생산과 소비 등 경제의 양식이

---

35) F. A. Hayek 저, W. W. Bartley III 편집, *The Fatal Conceit*, University of Chicago Press, 1988, pp xi, 6, 83-4
36) 『논어』, 泰伯 8

바뀌면 개인의 생활 방식과 사회의 구조도 바뀌고 예(禮)도 바뀐다. 수렵채취 경제사회에서 유목 경제사회로, 다시 농업적 자급자족 사회로, 다시 시장경제와 세계화된 사회로 진화하면서 인간의 행동규칙도 진화한다.

이런 행동규칙들 속에서 개인은 살고 있기 때문에 이 규칙이 한편으로 자유를 제한하는 점이 있더라도 이런 규칙 없이는 금방 무질서 상태 아니면 전제적 폭군에 의한 자의적(恣意的) 압제와 강제 속으로 빠질 수 있다는 점을 생각해야 할 것이다. 무질서나 폭정 보다 더 무서운 반(反) 자유는 없을 것이다.

가(苛) vs. 인(仁)

공자는 치자의 자격 내지 정치의 최고 목표를 인(仁)에다 두었다. 인(仁)은 다름 아닌 인정(仁政)이고 그 내용은 치자의 피치자에 대한 관인(寬仁)이다. 관인함의 주된 대상은 백성이다. 다시 말하면 국민에게 소극적 자유를 허여하는 정치가 곧 인(仁)이다.

인정(仁政)과 반대되는 상태는 가정(苛政)이다. 예기(禮記)에는 공자가 가정(苛政)에 관하여 말한 다음과 같은 이야기가 나온다.[37]

공자가 태산 근처를 지나가는데 어떤 여자가 묘에서 슬프게 울고 있었다. 공자가 그 소리를 듣고 자로(子路)를 시켜 물었다. 부인이 우는 데는 필시 큰 걱정이 있는 듯합니다. 여자가 대답했다. 그렇습니다. 전에 제 시아버지가 호랑이의 화를 입어 죽었습니다. 그 다음에 제 남편도 같은 사고로 죽었습니다. 이번에는 제 자식이 또 같은 화를 입어 죽었습니다. 공자가 물었다. 그런데도 왜 이곳을 떠나지 않습니까. 여자가 대답했다. 여기는 가혹한 정치가 없기 때

---

37) 『예기』, 檀弓 下

문입니다. 공자 말했다. 제자들아, 이것을 알고 기억해라, 가정(苛
政)이 호랑이보다 무섭다는 것을!

孔子過泰山側　有婦人哭於墓者而哀　夫子式而聽之　使子路問之曰
子之哭也

壹似重有憂者　而曰　然　昔者吾舅死於虎　吾夫又死焉　今吾子又死焉
夫子曰何爲不去也　曰　無苛政　夫子曰　小子識之　苛政猛於虎也

가정(苛政)은 다른 말로 하면 정부가 인민을 위하여 깔아 주어어야
하는 소극적 자유라는 멍석이 아예 없거나 너무나도 좁은 상태를
말한다. 인민의 적극적 자유가 전혀 굿을 벌일 수 없을 정도로 소극
적 자유의 공급이 부족한 상태가 가정(苛政)이다. 높은 세금, 심하고
예측할 수 없는 규제, 과도한 형벌 등이 이런 상태다.

위의 인용에서는 이런 가정(苛政)과 호랑이에게 생명을 잃은 가족
의 수가 세 사람이나 되는 여인이 아직도 오히려 가정(苛政) 보다는
호랑이가 주는 위험을 선호하는 한계적 상황이 예시되어 있다. 이
여인의 판단으로는 가정(苛政)이 미치는 영역이 호랑이가 활동하는
영역보다 자신의 생명과 생계가 더 위험하였던 것이다.

주나라 시대의 치자(治者) 계급은 권력과 생산수단을 둘 다 가지
고 있었다. 이것이 부귀(富貴)다. 귀(貴)는 권력을 말하고 부(富)는
생산 수단을 말한다. 생산 수단이란 다름 아닌 토지다. 권력에는 서
민의 노동력을 동원 내지 차출(差出)할 수 있는 권력도 포함된다.
무력을 배경으로 한 부와 귀를 남용하여 치자 계급이 서민을 수탈
하고 박해하는 것이 가정(苛政)이다. 이런 가정의 반대쪽에 있는 것
이 인이다.

논어에는 공자 자신과 제자들의 입을 통하여 여러 가지 접근법으
로 인을 정의하고 있다. 그 중에서 가장 분명하게 내린 기초적이고
보편적인 정의(定義)는 다음과 같다.

번지가 인을 물으니 공자가 말하기를 남(사람)을 사랑하는 것이
라고 했다.
樊遲 問仁. 子曰 愛人(論語, 顔淵)

이 말은 물론 '인간이 다른 인간을 사랑하는 것이 인(仁)이다'라는
보편적 언명(言明)이다. 그리고 인의 본질은 이런 보편성을 기초로
가지고 있다. 그러나 공자가 정치 철학자로서 말하는 인은 치자가
피치자를 사랑하는 것이 인이다. 다음 두 인용에서 그것이 분명하게
드러난다.

　　중궁이 인을 물으니 공자가 말했다. "문을 나갈 때는 큰 손님을
뵙는 것 같이 하고 백성을 부릴 때는 큰 제사를 받들듯이 하며, 자
신이 당하고 싶지 않은 일을 남에게 하지 말아야 한다. 그렇게만
하면 나라에 원망이 없고 집안에 원망이 없다."
　　仲弓問仁. 子曰 出門如見大賓 使民如承大祭己所不欲 勿施於人 在
邦無怨
　　在家無怨(論語, 顔淵)

무릇 인이란 것은 자신이 서고자하면 남도 세워 주고 자신이 달
성하고자 하면 남도 달성시켜 주는 것이다.
　　夫仁者 己欲立而立人 己欲達而達人(論語, 雍也)

위의 두 인용에서 기(己)는 치자 자신을 가리킨다. 특히 '자신이
하고 싶지 않은 일을 남에게 시키지 않아야 한다.(己所不欲 勿施於
人)'라는 부분은 공자의 인의 원칙이라고 부를 만하다. 왜냐하면 J.
S. 밀의 위해(危害)의 원칙(Harm Principle)을 연상시키기 때문이다.
밀의 위해의 원칙은 인간은 남의 생명, 재산, 자유를 해치지 않는
범위에서 아무것이나 해도 좋다는 선언이다.

위해의 원칙이 경계선의 이쪽인 자유 영역을 말하고 있다면 인의 원칙은 경계선의 저쪽인 금지 영역을 말하고 있는 것이 다를 뿐이다. 이런 차이가 생긴 이유는 공자는 치자계급에게 금지를 말하고 있고 밀은 평등한 일반 인민에게 자유를 말하고 있는 데 있다. 치자가 지키는 금지는 피치자가 누리는 자유다. 치자가 누리는 자유, 즉 욕망은 피치자가 당하는 가정(苛政)이듯이 말이다.

공자의 이러한 금지 논법은 유럽의 근대가 성취한 언론, 사상, 신앙 등 일반적 자유에 대한 권리 개념은 말할 것도 없고 토지에 대한 사적 소유권이나 개인의 생명에 대한 권리도 성립하지 못했던 고대(古代) 중국의 현실에서 자유를 묘사하고 주장할 수 있는 유일한 길이었을 수 있다.

18세기 스코틀랜드의 계몽주의 철학자들이 법에 의하여 정부와 무법자들로 하여금 다른 사람의 자유를 침범하지 못하도록 하는 것이 자유의 핵심이라고 본 것과 일치하고 있다는 점에서 공자의 인의 원칙은 세계에서 최초로, 그리고 흠잡을 데 없이 엄밀하게 정의된 소극적 자유라고 말할 수 있다.

인의 원칙이 가지고 있는 다른 한 가지 특징은 그것이 평등의 원칙이기도 하다는 점이다. 자기가 원하지 않는 것을 남에게 하지 않는다는 것이 인이므로 그것은 '자기'와 '남' 사이의 완전히 평등한 상호성(reciprocity)을 의미할 수밖에 없다. 법 앞에서의 평등이 창발하지 못한 세상에서 공자는 인 앞에서의 평등을 요구했던 것이다.

> 안연이 인을 물으니 공자가 말하기를 자기 자신을 이기고 예(禮)로 돌아가는 것이 인이 된다고 했다.
> 顔淵 問仁 子曰 克己復禮 爲仁 (論語, 顔淵)

여기서도 기(己)는 역시 치자를 일인칭으로 가리키는 말이다. 극기(克己)는 치자가 자신의 욕망을 억제하거나 단절하는 것이다. 여기서 극기복례(克己復禮)는 이 앞의 인용에서 나온 '남에게 하지 마라(勿施於人)'에 상응되지만 그 뜻하는 바나 지시하는 방식은 매우 다르다.

물시어인(勿施於人)은 금지인 데 반하여 극기복례(克己復禮)는 추장(推奬)이다. 전자는 '자기가 당하고 싶지 않은 것'을 목록으로 만든다는 것도 쉽지 않다. 뿐만 아니라 이 목록은 주관적이라서 반드시 사람마다 같을 것이라고 보기도 어렵다.

예(禮)는 이 점을 극복할 수 있게 해 준다. 예는 오랜 세월에 걸쳐 진화해 온 객관적이고 표준화된 것이다. 예를 따른다는 적극적 행위가 바로 '남에게 하지 않는다'는 금지를 포함하고 있는 것이 된다.

예를 들자. '형한테 맞는 것이 싫으면 너도 동생을 때리지 마라'는 '己所不欲 勿施於人'에 해당한다. '형제간에 우애를 항상 지켜라'라는 적극적 지시는 '동생을 때리지 마라'라는 금지적 지시를 대부분의 경우 포함하게 된다.

여기서 알 수 있는 것 또 한 가지는 행동규칙을 지키는 것이 소극적 자유의 신장과 보장에 방해가 되는 것이 아니라 오히려 도움이 된다는 점이다. 이것을 공자가 보여주고 있는 것이다.

> 자공이 물었다. 일생 동안 지켜야 할 것을 한 마디로 가르쳐 주십시오, 공자가 말했다. 용서하는 것이다. 용서한다는 것은 자신이 당하고 싶지 않은 일을 남에게 하지 않는 것이다.
> 子貢問曰 有一言而終身行之者乎 子曰 其恕乎 己所不欲 勿施於人
> (논어, 衛靈公 23)

이 말에 있는 '恕(서)'를 앞에서 나온 '仁'과 공자가 같은 뜻으로 쓰고 있다는 것은 그 설명 부분이 '己所不欲 勿施於人'으로 동일하기 때문이다. 그러므로 공자에게 있어서 仁과 서(恕)는 같은 의미의 것이다.

아래 인용에서는 서(恕)에 충(忠)을 더하여 충(忠)과 서(恕), 즉 충서(忠恕)가 되었다. 충서(忠恕) 역시 인과 같은 의미의 것이다. 충(忠)과 서(恕)는 둘 다 상대방을 가진 말이다. 주자(朱子)는 집주(集註)에서 충(忠)은 (상대방을 위하여) 자기를 다하는 것이고 서(恕)는 (상대방에게) 자기를 열어 두는 것이라고 말했다.(盡己之謂忠 推己之謂恕)

다시 말하면 인(仁), 서(恕), 충서(忠恕)는 모두 자기가 상대방에게 관인(寬仁)함을 말한다. 즉 치자가 피치자에게, 정치계급에 있는 군자가 군자가 생산계급에 있는 소인(小人)에게 자유를 허여함을 말한다.

> 공자가 말했다. 나의 도(道)는 하나로써 관철하는 것이다. 증자가 말했다. 그렇습니다. 공자가 밖으로 나가자 제자들이 그것이 무슨 뜻이냐고 물었다. 증자가 말했다. 선생님의 도(道)는 충(忠)과 서(恕)가 그 전부니라.
> 子曰吾道 一以貫之 曾子曰 唯 子出 門人問曰 何謂也 曾子曰 夫子之道
> 忠恕而已矣(논어 里仁 15)

논어에서 공자는 자신의 도를 ‘하나로써 관철한 것’으로서 자신을 ‘하나로써 관철한 사람’으로 표현하고 싶어 하였다. 위의 인용에서는 그 하나가 바로 충서(忠恕)임을 그의 제자 증자(曾子)가 밝히고 있다. 다시 말하면 이 하나는 인(仁)이다.

> 자공이 (공자에게) 말했다. 저는 남이 저에게 하기를 원치 않는 일을 저도 남에게 하지 않으려고 합니다.

子貢曰 我不欲人之加諸我也 吾亦欲無加諸人(논어 公冶長)

　자공이 위의 인용에서 나오는 것과 같이 말하는 것을 들은 공자는 '그대는 그런 경지가 되려면 아직 멀었다'라고 대답한다. 자공은 공자의 제자들 가운데 벼슬에서 가장 출세한 사람 가운데 하나였다. 그는 유능한 행정가였으며 재산도 크게 모아 놓고 있었다.

　그런 그를 공자는 인에는 멀리 미치지 못한다고 평한 것이다. 아마도 공자가 이렇게 말한 것은 자공 한 사람을 찍었다기 보다는 인으로부터 오히려 점점 더 멀어져 가고 있는 당시의 정치를 두고 한 말일 것이다.

　　자공이 말했다. 만일 백성에게 널리 베풀어 능히 모든 사람을 구제할 수 있다면 가히 인이라고 불러도 되겠습니까? 공자가 말했다. 어찌 인일 뿐이랴? 반드시 성(聖)이라고 해야 할 것이다. 요순(堯舜)조차도 거기에는 오히려 미치지 못했느니라.
　　子貢曰 如有博施於民而能濟衆 何如 可謂仁乎 子曰 何事於仁 必也聖乎 堯舜
　　其猶病諸(논어, 雍也 28)

　위의 인용에서 자공이 묻고 있는 것은 정치가 인(仁)을 지나서 직접 백성의 구제를 담당하여 거기에 성공하는 경우다. 공자는 거기에 대하여 요순(堯舜)도 그것은 하지 못했고 할 생각조차 없었다고 말한다. 여기에 대하여 주자(朱子)는 집주(集註)에서 다음과 같이 말하고 있다.

　　이런 것을 하려는 것은 (인을 이루는 것을) 더 어렵고 멀게 할 뿐이다.
　　(以是求 愈難愈遠矣)

사실 박시(博施)나 제중(濟衆)은 정부가 인민에게 소극적 자유를
제공하는 것을 넘어서 개인들에게 자신의 적극적 자유를 행사할 능
력, 또 적극적 자유 자체를 제공해 주겠다는 것이다.

위의 인용에서 공자는 최고의 성인 정치가들인 요순(堯舜)도 그것
을 감히 시험해보려 하지 않았다는 것을 말하고 있다. 주자(朱子)의
말은 공자의 이런 생각을 부연하여 설명하고 있다.

브루노 레오니는 인은 가장 전형적인 소극적인 자유의 정의라고
하면서 소극적인 자유야 말로 진정한 자유라고 강조한다.[38] 위의
두 인용에서 공자와 주자도 이것을 말하고 있는 것으로 보인다.

공자는 인에도 한계가 있어야 한다고 본 것이다 정부가 줄 수 있
는 것은 소극적 자유에 그쳐야 하며 적극적 자유까지 정부가 주려
고 해서는 안 된다는 것이 그것이다. 이것이 중용이며 지어지선(至
於至善)이다.

사실 서양에서도 liberal(자유로운 또는 자유주의자)이란 말의 뜻
은 '너그러운'의 뜻이다. '자유롭다'는 것은 그것을 누리는 자의 편에
서 보면 속박과 강제가 없고 자신이 의도하는 바를 행하거나 달성
할 수 있는 상태다. 그러나 여기에는 이 사람의 이런 자유로운 행동
을 용인하는 '너그러운' 환경을 반드시 필요로 한다. 인은 바로 이런
너그러움이다. 이와 같이 동아시아에는 자유라는 말이 없는 대신 자
유를 말하는 다른 말이 충분히 있었다. 그것이 인이다.

공자는 치자 계급에게 정치는 인민을 위하여 있다는 것을 역설하
였고 이 사상은 맹자에 이르러 더욱 무르익었다. 근세의 중국학자
양계초(梁啓超)에 의하면 공자가 진심으로 부르짖은 것은 한 마디로
왕과 제후들에게 인민을 위한 정치를 하라는 것이었다고 한다.[39]

---

38) 브루노 레오니(정순훈 역), 『자유와 법』, 자유기업원
39) 梁啓超(이민수 역), 『中國文化思想史』(飮氷室文集에서 발췌), 정음사

이성과 전통 --부작(不作) 호고(好古) 원칙

중국의 번영과 흡인력이 된 왕화와 문화의 과정, 즉 고대 중국 농업 사회의 정치적 및 문화적 전개 과정을 역사적 현실에 토대를 두고, 역사의 자연스런 진화 자체를 이념으로 삼을 수 있도록 최초로 '집대성'하여 정리한 사람이 공자다. 이러 진화는 그 자체가 저절로 된 것이고, 그래서 그 자체가 부작(不作)의 것이다.

그는 멀리 전설 시대의 성군인 요와 순을 비롯하여 하(夏)의 우(禹), 은(殷)의 탕(湯), 주(周)의 문왕(文王)과 주공(周公) 등 가장 모범되는 왕들의 행적과 언행을 추출하여 정치의 현실적이면서 이상적인 모형과 국가권력의 당위(當爲)와 한계를 밝히려고 하였다.

그가 이런 진화적 사실을 있었던 그대로 추려서 집대성한 것을 유교(儒敎)라고 부르거니와, 그 후 지금까지 2,500년 동안 동아시아 제국의 정치, 문화, 경제는 유교를 중심으로 하여, 그것을 실천하든지, 배척하든지, 어떤 한 국면을 강조한다든지, 명분만 빌린다든지 하는 방식으로, 움직여져 왔다. 마치 기독교가 서양 세계를 이런 식으로 지배해 온 것처럼 말이다.

공자를 알기 위해서는 집대성이라는 말의 유래와 의미를 알아야 할 것이다. 이 말은 『맹자』에 나오는 다음 말에서 유래한다.[40]

> 공자를 일러 집대성이라고 하거니와, 집대성이란 하나의 음악이 금성(金聲)으로 시작하여 옥성(玉聲)으로 끝나는 것처럼 전체를 갖춘 것을 말한다. 금성은 조리(條理)의 시작이요 옥성은 소리의 끝이다. 조리를 시작하는 것은 지(智)의 일이고 조리를 끝내는 것은 성(聖)의 일이다.
>
> 孔子之謂集大成　集大成也者　金聲而玉振之也　金聲也者　始條理也

---

40) 『맹자』, 萬章下 1

玉振之也者
終條理也 始條理者 智之事也 終條理者 聖之事也

성(成)은 하나의 음악을 말한다. 음악은 금(金), 석(石), 사(絲), 죽(竹), 포(匏), 토(土), 혁(革), 목(木), 이 여덟 음을 써서 연주하는 바, 그 시작에는 금을 울리고 그 끝은 옥, 즉 석(石)을 때린다. 공자의 집대성은 여덟 음으로 짜인 소성(小成) 음악을 모아(集하여) 하나의 대성(大成)음악을 만든 것에 비유한 것이다. 공자가 춘추시대 이전의 여러 성인들의 도를 모아 유교를 완성한 것을 음악에 비유하여 말한 것이다.

이런 사업을 수행함에 있어 공자가 채택한 것이 바로 부작(不作)과 호고(好古)의 원칙이다. 아마도 현대인이 공자를 고찰할 때에 그의 사상의 핵심으로 중시해야 할 것이 이 원칙일 것이다. 공자 사상의 방법론인 동시에 실체이기 때문이다.

부작(不作)의 작(作)은 무엇인가? 다시 말해, '짓지 않았다'라는 말에서 '짓다'는 무엇을 뜻할까. 작(作)은 다름 아니라 창작이다. 부작(不作)은 기록, 수집, 정리, 연구, 평가는 하되 창작은 하지 않는다는 뜻이다. 공자는 창작을 하지 않았다.

그는 중국 여러 나라의 전래 시를 모아 시경(詩經)을 엮었다. 고대의 음양적 우주관을 부호화한 것을 정리하여 역경(易經)으로 정리하였다. 역경은 사물의 존재와 변화를 묘사하려는 의도를 가지고 있다. 변화를 묘사할 수 있으면 거기서 자연스럽게 연장되어 나오는 것이 예언이다.

그는 자기가 태어나서 살던 나라요 또 사모해마지 않았던 주공(周公)의 봉국(封國)인 노(魯)나라의 역사를 춘추(春秋)로 편찬하였다. 시, 음악, 그가 거시적으로 예(禮)라고 불렀던 미풍양속과 의식(儀式), 역대 모범적 군왕과 그들의 정치 사례(事例) 등에 관하여 그는 광범한 강론(講論)과 편술(編述)을 행하였다.

공자가 자신의 지식 활동 노선을 하필 부작(不作)으로 잡은 것은 그가 가진 위대한 점들 가운데도 근원적인 것이라고 할 것이다. 아마도 그는 정치, 경제, 사회, 문화는 우주나 생명을 사람이 만들어낼 수 없듯이 의도, 계획, 강행 등에 의하여 만들어낼 수도 없고 만들어져서도 안 된다고 믿었던 것이다.

공자는 사람들 사이나 나라 사이에는 그저 예가 지켜지는 현실적인 사회를 이상으로 삼았던 것일까. 이런 생각을 어떻게 하여 갖게 된 것이었을까. 유토피아 건설을 위한 의도, 계획, 강행이 실패하는 예를 그의 전 시대 역사에서나 당시 현실에서 보았던 것일까.

프랑스혁명, 소련혁명, 나치 독일 건설의 실패를 분석했던 하이에크의 술어를 쓰면 공자의 부작(不作) 호고(好古)는 설계주의적 합리주의 (constructivist rationalism)[41]에 대한 적극적 반대다. 설계주의적 합리주의는 유토피아를 설정하고 그것을 건설하는 합리주의적 (마르크스주의자들의 용어를 따르면 '과학적') 실천 이 두 가지를 말한다.

실제로 마르크스주의자들의 소련 혁명에서 한 것은 구체제를 잔혹하게 파괴하고 그 자리에 중앙계획경제를 집어넣은 것이다. 하이에크는 중앙경제계획이 불가능할 뿐만 아니라 그것이 가져다주는 것은 오직 대재앙뿐이라고 주장한다. 그 이유는 인간의 이성은 이런 것을 해낼 능력이 없기 때문이라고 했다. 이런 것을 해내겠다는 것을 하이에크는 '이성의 치명적 오만'이라고 불렀다.

공자는 다국가에 의한 분권적 다원성을 지지하는 다원적 보수주의자였다. 그리고 중앙집권적 통일국가를 반대하였다. 중국 역사에서 가장 성공적인 혁명가였던 진시황과 모택동(毛澤東), 이 두 사람

---

41) *The Fatal Conceit, The Errors of Socialism*, F. A. Hayek, The University of Chicago Press, 1988

이 열렬한 공자 배격자였던 것은 공자의 이런 보수성 때문이었다.

진시황은 처음에는 공자가 대표하는 유가(儒家)에 대하여 적극적 호감을 가지고 있었다. 유능하고 충성스러운 관료를 유가는 양성하고 권장하였기 때문이다. 그러나 공자가 반(反)통일적, 반(反)전제적, 반(反)미신적 사상가임을 알고는 분서갱유(焚書坑儒)를 감행하였다.

분서갱유는 유교 서적을 불사르고 유학자를 산 채로 땅에 파묻은 사건이다. 그 계기는 유교 제도에 따라 설치한 박사(博士)인 순우월(淳于越)이 주(周)대의 지방 분권적 봉건제로의 복귀를 주장하자 유생들이 이를 찬성하고 나왔던 데 있었다.42)

모택동은 공자를 혹독하게 비판하는 한편 진시황은 중국 역사의 최고 혁명가로 찬양하였다. 진시황이 이룩한 최초의 중국 통일, 주변 국가에 대한 정복, 귀족제도의 철폐, 가족의 국가 체제 편입 등이 그의 공산화 혁명 및 항일, 항(抗)서방적 민족주의 노선과 부합하였기 때문이다.

청(淸)제국의 멸망과 함께 중국은 농업경제의 운영에서 만들어 내어 18세기까지 약 2,500년간 누려 왔던 정치, 경제, 문화 이 모든 면에서 세계 최고라는 우월성을 모두 상실하였다. 중국의 옛 영광을 잊지 못하는 사상가들과 그 정치적 아류들은 좌우(左右)를 불문하고 언필칭 동도서기(東道西器)를 말한다. 중국의 전통적 정치, 문화의 틀을 유지하면서 서양에 맞먹는 생산력을 과학기술을 통하여 이루어내자는 것이 동도서기론이다.

청제국의 멸망 이후 중국은 지금 1백 년 이상 동안 와신상담(臥薪嘗膽) 속에서 동도서기를 실험하고 있다. 동도라는 것은 중앙집권, 권위주의, 집단주의, 평등주의를 포함한다. 지금 중국이 채택하고 있는 동도서기론은 사회주의적 시장경제다.

---

42) 『中國通史』 상권, 傅樂成 저 신승하 역, 우종사, p115

구소련의 해체에 즈음하여 당시의 소련 대통령이던 고르바쵸프가 소련 사회주의는 기술혁신을 이룰 수 없어 첨단 기술 경쟁에서 미국에 뒤지게 된 것이 소련의 파국을 만든 근본적이고 첫째가는 원인이라고 말했던 것을 기억할 필요가 있다.

동도(東道)라는 것이 그 핵심은 개인의 자유와 법치(法治)를 부인(否認)하고자 되뇌어지는 기획이라면, 그리고 서기(西器)가 세계 최고 수준의 부국(富國)이 되는 수단이라면, 동도(東道)는 연목(椽木)으로, 서기(西器)는 구어(求魚)라는 말로 바뀌게 되기 십상이다.

'사회주의적 시장경제'에서 사회주의는 연목(椽木)이 되고 시장경제는 구어(求魚)가 될 수도 있을 것이다. 19세기 중엽에서 21세기 초인 지금까지 150년 동안 중국은 현재와 과거, 현실과 환상. 동도(東道)와 서기(西器) 사이의 연목구어적 기획을 추구하면서 시행착오와 혼란을 거듭하고 있다. 지난 20년간 괄목할 경제 발전을 보이고 있으나 불안정 요소는 잠재적으로 더 커지고 있는 것으로 보인다.

자유주의의 철학적 기초
-포퍼와 하이에크를 중심으로-

신중섭
(강원대학교 윤리교육과 교수)

1. 시작하는 말

우리는 격심한 이념적 대립과 갈등을 경험하고 있다. 권위주의적 사회를 뒤로 하고 민주주의 사회가 도래하였지만 우리 사회에서는 이념 논쟁만 무성하다. 오래 전에 전에 후쿠야마는 자신만만하게 다음과 같이 선언하지만, 이 선은 우리 사회에 통용되지 않는다.

> " … '이데올로기의 종언'이나 자본주의와 사회주의의 수렴이 아니라, 경제적 자유주의와 정치적 자유주의의 승리에 도달하였다.
> 서구의 승리, 서구 이념의 승리는 자명하다. 무엇보다도 서구 자유주의에 대한 활력 있는 체계적 대안이 완전히 사라져 버렸기 때문이다."[1]

그는 우리가 보고 있는 것은 단지 냉전의 종언이 아니라, 역사의 종언이라고 하였다. "우리는 인류의 이데올로기의 진화의 마지막 지

---

[1] Franscis Fukujama, "The End of History?", The National Interest, Number 16, Summer 1989, p.3.

점과 인류 정부의 최후 형태로서 서구 자유 민주주의의 보편화를
보고 있는 것이다."2)라는 설명을 덧붙였다. 그러나 곧 이 선언을 부
정하는 새로운 선언이 나와 우리를 당혹스럽게 한다. 에릭 홉스봄은
자유주의의 승리를 완강히 부정하면서 다음과 같이 말하였다.

> "밀레니엄으로 가는 도정에서 한 가지 재미있는 사건이 벌어졌
> 다. 1998년 칼 마르크스가 다시 돌아왔다. 분명히 그가 베를린 장
> 벽의 깨진 돌조각 밑에 매장되었다고 가정한 지 10년이 지나서, 그
> 리고 되돌릴 수 없는 자유주의의 승리와 역사의 종말이 공표되고
> 10년이 지나서, 여기 그가 『공산당 선언』 발간 150주년 기념일에
> 다시 활동하기 시작한 것이다."3)

그는 "놀랍게도 150년 전에 마르크스가 세계 자본주의의 본질과
경향에 관해 썼던 내용이 오늘날에도 진실처럼 들린다!"고 놀라워하
고 있다. 나아가 1989년의 승리감이 "『자본론』의 체계가 결국 근본
적으로 옳았다"는 확신에 의해 대체되었다는 환희에 찬 결론을 내
리고 있다. 극단적인 좌파 지식인들은 "자본주의는 개혁될 수 없다.
자본주의는 오직 파괴될 수 있을 뿐이다. 만일 좀더 좋은 사회를 원
한다면 자본주의는 파괴해야만 한다"고 믿는다. 좌파들의 이러한 확
신이 역사의 흐름을 되돌릴 수는 없다. 확신이 아무리 강하다 할지
라도 그 강함이 현실을 바꾸지는 못한다. 영국 노동당을 시작으로
유럽 연합 15개국 가운데 13개국이 사민당 단독 또는 연정의 정부
가 집권하였지만 홉스봄을 감동시킨 마르크스가 되돌아 온 것은 아
니다. 사회민주주의의 쇄신을 표방하는 '제3의 길'은 마르크스주의의
죽음을 기정사실로 받아들이면서 새로운 길을 모색하고 있기 때문

---

2) 앞의 논문, p.4.
3) 에릭 홉스봄, "신자유주의의 죽음", 『제3의 길은 없다』, p.23.

이다.

 '제3의 길'의 이론적 基地를 제시한 기든스는 "경제관리 이론으로서 사회주의의 죽음으로 말미암아 적어도 예측할 수 있는 미래와 관련하여 좌파와 우파를 구별하는 한 가지 기준은 사라졌다. 좌파 마르크스주의자들은 자본주의를 전복하고 다른 체제로 대치하려고 했다. 많은 사회민주주의자들 역시 자본주의가 진보적으로 수정되어 그것의 중요한 특성이 없어질 수 있을 것이라고 믿었다. 그러나 어느 누구도 더 이상 자본주의에 대신할 대안을 갖고 있지 않다. 남은 논쟁은 얼마나, 그리고 어떤 방식으로 자본주의를 통제하고 규제 하는가이다"4)라고 하였다. 유럽에서 보수주의 정당을 물리치고 다시 집권한 사회민주주의 정당들은 자본주의의 틀 안에서 자본주의의 문제점을 바로 잡아보겠다는 정책 강령을 가지고 있을 뿐이다. 이는 이념 대결의 장이 좌측에서 우측으로 크게 옮겨졌음을 의미한다. 이는 곧 자유주의의 승리를 새롭게 확인시켜 준 것에 불과하다.

 그러나 우리 사회는 이러한 세계사적 흐름에서 예외이다. 아직도 낡은 좌파적 이념에 따라 국가의 틀을 세워야 한다고 주장하는 사람들이 권력을 행사하고 있다. 서구사회에서는 포기한 복지국가를 뒤따라가야 하나라는 외침도 들린다. '좌파 신자유주의', '공동체적 자유주의'를 우리의 살길이라고 주장하는 사람들도 있다. 우리는 '자유주의'가 무엇인지를 다시 묻지 않을 수 없다. 이러한 상황에서 이 논문은 포퍼와 하이에크를 중심으로 자유주의의 철학적 기초를 고찰함으로써 자유주의에 대한 이해를 심화하려고 한다.

---

4) Anthony Giddens, *The Third Way: The Renewal of Social Democracy*, Polity Press, 1998. pp. 43-44.

2. 자유주의의 역사적 배경

체계화된 이념으로서 자유주의는 근대의 정치 이데올로기 가운데 하나이다. 자유주의자는 국가가 개인 자유에 개입하는 것에 반대한다. 자유주의는 개인의 시민적, 정치적 권리에 중요성을 부여한다는 점에서 다른 이데올로기와 구별된다. 자유주의자들은 양심의 자유, 표현의 자유, 결사의 자유, 직업의 자유, 최근에는 성의 자유가 보장되어야 한다고 생각한다.5) 물론 자유주의자들이 무조건 이러한 자유를 요구하는 것은 아니다. '다른 사람에게 해를 끼치지 않는 한'이라는 단서 조항을 달고 이러한 요구를 하고 있다.

정치 이데올로기로서 자유주의는 16세기 유럽에서 중요한 운동으로 나타났으며, 특히 20세기 말에 사회주의 국가들이 몰락한 이후 지금 자유주의는 세계 여러 지역에서 지배적인 이데올로기가 되었다. 일반적으로 자유주의의 발흥에 대한 설명에는 2가지가 있다.6)

한 가지 입장에 따르면 자유주의는 관용이 종교전쟁에 대한 유일한 대안이라는 인식에서 나왔다. 무수히 많은 종교전쟁을 겪은 뒤에 프로테스탄트와 가톨릭은 국가가 단일 신앙을 강조해서는 안 된다는 사실과 정치적 안정을 위해서는 국가와 종교가 분리되어야 한다는 입장을 받아들이게 되었다. 자유주의는 이 원리를 종교의 영역에서 인생의 의미와 목적에 대해 갈등하는 시민들의 사회생활의 영역에까지 확장하였다. 자유주의 국가는 이러한 갈등을 해결하려고 하지 않고 시민들이 좋은 삶에 대한 그들 나름의 다양한 생각을 추구할 수 있는 '중립적' 틀을 제공하려고 한다. 이러한 관점에서 자유주

---

5) 자유주의를 대표하는 철학자들로는 John Locke, Immanuel Kant, Benjamin Constant, Wilhelm von Humbold, John Stuart Mill, T. H .Green, L. T. Hobhouse, Isaiah Berlin, K. R. Popper, F. Hayek를 들 수 있다.
6) Will Kymlicka, "Liberalism" in *The Oxford Companion to Philosophy*, edited by Ted Honderich, Oxford University Press, 1995, pp. 483–485.

의는 현대사회에서 피할 수 없는 다원주의와 다양성에 대한 인간주
의적인 응답이다.

한편 자유주의를 반대하는 사람들은 자유주의는 자본주의의 발흥
에 대한 이데올로기적 정당화로 나타났으며, 자율적인 개인이라는
이미지는 시장에서 자기 이익을 추구하는 것을 찬양하는 데 지나지
않는다고 주장한다. 그들은 또한 자유주의는 종족과 종교가 다른 사
회와 사람들을 하나로 엮어주는 상호 의무의 거물망을 경쟁과 원자
적 개인주의에 입각한 사회로 대치했다고 비판한다.

이러한 자유주의의 출현은 근대 서양에서 변화된 세계관을 반영
하고 있다. 첫째는 "아는 것은 힘이다"라는 베이컨의 명제이다. 둘
째는 국가의 부는 일정하게 정해져 있는 것이 아니라, 끊임없이 成
長할 수 있다는 신념이다. 셋째는 인간이 幸福을 추구하게 하는 원
동력은 개인적인 야심과 동기이다라는 '原子的 慾望의 주체로서 個
人'에 대한 인식과 정당화이다. 넷째는 공동체는 효과적인 결과를
찾는 자유로운 개인들의 자발적 모임이다라는 사회에 대한 개체주
의적 관점이다.

첫째 명제는 科學의 發展을 인도하는 원동력이 되었다. 인간은 자
연을 자신의 필요에 따라 이용할 수 있으며, 자연을 아는 것만큼 자
연을 통제하고 이용할 수 있다는 世界觀이 생성되었다. 둘째는 인류
의 진보에 대한 확신이다. 성장에는 한계가 없으며, 인류 역사는 무
한히 진보할 수 있다는 확신을 가지게 된 것이다. 이러한 확신은 과
학의 발전으로 뒷받침되었다. 셋째는 개인의 이기적 욕망의 추구에
대한 道德的 正當化이다. 경제적 이익의 추구가 사회적인 차원에서
정당화된 것이다. 넷째는 사회는 독립된 존재자가 아니라 개인의 합
에 지나지 않는다는 個人主義의 擁護다.

이러한 자유주의의 전통을 이어받아 포퍼와 하이에크는 어떻게
하면 인간의 자유를 유지하고 확장할 수 있는가에 철학적 관심을

가졌다. 그들은 자유를 뒷받침하는 제도를 지지하고, 이를 방해하는 요소를 비판하였다. 각기 '開放 社會論'과 '自生的 秩序論'을 통해 자유주의라는 큰 사상의 틀 안에서 자유시장경제를 옹호하고, 국가가 시장을 통제하는 것이 왜 나쁜가를 밝히려고 하였다.

그들은 언제나 이념적인 동지와 적을 분명히 하였다. 그들의 가장 큰 이념적인 적은 사회주의였다. 포퍼가 사회주의를 비판하는 이유는 혁명을 꿈꾸는 社會主義는 필연적으로 전체주의로 귀착된다고 믿었기 때문이다. 하이에크는 사회주의를 잘못된 사상인 '構成的 合理主義'에 입각하고 있다고 비판하였다. 이들 공통의 적은 전체적인 사회 개혁이나 구성주의에 근거하고 있는 모든 사상이다. 국가가 적극적으로 정책에 개입해야 한다는 생각, 民間은 믿을 수 없다는 생각은 모두 사회주의와 같은 뿌리에서 나왔다.

그들은 이론적인 관점에서만 자유주의를 옹호한 것은 아니다. 사실적이고 역사적인 관점에서 자유주의를 설명하고 지지하였다. 그는 자유주의적 시장경제를 따른 집단은 문명을 발전시키고, 종족이 번성하였지만, 그렇지 못한 집단은 원시적인 상태에 머물러 있거나 역사에서 사라졌다는 것이다.

3. 포퍼의 자유주의

포퍼 철학은 "내가 잘못이고 네가 옳을 수 있다, 그리고 노력함으로써 우리는 진리에 가까이 갈 수 있다."[7]는 믿음에서 출발한다. 과학적 지식을 포함하여 인간의 모든 지식은 절대적 진리의 지위를 부여받을 수 없다. 왜냐하면 인간은 항상 잘못을 범할 수 있기 때문

---

7) 포퍼, 『열린사회와 그 적들 Ⅱ』, 이명현 역, p.315, p.329.

이다. 이러한 인간에게 가장 중요한 태도는 잘못을 통해 배우려는 태도이다. 이러한 태도를 포퍼는 합리적 태도라 부른다. 합리적 태도는 자유주의 사회의 열린사회의 가장 중요한 철학적 기초이다. 그는 다음과 같이 말한다.

"나는 합리주의자이다. 내가 의미하는 합리주의자는 세계를 이해하려고 하고, 다른 사람과의 논쟁을 통해 배우려고 하는 사람이다.… '다른 사람과 논쟁한다'는 말의 의미는 다른 사람을 비판하고 그들을 비판에 끌어들이고 그 비판으로부터 배우려고 한다는 사실을 의미한다. 논쟁의 기술은 싸움의 특수한 형태이다. 논쟁은 칼 대신 말을 통한 싸움이고, 세계에 대한 진리에 가까이 가려는 관심에 의해 격려된다."8)

그는 합리적인 방법 곧 비판과 토론을 통해 더 살기 좋은 사회를 만들어 갈 수 있다고 믿는다. 비판과 토론을 허용하는 사회가 '열린사회'이고 비판과 토론에 기초한 사회 개혁론이 '점진적 사회공학'이다. 비판과 토론을 인정하지 않는 사회가 '닫힌 사회'이고 '유토피아적 사회공학'이다. 닫힌 사회의 전형적인 형태가 공산주의 사회이고, 공산주의자들은 '유토피아적 社會工學'을 통해 완전한 사회를 만들 수 있다고 생각하였다.

유토피아적 사회공학은 궁극적인 목적이나 이상을 실현할 수 있는 효과적인 방법으로 '社會 全體의 改革'을 제시한다. 그들의 관심은 '전체로서의 사회'의 발전이며, '전체로서의 사회'의 재구성이다. 전체로서의 사회를 문제 삼는 전체론을 견지한다는 점에서 유토피아적 사회공학은 歷史主義와 공통적인 요소를 갖고 있다. 유토피아적 사회공학은 사회 전체를 급진적으로 변혁시키려는 계시적 혁명

---

8) K.R. Popper, *Realism and the Aim of Science*, p.6.

을 꿈꾸기 때문에 "먼저 모든 것을 싹 쓸어 버려야 한다. 이 세상에 그럴 듯한 어떤 것을 실현하려면 저주받은 文明 전부를 없애 버려야 한다"9)라고 생각한다.

그리고 포퍼는 정치적인 이상의 실현에 의해 인간을 행복하게 하려고 해서는 안 된다고 주장한다. "인간의 고통이 합리적인 공공 정책의 가장 긴급한 문제이며, 幸福은 긴급한 문제가 아니다. 행복의 성취는 개인적인 노력에 달린 문제"10)이기 때문이다.

'열린사회'는 개인의 自由와 權利를 존중하고 그들의 의사가 반영되는 사회이다. 개개인이 스스로 독자적인 판단을 내릴 수 있는 사회이다. 규범은 인간이 만든 것으로 이해하는 사회이다. 정부의 정책은 무비판적으로 받아들여지지 않고 이성과 경험의 테스트를 받아야 하며, 비판의 빛 아래서 수정되어야 한다. 정치가들은 경험으로부터 배우려는 태도를 취해야 하며, 그들은 잘못을 통해 배우려는 태도를 의도적으로 가져야 한다.

퀸턴은 포퍼를 로크, 벤담, 존 스튜어트 밀, 하이에크로 이어지는 고전적 자유주의자의 전통을 이어받아 자유주의 원리를 새롭게 제시한 철학자로 규정하였다.11) 그레이는 포퍼의 정치사상을 자유주의에 초점을 맞추어 부각시켰다.12) 물론 포퍼도 자신을 '자유주의자'라 하였다. 이러한 입장과 달리 매기는 포퍼를 사회민주주의자로 기술하면서, 마르크스가 만년에 자기는 마르크스주의자가 아니라고 항변했듯이, 실제 정치 문제에 있어 포퍼는 자기 사상의 근본적인 귀결점을 받아들이지 않는다고 불만을 표시하였다.13) 누구의 해석이

---

9) 칼 포퍼, 『열린사회와 그 적들 I』, 이한구 역, 민음사, 1982, p. 218 참고.
10) K. R. Popper, *Conjectures and Refutations*, p. 361.
11) Anthony Quinton, "Karl Popper: Politics Without Essence", in *Contemporary Political Philosophers*, Anthony de Crespigny and Kenneth Monogue (eds.), pp. 147-149 참고.
12) John Gray, "The Liberalism of Karl Popper", *Liberalisms: Essays on Political Philosophy*, pp. 10-27.

적절한 해석인가. 만일 포퍼가 자유주의자라면 어떤 의미에서 자유
주의자인가. 포퍼는 스스로 다음과 같이 말했다.

> "나는 항상 '자유주의자(liberal)', '자유주의(liberalism)'라는 말을
> (미국에서 사용하는 의미는 아니지만) 여전히 영국에서 일반적으로
> 사용하는 의미로 사용한다. 나는 자유주의자를 어떤 정당에 동조하
> 는 사람이란 의미로 사용하지 않고, 단지 개인의 자유(individual
> freedom)를 존중하고 모든 형태의 권력과 권위가 안고 있는 위험
> 을 민감하게 포착하는 사람이라는 의미로 사용한다."14)

포퍼는 "'개인의 자유'를 존중하고 모든 형태의 권력과 권위가 안
고 있는 위험을 민감하게 포착하는 사람"을 자유주의자라 부른다.
자유주의자들은 정치적 가치 가운데 개인의 자유를 가장 중요하게
생각한다.15) 자유주의자는 '개인의 자유'를 침해하는 "모든 형태의
권력과 권위"를 위험스러운 것으로 간주한다. 그는 또 다음과 같이
말한다.

> "나는 개인의 자유를 찬성하며, 단지 한 개인으로서 국가의 폭력
> 과 관리의 횡포를 증오한다. 그러나 유감스럽게도 국가는 필요악이
> 다. 국가가 없으면 아무 일도 되지 않는다. 슬픈 일이지만 사람이
> 많아질수록 국가도 많아진다는 것은 타당하다."16)

포퍼가 '자유주의'를 사용하는 방식은 고전적 자유주의에서 벗어

---

13) 브라이언 매기, 『칼 포퍼』, 이명현 역, p.101.

14) K. R. Popper, "Public Opinion and Liberal Principles", in *In Search of A Better World: Lectures and Essays from Thirty Years,* Routledge, 1992. p. 160. Conjectures and Refutations, p.viii.

15) Bryan Magee, "What Use is Popper to a Politician", in Karl Popper, *Philosophy and Problems*, Edited by Anthony O'Hear, Cambridge University Press, 1995, p. 266.

16) 포퍼-마르쿠제, 『혁명이냐 개혁이냐』, p. 45.

나지 않는다. 자유주의에 대한 고전적인 태도는 밀의 다음과 같은 글에 잘 나타나 있다.

　　"이 논문의 목적은, 사용하는 수단이 형사 처벌의 형태인 물리적 힘이거나 또는 여론에 의한 도덕적 강제이건 간에, 사회가 강제와 통제를 통해 개인을 다룰 때, 그것에 정당성을 부여할 수 있는 아주 간단한 원리를 주장하는 것이다. 그 원리는 인류는 다른 어떤 목적을 위해서도 개인적으로나 집단적으로 어느 한 개인의 자유를 간섭하는 것이 정당하지 않지만, 자기 방어라는 목적을 위해서는 개인에 대한 강제와 통제가 정당하다는 것이다. 다른 사람에게 해를 끼치지 못하게 한다라는 유일한 목적이 아니고, 다른 어떤 목적을 위해서 문명화된 사회의 한 구성원에게 그의 의지에 반하여 권력이 가해지는 것은 정당하지 않다. 그 개인의 물리적이거나 도덕적인 행복을 위하여 권력을 행사하는 것은 정당하지 않다. 그렇게 하는 것이 그에게 더 좋을 것이라든지, 그를 더 행복하게 해줄 것이라든지, 다른 사람의 의견에 따르면 그렇게 하는 것이 더 현명하다거나 더 정당하다는 이유로, 그에게 강제로 어떤 행동을 하게 하거나 하지 않도록 하는 것은 정당하지 않다. 이러한 것들은 그에게 충고를 하고, 그를 이해시키고, 설득하고, 간청하는 좋은 이유는 될 수 있어도 강제력을 행사하고, 그렇게 하지 않으면 그에게 해악을 줄 수 있는 이유는 될 수 없다. 물리적 강제력을 정당화할 수 있는 경우는, 그가 하지 못하도록 제지해야 하는 행위가 타인에게 분명히 해를 줄 것이라는 계산이 나오는 경우이다. 어떤 사람의 행동 가운데 사회에 책임을 져야할 유일한 행동은 다른 사람과 관련이 있는 행동뿐이다. 단지 자신과 관련된 부분에 대해서는 그의 독립성은 타당하고 절대적이다. 그 자신에 대해서, 그 자신의 육체와 정신에 대해서는 개인이 주권자이다."17)

---

17) J. S. Mill, *On Liberty and Other Writings*, ed., Stefan Collini, Cambridge University Press, p.13.

밀은 개인이 국가나 사회로부터 어떤 형태의 간섭도 받지 않고 자신이 원하는 일을 자유롭게 할 수 있는 사회의 구성 원리를 명확하게 규정하고 옹호하기 위해『자유론』을 저술하였다. 자유주의자는 남에게 해를 끼치는 경우를 제외하고 자신의 의지에 반하여 어떤 제재도 받지 않으려고 한다. 자유주의자는 개인의 자유를 가장 우선적인 가치로 생각한다. 개인의 자유에 대한 존중이 바로 고전적 자유주의의 출발점이다. 포퍼는 고전적 자유주의의 원리를 그의 열린 사회 이론과 결합하여 새로운 철학적 기초를 제공하려고 하였다. 하이에크도 자신의 고유한 철학적 관점에서 자유주의에 기초를 제공하려고 하였다.

4. 하이에크의 자유주의

하이에크는 "자유주의란… 자생적 또는 자발적 질서의 발견에서 유래한다. 이러한 질서는 중앙의 지령으로 만들어진 그 어떤 질서보다도 훨씬 넓은 범위에 걸쳐서 사회의 전체 성원의 지식과 기능을 유효화하는 질서이고 그 결과 그러한 강력하고 자발적인 질서를 형성할 수 있는 힘을 가능한 한 충분히 활용할 수 있는 질서다."[18]라고 말한다.

자생적 질서에 기초한 자유주의를 옹호하는 하이에크는 자유주의를 진화론적 자유주의와 구성주의적 자유주의로 구별한다.[19] 그는 "자유주의적 사회 질서의 원리들"[20]에서 두 가지 '자유주의'를 소상

---

18) F. A. Hayek, *Studies in Philosophy Politics and Economics*, 1967, p. 162.
19) F. A. Hayek, 앞의 책, 1967, p. 85.
20) F. A. Hayek, "The Principles of a Liberal Social Order", in *Ideologies of Politics*, Anthony De Crespigny and Jeremy Cronin eds., Oxford University Press, 1978, pp. 55-75.

하게 설명하였다. 첫 번째 자유주의는 영국에서 17세기 후반 구 휘
그당 시대부터 19세기 말 글래드스톤에 이르기까지 걸쳐 발전하였
던 바람직한 정치적 질서에 관한 개념이다. 이 자유주의는 법률 아
래서 개인의 자유의 보장을 가장 중요하게 생각하였다. 이러한 개념
을 지지하는 대표자는 흄, 스미스, 버크, 머클레이, 액턴이다. 이들의
사상은 토크빌, 칸트, 쉴러, 훔볼트 등 대륙의 사상가들에게 영향을
미쳤다. 나아가 매디슨, 마샬, 웹스터를 통해 미국의 건국 정신으로
계승되었다.

다른 자유주의는 유럽 대륙의 볼테르, 루소의 사상으로, 프랑스
혁명의 정신으로서 사회주의의 원조가 되었다. 하이에크는 영국의
공리주의는 이 같은 대륙적 전통을 어느 정도 이어받았고, 자유주의
적 휘그파와 공리주의적 급진파의 융합의 결과로 생긴 19세기 말엽
의 영국 자유당도 이러한 전통의 산물이라고 말한다. 이 자유주의는
프랑스에서 지배력을 형성하였던 구성적 합리주의 정신에 따라 자
유주의를 달리 해석하였다. 이 자유주의는 정부 권력의 제한을 옹호
하지 않으며, 다수당의 무제한의 권력을 이상으로 삼는다.

우리는 때에 타라 자유주의와 민주주의를 구별할 필요가 있다. 자
유주의는 정부가 어느 정도의 권력을 가져야 하는가와 관련이 있고,
후자는 누가 권력을 가지는가와 연관이 있다. 자유주의의 반대는 전
체주의이고, 민주주의의 반대는 권위주의라는 사실에 주목하면 양자
의 차이는 잘 드러난다. 원리적으로는 민주적인 정부가 전체주의적
일 수 있고, 권위주의 정부가 자유주의를 따를 수도 있다.

두 번째 자유주의는 민중주의가 되어 다수의 '무제한의' 권력을
요구함으로써 본질적으로 반자유주의적이 되었다. 하이에크는 두 자
유주의의 철학적 기초는 다르다고 말한다. 첫 번째 자유주의는 모든
형태의 문화 현상과 마음 현상을 진화론적으로 설명하며, 인간 이성
의 능력에 대한 한계를 파악하고 있다. 두 번째 자유주의는 하이에

크가 '구성주의적 합리주의'라고 부르는 입장에 근거하고 있다. 구성적 합리주의는 모든 문화 현상을 의도적인 설계의 산물로 간주한다. 나아가 미리 설계한 계획에 맞추어 제도를 재구성하는 것이 가능하고 바람직하다고 생각한다.

첫 번째 자유주의는 전통을 존중하고 모든 지식과 문명은 전통에 의존하고 있다고 보는 반면에 두 번째 자유주의는 이성이 문명을 설계할 수 있다고 믿고 있기 때문에 전통을 멸시한다. 두 번째 의미의 자유주의자들은 "만일 당신이 새로운 법률을 원한다면, 당신이 지금 가지고 있는 법률을 폐기하고 새로운 법률을 만들라"는 볼테르의 말을 신뢰한다. 두 가지 자유주의를 염두에 둔 그레스피그니는 하이에크의 자유주의를 명쾌하게 설명하였다.

> "확실히 하이에크의 자유주의는 오늘날 미국에서 자유주의라는 이름으로 통용되는 것과는 전혀 다르다. 하이에크는 국가의 규제로부터의 자유를 강조하고 매디슨이나 독크빌, 액턴과 동일한 전통 위에 서 있다. 그러나 현대의 자유주의적인 미국인들은 자유를 참여와 유효한 선택으로 간주하는 볼테르나 루소의 '구성주의적 합리주의'에 크게 접근하고 있다. 하이에크가 여러 가지 권력에 엄격한 제한을 두고 그것에 대한 깊은 의심을 가진 한편으로 오늘의 미국의 자유주의는 국가 통제론적이나 분배적 자유나 사회적 진보를 위한 민주적인 정부의 간섭을 기대한다. 하이에크가 버나르, 맨드빌, 애덤 스미스와 같이 진보와 자생적 질서의 사회적으로 유익한 효과를 강조하고 있는 데 반해 리버럴한 미국인들은 면밀한 계획의 기초 위에 사회의 기본적 재구축을 추구한다."21)

하이에크의 자유주의 옹호는 시장 과정에서 知識의 役割에 초점

---

21) Anthony de Grespigny, "F.A. Hayek, Freedom for Progress" in *Contemporary Political Philosophers*, Anthony de Crespigny and Kenneth Monogue (eds.), 1975, p. 51.

이 맞추어져 있다. 그는 중앙 지시의 경제는 개인들이 가지고 있는 暗默的 知識을 이용할 수 없다고 주장하였다. 시장경제만이 이 지식을 이용할 수 있다고 본 것이다. 이후로 그는 분산되어 있고 암묵적인 지식의 중요성을 강조하였다. 하나의 제도로서 시장만이 이러한 지식을 이용할 수 있도록 도울 수 있으며, 무지에 대처하고 시행착오를 통해 배울 수 있도록 한다는 입장을 가지게 되었다.

하이에크의 자유주의는 人間의 設計가 아니라 인간 활동의 결과인 많은 유용한 사회적 제도에 이해를 포함하고 있다. 인간의 설계가 아니라 활동의 결과로 나타난 制度에 대한 그의 탐구는 점차적으로 그의 저술에서 중요하게 되었다. 이러한 그의 생각은 흄과 스코틀랜드 역사학파의 중요성을 인식하면서 형성되었다. 좋은 사회를 만들기 위해서는 정부가 제공하는 법률 체계 안에서 자기 이익을 추구해야 하지만, 복잡한 구조를 지닌 법과 道德, 傳統, 行爲의 規則이 필요하다는 관점이다. 주로 후자의 성격은 그 사회 구성원들에게 암묵적으로 알려진다고 보았다.

이러한 그의 관점은 社會 進化와 집단 선택의 문제에 관심을 기울이도록 하였다. 선택적 메커니즘의 특성에 대한 그의 설명과 그의 자유주의와의 관련에 대한 설명이 항상 분명한 것은 아니다. 분명한 것은 그가 진화론적인 입장을 지지함으로 말미암아 새로운 자유의 구성을 주장하는 대단히 합리적이고 유토피아적인 사회주의나 자유주의를 비판하고 명백하게 자신의 입장과 대비시켰다는 사실이다. 여기에서 시장과 설계되지 않은 제도에서 형성된 '自生的 秩序'라는 그의 중심 사상이 나온다.

하이에크는 자유주의의 역사적 및 과학적 우월성을 명령된 질서에 대한 자연적 질서의 우월성으로 설명한다. 가족이나 시장질서는 누가 만들어 낸 것이 아니다. 자연적 질서의 산물이다. 그럼에도 불구하고 이 둘은 대단한 생명력을 가지고 있으며 건전하다. 어떤 지식인이 어느 날 시장경제를 창조하기로 마음먹고 한 것은 아니다.

개인 스스로의 결정은 존중되어야 하고, 밖에서 개인의 결정에 개입하려고 해서는 안 된다. 스미스는 이러한 맥락에서 경제에 대한 국가의 개입을 차단하려고 하였다. 그는 "자신의 사정을 감안하여 국내 산업 가운데 어느 분야에 투자하면 좋은가, 어떤 물건을 생산하는 것이 가장 큰 이익을 가져다 줄 것인가에 대해서는 어떤 정치가나 입법자보다, 개인 각자가 훨씬 더 나은 판단을 내릴 수 있음은 자명하다"라고 보기 때문이다. "모든 형태의 규제는 입법자가 의도한 대로 연간 생산품의 교환 가치를 증가시키는 대신에 필연적으로 감소시킨다는 것은 틀림없는 사실이다."

市場經濟의 기본 制度는 재산의 소유권, 계약의 자유, 제한된 정부다. 자신의 이익, 자신에 대한 책임, 자신의 결정에 따라 행동하는 개인만이 자본주의 사회의 진정한 의사 결정자이다. 계약의 자유, 제한된 정부는 명령 대신에 개방적인 시장에서 일어나는 자발적인 교환을 가능하게 한다.

하이에크는 인간 이성이 萬能이라는 생각을 합리주의의 한 형태로 파악하여 이러한 합리주의를 배제하였다. 사회의 중요한 제도는 결코 계획적으로 설계할 수 없다. 그것은 인간의 의도와 무관하게 역사적으로 형성되고 수정되면서 살아남는다. 시장, 화폐, 법, 언어가 그 대표적인 예이다.

하이에크는 누군가가 의도한 것은 아니지만, 인간 행위의 결과로써 만들어진 질서를 자생적 질서라 부른다. 자생적 질서를 나중에는 '자기 조직적 구조' 또는 '자기 증식적 질서'라고도 했다. 이에 반해 사회를 이성적·계획적으로 설계하는 것이 가능하다는 생각을 '구성주의'라고 불렀다. 그가 말하는 구성주의적 합리주의는 "인간 스스로가 사회 제도와 문화를 창조했고, 따라서 원하기만 하면 마음대로 이것들을 변경할 수 있다"고 믿는다. 구성주의와 자생적 질서는 대립한다.

‘자기 조직적 구조’라는 말에 나타나 있듯이, ‘自生的 秩序’는 사회과학의 새로운 전개인 자기 조직론이나 社會 體系論에서 루만이 말하는 오토포에시스(autopoiesis)론과도 무관하지 않다. 이들의 공통된 입장은 현대 사회는 매우 복잡한 사회이며 다양한 우연성·불확실성이 인간 행위를 에워싸고 있기 때문에, 애초부터 전체적인 계획에 의한 모든 것이 마치 기계의 메커니즘과 같이 뜻한 대로 이루어지는 ‘균형’ 따위는 있을 수 없다고 생각한다는 점이다.

계획경제 체제에서와는 달리 市場經濟에서는 情報나 知識을 중앙이 관리할 필요가 없다. 소비자는 다른 사람에게 전달할 수 없는 판단을 기초로 물건을 산다. 기술자는 특정한 생산 기술에 대한 지식을 자신만 가지고 있다. 市場의 主體들은 폴라니가 말한 ‘암묵적 지식’을 가지고 판단한다. 이러한 일종의 ‘現場 知識’을 언어로 표현하여 과학적이고 객관적인 자료로 전환하는 것은 불가능하다. 다른 사람에게 객관적인 형태로 전달하는 것도 불가능하다. 경제학에서 중요한 역할을 하는 것은 바로 전달할 수 없는 主觀的인 現場 知識이다.

오늘날 미국 정치에서 자유주의는 고전적 자유주의와 다른 정치적 이념을 의미하게 되었다. 양자의 차이점은 무엇인가. 폰 미제스는 국가의 개입을 반대하기 때문에 오늘날 미국의 자유주의를 전체주의적으로 경제 운용을 지지하는 입장과 같은 범주에 속한 것으로 해석한다. 그의 다음과 같은 글[22]은 미국적인 자유주의와 고전적 자유주의의 차이점을 잘 보여준다. 그는 20세기 초에 국가통제주의가 위대한 자유주의 전통을 심각하게 침해했을 때, 고전적 자유주의

---

22) 이 글에서 인용한 폰 미제스의 글은 인터넷에서 인용한 것이다.
 http://www.sas.upenn.edu/~mhartman/classlib.html

를 옹호하였다.

> "지성인들은 사회주의자, 공산주의자, 계획주의자들은 개인 자유
> 의 폐지와 정부 전능의 확립을 목적으로 한다는 사실을 알아야 한
> 다. 그러나 대부분의 사회주의적인 지성인들을 사회주의를 위해 싸
> 우는 것이 자유를 위해 싸우는 것이라는 확신에 차 있다. 그들은
> 그들 스스로를 좌파와 민주주의자라고 부른다. 그리고 오늘날 그들
> 은 자신을 통칭 '자유주의자'라고 부른다."

폰 미제스는 오늘날 자유주의23)는 국가통제주의에 지나지 않으
며, 고전적 자유주의와 대립된다고 주장하였다. 반자유주의는 참되
고 진정한 자유주의로 위장하여 보통 사람들의 마음을 사로잡았다.
오늘날 자유주의자로 나선 사람들은 고전적 자유주의의 원리와 완
전히 반대되는 프로그램을 지지한다. 그들은 생산 수단으로써 사유
재산과 시장경제를 손상한다. 그들은 경제 운용에 대한 전체주의적
방법을 열광적으로 지지한다. 그들은 정부의 전능을 갈구하고, 기회
만 있으면 공무원과 정부 관료에게 더 많은 권한을 주려고 한다. 그
들은 통제에 대한 그들의 선호를 받아들이지 않는 사람들을 반동적

---

23) 오늘날 자유주의는 고전적 자유주의가 아니라 국가의 간섭과 복지 국가를 지
지하는 미국식의 자유주의를 지칭한다. 자유주의에서 자유는 경제적 자유와 개인
자유로 구분할 수 있다. 경제적 자유와 개인의 자유를 확보하려면 국가가 시장경
제와 개인의 자유에 개입하지 말아야 한다. 자유의 주체인 개인이 모든 결정을 내
려야 한다. 자유주의는 국가와 자유는 대립 관계에 있는 것으로 본다. 이러한 자유
주의는 국가와 자유와의 관계를 어떻게 설정하느냐에 따라 크게 4가지로 구분된
다. 경제적 자유와 개인의 자유에 대해 국가가 개입하지 말아야 한다고 주장하는
사람(Libertarian), 양쪽도 개입해야 한다고 주장하는 사람(Authoritarian), 경제적
자유에는 개입하지 말고 개인의 자유에는 개입해야 한다고 주장하는 사람(Con-
servative), 경제적 자유에는 개입하고 개인의 자유에는 개입하지 않아야 한다고
주장하는 사람(Liberal)으로 구별된다. 여기에서 '개입'은 '국가가 결정하는 것'을 의
미하고, '자유'는 '개인이 결정하는 것'을 의미한다. David Boaz, *Libertarianism, A
Primer*, The Free Press, 1977, p. 22. 참고. 이러한 구분법에 따른다면 포퍼와 하
이에크는 보수주의에 가깝다. 그러나 이 글에서 사용한 자유주의는 고전적 자유주
의이다.

이고 경제적 귀족주의자라고 비난한다.

폰 미제스는 사유 재산을 기초로 하는 자유시장이 개인의 자유를 보존하기 위해 절대적으로 필요하다고 주장한다. 시장경제 없이는 개인의 자유가 유지 보존될 수 없다는 관점이다. 그의 말을 직접 들어보자.

> "당국이 그들이 싫어하는 사람이면 누구나 자유롭게 북극 또는 사막으로 추방할 수 있고 일생 동안 강제 노동을 시킬 수 있는 권한을 가진 나라에서 사상과 양심의 자유는 하나의 속임수이다. 독재자는 항상 공공복리와 경제적 편의라는 명분으로 그러한 자의적인 행동을 정당화하려고 한다. 독재자는 계획의 실행을 빌미로 모든 문제를 혼자 결정하는 최고의 조정자이다. 정부가 모든 제지공장과 인쇄소, 출판사를 소유하고 통제하면서 출판해야 할 것과 출판해서는 안 될 것을 결정할 때 출판의 자유는 환상에 지나지 않는다. 정부가 모든 강당을 소유하고 그 강당을 어떤 용도로 사용해야 할 것인가를 결정한다면, 집회의 자유는 공허하다. 다른 모든 자유도 동일하다. 명백한 입장의 차이에도 불구하고, 트로츠키는 사태를 실제적으로 보고 다음과 같이 말했다. '유일한 고용주가 국가인 나라에서는, 반대는 천천히 굶어 죽는 것'을 의미한다. 일하지 않는 사람은 먹지도 말라는 옛 원칙은 복종하지 않는 자는 먹지 말라는 새로운 원칙으로 대치되었다."

폰 미제스와 같은 전통에 서 있는 하이에크는 국가 개입을 제한하고 시장 기구를 작동하게 하면 경제적인 번영이 촉진되고 개인의 자유가 극대화된다고 주장한다. 참다운 자유는 국가에 기초한 자유가 아니라 시장에 근거한 자유라는 것이다. 이러한 주장은 자유를 국가권력과의 관계에서 이해하고 있다. 국가의 힘의 크기를 다음과 같이 나누어 보자. 하이에크의 자유주의는 가장 작은 정부가 가장 좋다고 생각할 것이다.

자유주의자들은 개인의 자유를 확장하기 위해서는 국가의 개입이 최소화되고 자유 시장이 보장되어야 한다고 생각한다. 포퍼는 개인의 자유가 보장되려면 국가의 권력이 제한되어야 한다고 믿는다는 점에서 하이에크와 같은 입장을 가지고 있다.

5. 자유주의의 국가관

포퍼가 옹호하는 보호주의 국가론에 따르면 국가가 적극적인 역할을 수행해서는 안 된다. 국가가 어떤 형태의 이상적인 사회의 건설을 목표로 삼아서는 안 된다는 것이다. 계급 없는 사회, 인간성이 발현될 수 있는 사회와 같은 이상적인 목적을 실현하는 것은 국가의 적절한 목표가 될 수 없다. 그의 자유주의 이상은 자율적인 개인이 스스로 그들의 목적을 선택하는 것이 바람직하다고 생각하기 때문에, 국가의 임무는 개인의 자유를 극대화하고 개인들이 추구하는 목표를 쉽게 달성할 수 있도록 그들을 도와주는 것에 제한되어야 한다는 관점이다. 국가는 개개인을 위해 거대한 목표를 설정하고 그것을 실현하려고 나서서는 안 된다.

자유사회에서 사람들은 무엇이 선하고 행복한 삶인가에 대해 일치된 견해를 가질 수 없기 때문에, 정부가 나서서 거대한 목적을 세우게 되면, 사람들에게 공통된 목적을 갖도록 강요하는 결과를 가져올 수밖에 없다. 나아가 국가가 강제로 경제적 재분배 정책을 실시하려는 노력도 포퍼가 지지하는 자유주의 원칙에 맞지 않는다. 국가가 권력이라는 강제력을 동원하여 정의의 실현을 도모하는 것은 명백하게 개인의 자유를 침해하는 것이기 때문이다.

그러나 포퍼는 경제에 대한 완전 자유방임은 위험하다고 생각한다. 곧 경제적 자유에도 최소한의 제한을 가해야 한다는 입장이다.

국가가 시민들을 경제적인 폭력으로부터 보호할 수 있을 때, 시민들은 진정한 자유를 누릴 수 있기 때문이다. 포퍼에 의하면[24] 이 세상에는 항상 강한 사람과 약한 사람이 있게 마련이며, 이런 상황에서 모든 사람은 생존권을 가져야 한다. 모든 사람이 강자에 대항해서 보호받을 수 있는 합법적인 권리를 요구해야 한다는 점에서 국가권력의 개입이 경제 활동에도 요청된다. 약한 사람이 강한 사람의 자비에 호소하여 그들의 권리를 보호받을 수는 없기 때문에 경제 활동에 대한 국가권력의 개입이 불가피하다는 것이다. 곧 "자유를 공고히 지키려 한다면, 제약 없는 경제적 자유 대신에 국가의 개입에 의한 경제적 간섭을 채택해야 하며"[25] 그렇지 않으면 "독점과 트러스트, 유니온 등과 같은 준정치적 조직들이 개입되어 시장의 자유라는 것은 하나의 허구가 되기 때문이다."[26] 포퍼는 통제 없는 자본주의 대신에 최소한의 부분적인 경제 간섭주의를 채택한다.

포퍼는 정책적 행위가 경제의 어떤 부분에 대해서는 필요하다는 입장이다. 그는 모든 부분을 시장에 맡길 수는 없기 때문에 어느 부분에 대해서는 사회적 간섭이 필요하다고 주장한다. 그의 입장은 불간섭적인 자유주의와는 일정한 거리를 유지하고 있다. 이러한 그의 태도는 고르바초프의 비판에 잘 나타나 있다. 그는 법의 지배가 잘 이루어지기 위해 필요한 정치적 개혁을 하기 전에 모스코바에 증권시장을 설립하려고 한 고르바초프의 정책은 잘못이었다고 보았다. 포퍼는 사람들에게 비폭력을 가르치기 위해서는 매스미디어에 대한 검열의 필요성을 강하게 주장하였다. 이러한 그의 입장은 국가와 시장의 균형을 요구하고 있으며, 『열린 사회과 그 적들』에서 간섭주의적 국가를 옹호하는 입장과 맥을 같이 한다. 그는 국가의 목적-지향

---

24) K. R. Popper, *Conjectures and Refutations*, p. 350.
25) 포퍼, 『열린사회와 그 적 II』, 이명현 역, 민음사, 1982, pp. 179-80.
26) K. R. Popper, *The Open Society and Its Enemies*, II, p. 348. note, 26.

적 기능을 전제하고 있는 것이다. 여기에는 세계적인 차원에서 핵무기의 폐지, 인구 조정, 교육이 포함된다. 그의 이러한 입장은 '열린 사회'와는 조화될 수 있지만, 자유주의와는 조화를 이루기 힘들다는 해석이 있을 수도 있다.27) 그러나 포퍼의 입장을 반자유주의적으로 해석해서는 안 된다.

하이에크는 근본적으로 경제에 대한 국가 개입에 반대한다. 왜냐하면 시장에 대한 국가 개입은 시장의 자생적 질서를 혼란시킬 뿐만 아니라 시장이 할 수 있는 일을 국가는 할 수 없기 때문이다. 이와 관련하여 하이에크는 다음과 같이 말한다.

"현재 세계 인구를 먹여 살리고 있는 사회적 생산은 인류가 수렵과 채취의 단계에서 이룩한 사회적 생산과 비교해 400배 혹은 500배 더 크다. 사회적 생산이 이렇게 커질 수 있었던 까닭은 노동의 분업과 숙련과 지식에 있다. 이러한 분업은 결코 설계되었거나 계획된 것은 아니다. 이것은 시장적 경쟁 가격과 임금이 유도하는 역할을 함으로써 생겨나게 되었고 유지되고 있다. 경쟁은 시장 가격과 임금은 각각의 개인들에게 그들이 무엇에 노력을 기울이면 전체에 가장 크게 기여할 수 있는가를 가르쳐 준다. 이와 같이 스스로 생겨난 신호는 알지 못하는 것에 대해 개인들의 노력이 적응하도록 해준다. 그리고 스스로 생겨난 이런 질서는 개인들이 직접적인 지식을 가지고 있지 않은 수많은 사건들이 서로 결합하여 만들어낸 결과를 개인들에 알려준다. 결코 어떠한 중앙의 지시도 이러한 적응을 이룩할 수는 없다. 왜냐하면 시장이 고려할 수 있는 모든 사실들에 대한 지식은 무수히 많은 사람 사이에 분산되어 있고, 어떤 중앙 권력이 알 수 없기 때문이다."28)

---

27) K. R. Popper, *The Lesson of This Century*, p.5, 와 이 책에 실린 "Television Corrupts Mankind. It is Like War" 참고,
28) F. A. von Hayek, "The Muddle of the Middle", *Philosophical and Economic Foundations of Capitalism*, Stetozar Pejovich, ed., Lexington Books, 1983, p. 93.

6. 국가에서 시민사회로

포퍼와 하이에크의 자유주의 사상에 잘 나타나 있듯이 자유주의자는 국가의 권력에 대한 복종에 반대한다. 국가권력이 정치적 지도력으로 나타나든 관료적 관리의 형태로 나타나든 차이가 없다. 본질적으로 국가권력은 개인의 양심과 자유, 자율성을 침해하기 때문이다. 국가의 비효율성이나 지식의 불완전성은 부차적인 문제에 해당한다.

우리 사회도 사회는 국가에서 시민사회로 진화해야 한다. 국민은 신민에서 시민으로 성숙되어야 한다. 정치인은 국민의 정신적이고 도덕적인 지도자가 아니라. 정치 지도자는 더 이상 '계몽 군주'가 되어서는 안 된다. 그러면 자유로운 사람들에게 어울리는 자유사회란 어떤 사회인가. 자유사회란 무엇보다도 자치 정부(self-government) 안에서의 한 프로그램이다. 자유사회에서 자발적으로 행동하는 현명한 시민들은 자유에 대한 그들 자신의 권리를 확보하고 공통의 선을 증진시키기 위해, 그들의 동의를 통해 정부를 형성하기 위해 협력한다. 자치 정부 안에서 행하려는 실험의 주요 이념은 국가에서 독립하여 그들 스스로의 결사체나 공동체 안에서 그들 스스로 할 수 있는 모든 일은 그들 스스로 자유롭게 할 수 있어야 하기 때문에 그들은 정부를 엄격하게 제한해야만 한다.

시민과 신민은 구별된다. 시민은 주권자이다. 강하고, 독립적이고, 창조적이고, 공중도덕이 있고, 무엇보다도 책임 있는 시민이 형성될 수 있도록 국가는 뒤로 물러서야 한다. 자유사회에서 권력은 시민의 개인적 책임에서 나온다. 시민은 엄격한 경제적 책임을 가지고 있다. 우리에게 필요한 것은 중앙 집중화된 관료들이 가지고 있는 책임을 시민사회에 양도하는 것이다. 양도가 핵심어이다. 자유주의자들은 국가에서 시민사회로의 양도를 원한다.

<참고 문헌>

Ackermann, R. J., *The Philosophy of Karl Popper*, University of Massachusetts Press, 1976.

Anthony de Crespigny, "F. A .Hayek, Freedom for Progress", in *Contemporary Politiccal Philosophy*, Anthony de Crespigny and Kenneth Monogue (eds.), 1975.

Boaz, David, *Libertarianism*, The Free Press, 1997.

Bryan Magee, "What Use is Popper to a Politician", in *Karl Popper: Philosophy and Problems*, Edited by Anthony O'Hear, Cambridge University Press

Burke T. E., *The Philosophy of Popper*, Manchester University Press, 1983.

Corvi, R., *An Introduction to the Thought of Karl Popper*, New York, Routledge, 1993.

Gamble, A. *Hayek*, Westview, 1996.

Gray, J. "The Liberalism of Karl Popper", *Liberalisms: Essays on Political Philosophy*.

Hayek, F. A., "The Principles of a Liberal Social Order", in *Ideologies of Politics*, Anthony De Crespigny and Jeremy Cronin eds., Oxford University Press, 1978.

Hayek, F. A. *The Constitution of Liberty*, 1979

Hayek, F .A. *The Counter-Revolution of Science*, 1979

Hayek, F. A. *The Road of Serfdom*, 1979

Kley, R. *Hayek's Social and Political Thought*, Clarendon Press, 1994

Kukathus, C. *Hayek and Modern Liberalism*, Clarendon Press, 1989.

Kymlicka, W "Liberalism" in *The Oxford Companion to Philosophy*, edited by Ted Honderich, Oxford University Press, 1995.

Magee B., *Popper*, Viking, 1973.

Mill, J. S. *On Liberty and Other Writings*, ed., Stefan Collini, Cambridge University Press.

Pejovich, S(ed.), *Philosophical and Economic Foundations of Capitalism*, Lexington Books, 1983

Popper, K. R., *The Lession of This Country*, Routledge, 1996.

Popper K. R., *Conjectures and Refutations*, Haper and Row, 1968.

Popper K. R., *In Search of a Better World: Lectures and Essays from Thirty Years*, Routledge, 1992.

Popper K. R., *Realism and the Aim of Science*, Rowman and Littlefield, 1983.

Popper K. R., *The Myth of the Framework: In Defence of Science and Rationality*, Routledge, 1994.

Popper K. R., *The Open Society and Its Enemies 1,2*, Routledge, 1945.

Popper K. R., *The Poverty of Historicism*, Haper and Row, 1957.

Popper K. R., *Unended Quest*, Open Court, 1976,

Quinton, A. "Karl Popper : Politics Without Essence", in *Contemporary Political Philosophers*, Anthony de Crespigny and Kenneth Monogue (eds.)

Shearmur, J., *The Political Thought of Karl Popper*, Routledge, 1996.

Stark, Franz ed., *Revolution oder Reform? - Herbert Marcuse und Karl Popper*. Eine Konfrontation (München, Kösel, 1971).

자유연대, 뉴라이트 그리고 자유주의*

민경국
(강원대 경제무역학부 교수)

1. 머리말

자유주의연대, 기독교 사회책임, 헌법포럼, 자유지식인선언그룹 등 다양한 그룹이 등장하고 있다. 언론 매체에서는 이런 그룹들을 "뉴라이트"라는 명찰을 달아주고 있다.1) 우리에게는 새로운 개념이다. 이런 그룹들의 등장배경은 무엇인가? 이미 잘 알려져 있다. 가장 중요한 이유가 있다. 현 집권세력이 주도하는 이념—친북 반미사상, 사회주의, 사회민주주의, 케인즈 주의, 복지국가사상—에 대한 불안과 두려움이다.

이런 불안과 두려움에서 생성된 다양한 단체들 중에서 우리의 주목을 끄는 단체 하나가 있다. <자유주의연대>가 그것이다. 관심을 끄는 이유는 두 가지이다. 자유주의라는 명찰을 달고 있는 점이 그

---

* 이 논문은 2005년 2월 한국경제학회 공동심포지엄에서 발표한 논문을 수정 보완한 것이다. 논평자의 논평에 감사한다.
1) 이 명칭은 동아일보에서 비롯된 것이다. 뉴라이트의 명칭을 붙인 이유는 하나는 좌파를 반대하기 때문이다. 특히 노무현정부와 그 지지세력의 좌파적 성향과 다르기 때문이다. 그리고 과거의 라이트, 올드 라이트와도 구분할 필요성 때문이다.

하나의 이유이다. 화두가 자유주의이다. 작은 정부 큰 시장을 강조한다. 두 번째 이유는 이념적 지향점이 다른 어떤 집단보다 비교적 선명하게 나타나고 있다는 것이다. 다른 집단들은 언론 매체의 카메라 세례를 받으면서 선언문 낭독에 그치고, 아직 뚜렷한 자기 모습을 드러내지 못하고 있다. 자유주의연대는 자유주의연대의 직명을 걸고 글을 통하여 노무현정부의 이념적 컨셉트를 조목조목 비판하면서 그 대안으로 자유주의 컨셉트를 제시하고 있다. 자기 모습을 드러내놓고 있는 점, 매우 고무적인 현상이다.

따라서 우리의 관심을 끄는 문제는 자유주의연대가 제시한 자유주의 이념과 공공정책을, 특히 화두로 내세우고 있는 작은 정부-큰 시장을 성공적으로 정당화하고 있는가의 문제이다. 그 성공여부는 정치, 법, 질서, 인간, 국가 등에 관한 자유주의연대의 관점의 적합성 여부에 달려 있다. 따라서 이 적합성 여부를 분석하여 자유주의와 그리고 특히 작은 정부-큰 시장에 대한 자유주의연대의 설명 노력이 성공했는가를 규명할 것이다. 이런 분석을 위한 시각은 "하이에키안 자유주의"이다.

이 글에서 의미하는 하이에키안 자유주의는 좀 무리가 있기는 하지만 오스트리안 학파, 시카고 학파, 그리고 버지니아 학파의 종합으로 이해하고자 한다. 이 세 학파는 이미 잘 알려져 있듯이 서구의 뉴라이트를 구성하는 학파이다. 이를 이끌고 주도한 인물은 이론적 철학적인 거장들이다. 미제스, 하이에크, 프리드먼, 스티글러, 뷰캐넌 탈록 그리고 올슨 등이다. 이런 서구의 뉴라이트의 자유주의 전통을 한국사회에 적용할 과제를 안고 태어나 활동하고 있는 것이 <한국 하이에크 소사이어티>이다.

서구의 뉴라이트의 공로는 이미 잘 알려져 있듯이 대단히 크다. 1940년대 이후 동유럽과 구소련을 포함하여 유럽과 구미 각국을 지배한 좌파사상,[2] 개인들의 자유로운 선택과 자발적 행동의 사적세계를 정치와 행정의 공적세계로 교체하려는 이 좌파이념과 치열한 이론적 사상적 투쟁을 통하여 개인의 자유와 재산권을 보호하는 최후의 보루(堡壘)역할을 했다.

시류에 영합하거나 타협을 멀리하고 일관된 필치로, 서구사회를 지배한 좌파사상을 물리치고 잃어버린 자유, 잃어버린 재산권을 회복시켜, 전대미문의 전 세계적인 장기호황과 전 세계적 번영을 가져다준 것, 이것이 하이에키안 뉴라이트의 공로다.

한국의 뉴라이트로서 자유주의연대의 이념을 하이에키안 자유주의의 시각에서 분석하려는 것도 이 자유주의가 이론적으로 그리고 정치적 사상전에서 승리한 패러다임이기 때문이다. 또 하나의 이유가 있다. 고전적 자유주의의 전통을 계승하고 있는 이 서구의 뉴라이트 사상과 이론적 틀은 보편적 이론과 정책적 아이디어를 개발하려는 의지의 산물이기 때문이다. 서구의 뉴라이트의 사상은 서구의 것이라는 식으로 냉소적으로 바라봐서는 안 된다.

뉴라이트의 정치적 이념의 개관

하이에키안 자유주의 시각에서 자유주의연대의 이념을 평가하기 위해 우선 자유주의연대가 추구하고 있는 이념적 컨셉트를 개관할 필요가 있다. 그 컨셉을 한마디로 말한다면 스스로 천명하고 있듯이 "공동체적 자유주의(Communitarian Liberalism)"이다.

자유주의연대는 "대한민국이 선진국으로 갈 수 있는 유일한 처방전은 자유주의에 있다"고 천명하고 자유주의를 지향해야 할 세 부문을 설명하고 있다: 경제부문, 정치부문, 그리고 사회문화부문이 그

---

2) 사회주의, 사회민주주의 사상 복지국가, 케인즈 주의, 공동체주의 사상, 롤즈의 분배사상

세 부문이다.

(1) 경제에서의 자유주의 실현이다. 자유주의연대는 시장주도를 경제부문의 자유주의 실현으로 이해하고 있다. 과거에 성공했던 정부주도 발전전략은 더 이상 도움이 안 된다고 말하면서 작은 정부 큰 시장을 요구하고 있다. 청부(淸富)도 요구하고 있다. 일한 만큼, 노력한 만큼 받는 사회, 이런 사회를 좋은 사회라고 말한다. 해소해야 할 것은 빈부의 격차가 아니라 빈곤이라는 주장도 잊지 않는다. 노무현정부의 평등분배 지향을 반대한다.

(2) 정치적 자유주의 실현은 자유민주주의로 이해하고 있다. 당연한 것 같지만 대한민국의 정체성을 부정하는 노무현정부에 비춰보면 이런 요구는 대단히 큰 의미를 갖는다. 우리의 주목을 끄는 것은 자유주의연대가 자유민주주주의의 구성요소를 두 가지로 구분하고 있다는 것이다.

그 하나는 성찰적 민주주의이다. 기든스의 『제3의 길』에서 자주 등장하는 개념이다. 자유주의연대는 숙의(熟議)민주주의라는 용어도 사용하고 있다. 이것은 공동체주의자들이 애호하는 개념이다. 자유주의연대는 이런 민주주의 속에서 사려 깊은 전문가와 엘리트가 "국가경영 정치"를 실천해야 할 것을 요구하고 있다.

성찰적 또는 숙의민주주의를 참여민주주의와 대비하고 있다. 공동체주의나 기든스의 '제3의 길'은 참여민주주의를 매우 중시한다. 그러나 한국 뉴라이트로서 자유주의연대는 참여민주주의를 매우 부정적으로 본다. 참여민주주의란 80년대 운동권이 주창한 "민중 민주주의의 노무현식 버전"으로 이해하기 때문이다. 민중민주주의, 이것은 지배계급의 교체, 기존질서의 해체를 의미하는 민주주의, 민중이 지배하는 민주주의이다. 포퓰리즘 민주주의로도 이해하고 있다. 이런

민주주의는 국가경영정치가 아니라 대중선동형정치가 그 특징이라
고 말하고 있다.

그 두 번째는 실질적 민주주의이다. 이것을 형식적 민주주의, 즉
"선거를 통한 정권교체"와 같은 절차적 민주주의와 대비시키면서
헌법과 법치주의를 지키는 민주주의로 이해하고 있다. 자유주의연대
의 이런 주장도 진부한 것처럼 보인다. 그러나 기본도 갖추지 못한
노무현정부의 온갖 행태에 비추어보면 그 진부한 주장이 얼마나 중
요한가를 알 수 있다.

(3) 사회문화부문의 자유주의를 다원주의로 이해하고 있다. 다원
주의란 정치적 의견과 가치들은 다양하기 때문에 "완승을 겨냥하기
보다 조화와 타협을" 중시해야 한다는 것이다. 그리고 질서의식을
중요시하는 것, 이것도 다원주의와 함께 사회문화적 자유주의로 이
해하고 있다.

자유주의연대는 여러 가지 자유주의 개념을 서로 대비시키고 있
다. 신자유주의는 한국이 갈 길이 아니라고 잘라 말한다. 고통을 주
는 자유주의이기 때문이라고 말한다.3) 자유방임주의도 안 된다고
잘라 말한다. 질서가 없기 때문이라는 것이다. 그러니까 질서를 중
시하는 질서자유주의이어야 한다는 것이다. 질서자유주의라는 독일
개념이 한국의 뉴라이트로서 자유주의연대의 이념에 등장한 것, 이
것은 매우 이채롭다.

우리의 주목을 끄는 것이 또 있다. '경쟁적 시장경제의 자유주의'

---

3) 그 이유를 두 가지 차원에서 찾고 있다. 그 하나는 신자유주의를 따른 김대중
정부의 기업 구조조정정책이 대량실업을 야기했다는 이유에서다. "금융기관의 헐
값 매각"을 야기했다는 이유가 그 두 번째이다. 김대중정부의 구조조정정책을 신
자유주의로 이해하고 있는 것, 그리고 신자유주의를 반대하는 이유, 모두가 흥미롭
다.

이다. 이런 자유주의는 "비정한 약육강식"의 우려가 있기 때문에 그대로 내버려둬서는 안 된다는 것이다. 이런 시장을 "인간화"시키는 것이 정부의 과제라고 주장한다. 시장을 인간화하여 만든 자유주의를 "상생의 자유주의"라고 말하고 있다. "공동체적 자유주의"라고도 말하고 있다. 흥미롭게도 자유주의연대는 공동체주의 개념을 도입하고 있다. "공동체적 질서"가 그것이다.

공동체주의는 복지국가 모델과 다르지 않고[4] 롤즈주의(Rawlsianism)와 뉴레프트에 속한 정치적 이념이다. 두 이념은 공공정책적으로 동일한 의미를 가진(황경식, 1993)이념이다. 그리고 그것은 1990년대 영국의 노동당과 미국의 민주당의 이념이었다. 이런 뉴레프트가 한국에서 자유주의와 결합하여 한국의 뉴라이트의 중요한 요소가 되어버린 것, 이것도 매우 이채롭다.

그러나 이 공동체 자유주의는 한국에서도 그렇게 새로운 것은 아니다. 이미 김영삼정부 때의 대통령자문 21세기위원회의 제안이 공동체 자유주의였다.(대통령자문 21세기위원회, 1994). 그리고 이것은 오래 전부터 <안민 포럼>이 지향하는 이념이다. 이런 이념에게 뉴라이트라는 명찰을 달아 준 것이다.

2. 뉴라이트의 질서관과 자유주의

자유주의연대는 어떤 사회질서관을 가지고 있는가? 그들이 가지고 있는 질서관이 자유주의 질서관과 양립하는 질서관인가? 이 문제에 대한 해답을 찾기 위해 자유주의연대가 중시하는 두 개념을

---

4) 민경국 2003a. 실제로 고전적 자유주의, 롤즈의 평등주의 등, 이기심을 기반으로 작성된 모든 이론을 비판한다. 개인주의의 가치를 중시하는 이론은 특히 공동체주의의 비판적 타겟이다.

분석하자: 국가경영정치와 그리고 질서자유주의가 그것이다. 흥미로운 것은 이 두 개념을 각각 다른 용어와 대비시키고 있다는 것이다. 대중선동형정치와 국가경영정치의 대비, 그리고 자유방임주의와 질서자유주의의 대비가 그것이다.

이미 잘 알려져 있듯이 언어분석은 말장난이 결코 아니다. 언어는 사고와 현실을 반영하지만 반대로 현실과 사고를 규정하기 때문이다. 말속에는 이념적 요소는 물론 정치적 함의와 정치적 귀결을 가지고 있기 때문이다. 세계관을 내포하고 있다는 말이다. 그래서 언어분석은 매우 중요하다.

뉴라이트의 인위적 질서관과 자유주의

국가경영이라는 개념, 아주 좋은 개념처럼 들린다. 그러나 이 개념 속에는 무서운 의미가 내포되어 있다. 국가가 전체사회의 인적 물적 자원을 국가목적을 위해 합리적으로 운영 관리해야 한다는 뜻을 내포하고 있다(목적-수단-사상).

우리가 특별히 주목하는 것은 두 가지이다. 첫째로 이런 "합리주의 정치"는 사회전체를 "조직(organization)"으로 만드는 정치라는 것이다[5]. 이것은 하이에크의 유명한 지적이다.(Hayek, 1979) 이런 조직의 대표적인 것이 사회주의 계획경제이다[6]. 따라서 국가경영정치라는 용어는 정부가 사실상 모든 자원들을 통제할 권한을 갖고

---

5) 이때의 합리주의란 고전적 자유주의 전통의 진화적 합리주의가 아니라 설계주의적 합리주의이다. 데카르트 이래 프랑스 계몽주의 전통의 계획 사상과 결부된 사회주의 개념이다.

6) 사회질서는 인간들이 자유롭게 자신들의 목적을 가지고 자신들의 지식을 이용하는 과정에서 스스로 생성되고 스스로 성장하는 구조이다. 국가는 조직이다. 자기의 목적을 달성하기 위해 정부라는 조직을 가지고 있다. 이와 같이 국가와 사회는 그 성격상 엄격히 다름에도 불구하고 전체 사회를 국가경영이라는 말로 확대 적용하는 것은 계획경제 사상, 전체주의 사상이다.

있는 전체주의 사회를 기술하는 데 적합한 개념이다. 미제스가 국가 경영 개념을 합리적 사회주의에 적용하는 것도 이런 연유이다.

국가경영 개념은 사회질서는 인위적으로 만들어야 한다는, 그렇지 않으면 저절로 질서가 생겨날 수가 없다는 믿음에서 비롯된 것이다. 계획에 의해 설계해야 한다는 계획사상이 그런 믿음이다7). 이런 믿음은 질서란 오로지 물리적 질서인 자연적 질서와 그리고 인위적 질서로만 생각하는 이분법적 사고방식에서 비롯된 것이다. 이런 이분법적 사고방식은 제3의 질서로서 자생적 질서의 존재를 무시하는 결과를 초래했다.

하이에크가 반복적으로 강조하고 있듯이 자생적 질서의 존재를 무시하거나 간과하는 이분법적 사고는 "사회과학이나 공공정책이 수행해야 할 과제를 이해하지 못하게 만드는 가장 큰 장애물"이다 (Hayek, 1969). 우리의 지성사에서 범한 가장 큰 오류가 자생적 질서의 존재에 대한 무지, 내지는 무시라고 말해도 과장된 말은 아니다

뉴라이트의 법실증주의 사상과 자유주의

자유주의연대는 질서는 중요하다고 말하고 있다. 심지어 질서는 아름답다고까지 말하면서도 자생적 질서의 존재를 무시하고 있다. 자유방임주의를 반대하고 자유주의는 질서자유주의이어야 한다는 것을 말하기 위해 예시(例示)로 든 집시법이다. 질서자유주의에 관해서는 나중에 설명하기로 하고 집시법의 예를 보자. 집시법은 공법에 속하는 법이다. 이런 법은 국가가 만든 법이다. 자생적으로 형성

---

7) 예를 들면 노무현정부의 정책을 비판하는 경우, 뉴라이트들은 구체적인 미래의 청사진이 없다는 식으로 또는 국가경영을 위한 준거 틀이 없다는 식으로 비판하고 있다. 이런 비판은 조직 질서관을 기반으로 한 비판이다.

된 규칙이 아니다. 그리고 그것은 자생적 질서의 시장경제의 중요한 기반이 되고 있는 사법(私法)도 아니다.

자유방임과 질서자유주의 그리고 질서의 중요성 같은 것은 거대 담론이다. 이런 거대 담론에 집시법을 예로 든 것, 이것은 그럴만한 이유 또는 그럴만한 전제가 있기 때문일 것이다. 그 이유와 전제가 무엇인가?

첫째로 사법보다 공법의 중요성을 강조하고 있다는 것을 전제한다. 이것이 바로 국가경영사상과 일차된다. 국가경영사상은 공법우위사상이다. 사법사회(private law society)에는 국가경영이라는 개념을 사용할 수 없다. 공법우위사상은 계획사상이고 조직사상이다. 사회의 국가화가 국가경영사상이고 공법우위사상이다.

둘째로 공법의 예는 법의 원천도, 질서의 원천도 국가라는 것을 전제한 것이다. 이런 전제야말로 법실증주의이다. 국가가 없이는 법도, 질서도, 도덕도, 그리고 권리도 없다는 것, 국가가 없이는 인간의 존립이 성립될 수 없다는 것, 이것이야말로 국가주의이다. 국가 이전에 이미 권리와 법이 존재한다는 역사적 사실을 무시하는 전제이다. 이것은 자유방임주의 및 자생적 질서의 존재를 경시하거나 무시한 결과이자 원인이다.

자유주의가 가장 중시하는 행동규칙은 자생적으로 형성된 행동규칙과 사적 삶의 자율권을 보장하는 사법(私法)이다. 자유주의는 국가 이전에 이미 법과 권리가 그리고 사회질서가 존재했다는 인류학적 증거를 확신한다.

요컨대 전체 사회를 "조직"으로 파악하는 질서관은 자유주의 질서관이 아니다. 자유이론적 자유주의이든, 소유권 이론적 자유주의이든, 공리주의적 자유주의이든, 무정부적 자유주의이든, 자생적 질서의 존재를 부정하거나 무시하는 이론은 자유주의 이론이 아니다. 자생적 질서를 무시하는 인위적 질서관은 법실증주의, 국가주의 그리고 계획경제를 대변하는 세계관이다.

뉴라이트의 질서자유주의와 그리고 자유주의

자유주의연대는 질서를 중시한다는 의미에서 자유방임 대신에 질서자유주의를 지향한다고 천명하고 있다. 그 예로서 집시법을 들고 자유방임주의가 잘못이라는 것을 말하고 있다. 그러나 그의 설명을 길게 논하기보다는[8] 질서자유주의를 중심으로 자유주의연대의 질서사상을 밝히고자 한다.

질서자유주의는 이미 잘 알려져 있듯이 전쟁 중에 발터 오이켄[9]을 중심으로 하여 개발한 독일의 뉴라이트이다. 2차 대전 후의 독일경제가 가야할 길을 제시했고, 전후 독일경제의 재건과 부흥에 실제로 매우 큰 기여를 한 이념이다. 중앙집권적 경제질서를 비판하고 그 대안으로써 질서자유주의를 제안한 것이다.[10] 자유주의연대가 한국이 나아갈 길을 질서자유주의라고 말한다면 그것은 대단히 유감스런 선택이다. 그 이유는 질서자유주의는 중요한 아킬레스의 건

---

[8] 뉴라이트가 예시하고 있는 집시법은 표현의 자유를 행사하도록 도로의 이용권을 집시(集示) 참여자들에게 일시적으로 허용하고 그 대신 통행자의 자유를 일시적으로 제한하고 있다. 입법부가 표현의 자유를 통행의 자유보다 더 존중하고 있다는 것을 집시법이 보여주고 있다. 따라서 자유방임이 아니라 충돌하는 두 자유 중에서 집시법은 통행의 자유 대신에 표현의 자유에 손을 들어주고 있다. 표현의 자유 대신에 통행의 자유에 손을 들어주면 통행의 자유 때문에 표현의 자유가 억제될 것이다. 뉴라이트의 해석에 따르면 이것도 통행자의 자유방임으로 보아야 할 것이다. 그러나 자유방임의 문제가 아니라 이런 자유의 충돌 문제이다. 이런 충돌은 비일비재하다. 중요한 것은 이 충돌 문제를 어떻게 해결하는가의 문제이다. 그것은 입법자의 문제로 돌리고 있다. 뉴라이트는 의회주의를 중시하기 때문에 의회가 정한 집시법을 비난할 수 없지 않은가? 물론 기술적으로 잘못이 있을 수 있다. 그러나 이런 기술적인 문제는 원칙의 문제가 아니기 때문에 그것은 논의의 대상이 될 수가 없다.

[9] W. Eucken, 1891~1950.

[10] 민경국, 2003, 1997.

(鍵)이기 때문이다. 이것은 두 가지이다. 첫째로 자생적 질서의 존재를 부정하는 점이다. 그 두 번째는 '질서를 통한 자유'라는 질서자유주의의 개념이다.

(1) 자생적 질서의 존재를 무시할 수 있는가의 문제이다. 우리가 주목하는 것은 자유시장경제의 기반이 되는 행동규칙이다. 관행과 관습, 신뢰감, 소유권의 존중, 약속 이행, 정의감, 부지런함, 정직성, 책임감 등과 같이 수백만 수천만 가지의 행동규칙들이 존재한다. 이런 행동규칙과 관련하여 우리가 주목하는 것은 이런 행동규칙들(비공식 제도, North, 1992)은 저절로 생성된다는 것, 그리고 스스로 지켜지는 행동규칙이라는 것이다.

이런 행동규칙들의 대부분이 자유주의연대가 존 스튜어트를 인용하면서 매우 중시하고 있는 개인들에게 자유가 허용된 범위, 즉 사적영역, 혹은 자유영역을 설정해준다.11) 진화적 과정을 통해서 자생적으로 형성된 행동규칙이 없으면 자유의 허용범위를 전부 인위적으로 정하기가 불가능하다. 우리가 주목하는 것은 성문화된 사법(私法)의 대부분도 자생적으로 형성된 행동규칙들을 반영하고 있다는 것이다. 이것은 경험적 사실이다. 이런 행동규칙들의 존재 때문에 국가의 입법이 없고 사법부만 존재한다고 해도 충분히 살아갈 수 있다.

(2) 질서자유주의의 두 번째 아킬레스건은 '질서를 통한 자유'의 개념이다. 자유를 말한다고 해서 자유가 모두 똑같은 것은 아니다. 질서자유주의가 지향하고자 하는 자유의 상태는 강제가 없는 상태

---

11) 뉴라이트가 인용하고 있는 존 스튜어트 밀의 원칙을 적용한 것이다. 자유의 허용 범위를 타인의 자유를 침해하지 않는 범위라고 정의한 것이 밀의 원칙이라고 인용하고 있다. 뉴라이트가 인용하고 있는 밀의 원칙은 별로 실용가능성이 없는 원칙이다. 이 상호충돌 문제를 전혀 해결해 주지 않기 때문이다.

라는 고전적 자유주의의 소극적 개념이 아니라 "적극적 개념"을 채용하고 있다12). 이런 개념에 입각하여 만든 제도가 대기업에 대한 국가의 감시 감독제도이다. 대기업의 존재는 자유를 위태롭게 할 우려가 있기 때문이라는 것이다.

시장점유율에 근거하여 시장지배적 기업을 정하고, 이런 기업을 정부의 감시 감독을 받아야 하는 제도가 질서자유주의 산물이다. 이런 질서자유주의는 결코 작은 정부 큰 시장을 지향하는 것이 아니었다.13). 자유주의연대가 철저히 반대하는 신문법, 메이저 신문의 시장점유율을 조종 통제하려는 목적을 가진 신문법에 도입한 "시장지배적 기업" 개념을 정책적으로 제안한 것이 질서자유주의이다.

물론 질서자유주의가 전후 독일경제에 기여한 바를 우리는 간과하지는 않는다. 1940년대 말 독일에서 중앙집권적 계획경제를 반박하면서 자유를 갈파한 것은 질서자유주의의 대단한 용기였다. 당시에는 거의 어느 누구도 독일경제가 계획경제를 버리고 시장경제로 나가야 한다는 것을 주장하지 못했다. 특히 자유화의 길을 통해서는 경제회복이 늦을 것이라는 주장이 지배적이었다. 계획경제가 옳고 또 효율적이라는 생각이 지배적이었다. 이런 분위기를 극복하고 독일경제가 계획경제로 가는 것을 막는 데 결정적인 역할을 한 것이 질서자유주의이다.

---

12) 즉, 준 완전경쟁 상태이다. 기업들이 가격을 정할 수 없는 상태이다. 이와 같이 자유의 상태를 소극적으로(negative) 정의하는 대신에 적극적으로 정의하고 있다.

13) 질서 자유주의의 내용은 이상에서 설명한 것보다 더 복잡하다는 것을 지적하지 않을 수 없다. 질서자유주의에 관한 상세한 설명에 관해서는 (민경국, 1997)을 참조. 그리고 질서자유주의가 고전적 자유주의와도 밀접한 관련을 가지고 있다. 예를 들면 시장을 구성하는 원칙으로 사적 소유의 원칙, 계약 자유의 원칙, 그리고 시장개방의 원칙, 그리고 책임원칙 등이 그것이다. 이런 원칙은 고전적 자유주의 그리고 하이에크가 시장경제의 기초로써 중시하는 제도이다. 이런 제도만 제대로 확립하면 더 이상의 국가의 과제는 필요가 없을 것이다.

3. 뉴라이트의 낭만주의 국가관과 자유주의

자유주의연대의 뉴라이트는 국가경영이라는 말을 사용한다. 질서 자유주의라는 말도 사용한다. 그들은 성찰적 민주주의를 말하고 있다. 이에 대하여 다음과 같이 말하고 있다.:

> "권위와 학력, 그리고 전문가 정신을 파괴하는 다중의 힘에 의한 중우정치를 지양하고 사려 깊은 고찰을 통하여 사회적 공공선이 무엇인지를 모색하여 실천하는 숙의민주주의가 실현해야 한다."

이런 성찰적 민주주의가 포퓰리즘을 극복하고 선진민주화의 길이라고 주장하고 있다. 선진민주주의는 견문이 넓은 도덕적인 사람들의 정치포럼이다. 공동체주의자들이 주장하는 "심의민주주의", 또는 프랑크푸르트 학파의 "이상적인 담론 상태"도 모두 앤소니 기든스의 성찰적 민주주의와 다를 바 없는 개념들이다. 정치를 정치참여자가 자신이 도덕적 인간이라는 것을 발견하는 포럼으로 생각하는 공동체주의자들의 낭만적인 정치관과도 다름이 없다(민경국, 2003b).
　자유주의연대의 정치적 자유주의와 관련하여 우리가 주목하는 것은 법치주의 강조이다. 법치주의가 절차적 민주주의와는 달리 실질적 민주주의를 달성하기 위한 전제라는 것이다. 법치주의 없는 민주주의는 허구라고까지 말한다. 입헌주의라는 말도 사용하고 있다. 헌법에 따른 정치를 의미하는 것 같다.
　성찰적 민주주의와 그리고 법치주의가 자유주의연대가 말하는 선진민주주의이다. 우리가 주목하는 것은 이런 개념들은 한국의 뉴라이트가 지향하는 작은 정부 큰 시장을 어떻게 정당화하고 있는가의 문제이다.

뉴라이트의 엘리트 지배론과 자유주의

자유주의연대가 정치를 성찰적, 이상적 담론의 포럼으로 이해한다면, 무엇을 정치의 문제로 이해하고 있는가? 그것은 분명히 누가 지배해야 할 것인가의 문제이다. 그렇다면 그 대답은 너무도 자명하다. 훌륭하고 현명한 자들이 지배해야 한다는 것이 그 대답이다. 그들이 "사려 깊은 고찰을 통해 사회적 공동선을 모색하여 실천하는" 과제를 가지고 있다. 정치의 실패는 사람의 실패로 본다.

자유주의연대의 이런 어투 속에는 분명히 엘리트주의가 담겨있다. 플라톤-헤겔-밀 전통의 엘리트 지배이론이 그것이다. 자유주의자들은 이런 국가관을 "낭만주의 국가관"이라고 부르고 있다. 우리가 주목하는 것은 자유주의연대가 이런 엘리트주의 국가관을 가지고 있다고 한다면, 그들이 주장하는 "작은 정부 큰 시장"은 결코 도출될 수가 없다는 것이다.

그 이유는 낭만주의 국가관이 전제하고 있는 사적세계와 공적세계의 구분 때문이다. 즉, 공적세계는 지적으로 현명하고 도덕적으로 훌륭한 인간의 세계이고 반면에 사적세계, 시장세계는 이기적이고 무지하고 근시안적인 인간들의 세계라는 것이 엘리트주의 국가관의 대전제이다. 이런 전제로부터 도출된 것이 공적세계의 엘리트들이 나서서 시장경제를 계획하고 규제해야 한다는 원칙이다. 시장보다 정부가 도덕적이고 현명하다는 전제에서 어떻게 작은 정부 큰 시장이 도출될 수 있는가?

자유주의연대는 이런 엘리트주의를 전제함으로써 두 가지 큰 오류를 범하고 있다. 그 하나는 뉴라이트가 스스로 극복하려고 하는 좌파의 세계를 극복하지 못하고 있다는 오류, 두 번째는 국가의 신비성(myth), 또는 국가의 가면(假面)을 벗기지 못하고 오히려 가면을 더욱 두껍게 만들어준 오류이다.

　(1) 이런 엘리트주의 국가관, 낭만주의 국가관의 전형이 사회주의
가 아닌가? 좌파적 정치의 문제는 언제나 누가 지배할 것인가의 지
배자 문제이다. 그리고 이런 지배자 문제에서 중요한 것은 언제나
수혈론(輸血論)이다. 정치가 잘못되면 사람 탓이기 때문에 보다 현
명하고 훌륭한 인물로 교체해야 한다는 것이다. 바꿔! 바꿔! 가 수
혈론이다. 이런 지배자이론에 집착하면 정치적 논쟁이 인물론으로
변화된다. 상대방의 도덕성에 치명타를 가하여 자신의 도덕성을 강
화하는 것이 일상적인 전략이다14). 이것이 좌파들의 전형적인 특성
이다. 노무현정부가 과거 청산을 말하는 것도 같은 맥락이다.
　자유주의연대는 모든 면에서 좌파를 답습하고 있다. 정치의 문제
를 누가 지배해야 하는가의 문제로 보는 시각, 엘리트주의 그리고
자신들의 도덕적 우위를 점유하기 위한 발언15) 등, 이 모두가 좌파
의 낭만주의 국가관을 극복하지 못한 오류에서 나온 것이다. 이 오
류에서 빠져 나와야만 좌파적 덫에서 빠져 나와 작은 정부 큰 시장
을 정당화할 수 있는 단계를 밟을 수 있다.

　(2) 자유주의연대는 엘리트주의에 빠져 있기 때문에 국가의 가면
(假面), 민주주의의 가면을 벗기지 못하고 있다. 이 가면을 벗길 경
우에 비로소 다음 세 가지 중요한 사실을 발견할 수 있다.:

------

14) 정치의 장이 자신의 도덕성을 입증하기 위해 상대방에게 도덕적인 치명타를
입히는 장소가 되어버린다. 선거가 인물논쟁으로 변한다. 과거사 청산도 상대방에
대한 도덕적 치명타를 주기 위한 선거전략이다. 이런 도덕적 비판, 인물논쟁은 정
치발전과 사회발전에 결코 도움이 안 된다.
15) 그 지배자는 누구인가의 문제에서 자기들이라고 말하고 있다: "과거의 족쇄로
부터 자유로운, 한 번도 기득권을 누려본 적이 없는 젊고 건강한 자유주의자들이
무대의 전면에 나서야 한다. 그들의 철학과 영혼, 배고픔 속에서의 청렴함이 젊은
이들을 사로잡아야 한다." 뿐만 아니라 좌파개념이었던 "강단사회주의" 개념을 "강
단자유주의"라고 말하는 것 등이다.

a) 정치의 문제는 누가 지배해야 하는가의 문제가 아니라는 것을 발견할 수 있다.

b)그 대신 정치가 과두지배든, 민주적지배든, 정치는 제한되고 억제되어야 할 필요성을 발견한다.

c) 그리고 특히 중요한 것은 정치의 문제는 자유와 번영을 위해서는 정치를 어떻게 효과적으로 제한할 것인가의 문제라는 것을 발견할 것이다.

무엇보다도 중요한 것은 정치권력의 가면을 벗기는 일이다. 그런데 이런 가면을 벗기고, 정치의 문제는 누가 지배해야 하는가의 문제가 아니라 누가 지배하든 정치권력은 제한해야만 인간의 자유와 번영이 달성될 수 있다고 주장한 것이 하이에키안 자유주의자들이다.

뉴라이트의 엘리트 실패와 자유주의의 헌법 실패

하이에키안 자유주의자들이 이런 가면을 벗겨야 했던 계기는 20세기 내내 인류 사회가 겪었던 참혹한 경험이었다. 계획경제, 케인즈 주의, 복지국가, 시장실패의 이름으로 정부가 인간들의 삶의 영역을 깊숙하게 개입했지만 자유와 번영을 가져오지 못하고 오히려 정부지출의 증대, 사적영역의 축소와 공공영역의 확장, 성장잠재력의 약화, 실업의 증대만을 초래했다.

이런 사회경제적 병리의 원인을 규명하는 과정에서 하이에키안 자유주의자들은 두 가지 사실을 발견했다. 그 하나가 경제와 사회에 대한 계획과 규제를 위해 필요한 지식을 전부 수집하고 이용하는 데는 극복할 수 없는 한계가 있다는 사실을 발견했다. 제아무리 이타적이고 국리민복을 위해 몸을 이끼지 않는 정치가와 관료가 있다고 해도 그들에게는 근본적으로 극복할 수 없는 지식의 한계가 있다는 사실의 발견이었다. 이런 지식의 한계는 구조적이다. 이런 지식의 한계를 인식하고 정부의 계획과 규제의 한계를 설파하면서 시장경제가 정부보다 지적으로 현명하다는 것을 보여주려고 노력했다.

그들은 시장에서 자생적으로 형성되는 수천만 가지의 가격과 그리고 자생적으로 형성되는 두꺼운 행동규칙들이 그 어떤 정신도 알 수 없는 지식을 필요로 하는 모든 사람들에게 전달하는 역할을 한다는 사실을 발견했다. 시장은 거대한 의사소통체계로서 그 어느 누구도 흉내낼 수 없다는 것이다.

하이에키안 자유주의자들(특히 버지니아 학파)이 발견한 두 번째는 정치가나 관료들이 국리민복에 헌신하는 이타적인 인간이 아니라 인센티브에 따라 행동한다는 사실이다. 그들이 완전한 지식을 가지고 있다고 하더라도 공공이익을 증진하리만큼 도덕적이라는 보증이 없다는 것이다.

정치가나 관료 또는 그 어떤 엘리트의 행동도 자유시장에 참여하는 경제주체들과 똑같이 개인적인 이기적인 계산에 의해 행동을 결정한다. 전부가 다 정치적인 투기꾼들 또는 관료적 투기꾼, 아니면 엘리트적 투기꾼들이다. 국회의원들이나 대통령 모두 자신을 지지해준 유권자들, 장차 자신들에 표를 몰아줄 유권자들을 의식해서 행동한다. 자신들의 집권욕과 집권 연장욕구 또는 그 밖의 사적인 욕망 충족을 위해서다. 책임윤리나 절약윤리 등, 수많은 윤리적 측면에서도 시장이 정부보다 도덕적이라는 사실을 발견한 것, 이것도 하이에키안 자유주의자들이다.

요컨대 서구의 뉴라이트들은 인간의 행동동기와 지식의 문제를 가지고 반(反) 엘리트주의를 정당화하려고 했다. 제아무리 엘리트라고 해도 관료와 정치가들은 지식의 구조적인 문제를 가지고 있고 또 전적으로 개인적, 이기적 동기에 의해 행동한다면, 그들은 기회만 주어지면 언제나 공권력을 확장하고 남용하려고 든다. 그 어느 누구라도, 지적인 자만에 의해서건 도덕적 위선에 의해서건 또는 순수한 이기적 동기에 의해서건, 집권하면 공권력을 남용한다.

따라서 우리가 주목해야 할 것은 정치의 문제는 누가 지배할 것인가가 아니라 누가 지배하든 그 공권력을 헌법에 의해 효과적으로 제한해야 할 필요성이다. 공권력을 제한하는 것, 이것이 바로 헌법의 역할이다. "헌법주의(Constitutionalism)"란 그런 뜻이다.

그러나 낭만주의 국가관은 이런 공권력 제한이 필요가 없다. 철학자-왕 같은 전지전능하고 도덕적으로 훌륭한 인물이 지배하고 있기 때문이다. 그런 엘리트는 공권력을 남용하지도 않고 이기적 동기로 정책결정을 내리지도 않고, 이익단체의 눈치도 안보고 자기를 선출한 유권자의 눈치도 안 본다. 그래서 낭만주의 국가관에서는 정치가나 관료의 행동을 제한할 헌법이 필요가 없다.

20세기 내내 정부의 개입, 복지국가 확대, 의료 연금제도의 국유화, 정부의 경제규제의 확대, 지출 증대, 예산적자의 증대, 재량적인 통화 증발 등은 공권력을 효과적으로 제한할 헌법이 없었기 때문이다. 자유주의자들은 이를 "헌법실패"라고 말한다. 하이에크는 헌법실패를 "무제한적 민주주의"로 표현하고 있다. 뷰캐넌은 "헌법적 혼란"이라고 말하고 있다.

민주주의에 대한 맹신 때문에 민주주의를 비판적으로 분석하지 않았고 민주정부는 아주 선량하고 훌륭하고 현명한 것으로 여겼기 때문에 민주정부를 억제할 헌법적 장치를 마련하지 못했기 때문이다. 헌법실패를 야기한 원인은 엘리트주의 때문이었다.

이 대목에서 우리가 주목하는 것은 자유주의연대와 (하이에키안) 자유주의자들이 정치세계를 보는 시각의 중요한 차이점이다.

노무현정부에 대한 자유주의연대의 비판을 보자. 포퓰리즘이라는 것, 민중의 인기를 얻어 집권하고 집권을 연장하려 한다는 비판, 그리고 4대입법도 그들의 좌파 지지기반을 다지고 이로써 집권을 연장하기 위한 수단이라는 것 등, 노무현정부에 대한 자유주의연대의 이런 비판은 옳다. 지지표 획득을 위해 인기정책도 내놓고, 지배세력을 교체하기 위한 민중민주주의 정책도 내놓는다.

노무현정부에 대한 자유주의연대의 비판 내용은 정치에 대한 하이에키안 자유주의자들의 일반적 비판과 흡사하다. 민중민주주의 또는 포퓰리즘은 하이에크의 "무제한적 민주주의(unlimited democracy)"와 동일한 개념이다. 그리고 그것은 뷰캐넌이 말하는 "헌법적 혼란 상태"이다.

그러나 그들이 비판하는 정치현실의 원인 규명에서 자유주의연대와 하이에키안 자유주의자들 사이에는 현격한 차이가 있다. 그 차이는 두 가지이다:

(1) 하이에키안 자유주의자들은 그 원인을 민주주의를 제한하기 위한 헌법적 장치가 효과적이지 못하다는 사실에서 찾고 있다. 다시 말하면 그 원인이 제도 때문이라고 말한다. 즉, 헌법실패에 그 원인이 있다고 주장한다. 그러나 자유주의연대는 그 원인을 중우정치, 엘리트와 전문가를 무시하는 정치의 탓으로 보고 있다. 엘리트와 전문가가 사려 깊게 토의하고 심의하는 성찰적 정치, 국가경영정치를 못하기 때문이라는 것이다. 따라서 자유주의연대는 그 원인을 제도의 실패와 헌법의 실패가 아니라 "사람의 실패"16)로 보고 있다.

(2) 원인 규명이 서로 다르기 때문에 원인을 치유할 처방도 다르

---

16) "이는 노무현정권의 능력과도 직결되는 문제다.… 더군다나 중추세력인 운동권세력 출신 인사들의 경우… 새로운 미래를 건설하는 데 필수적인 전문적 식견과 정책 능력이 현저히 떨어지는 문제점을 안고 있었다." 다른 장소에서는 이렇게 말하고 있다: "참여민주주의를 앞세워 모든 권위와 학력 그리고 전문가정신을 파괴하는 다중의 힘에 의한 중우정치(衆愚政治)를 지양하고…"

다. 하이에키안 자유주의는 민주정부의 활동을 효과적으로 제한하여 개인들의 자유와 재산권을 보호하는 데 적합한 헌법을 찾는다. 이에 반하여 자유주의연대는 훌륭하고 현명한 엘리트와 전문가를 찾는다. 도덕정치를 할 인물, 성찰적 민주주의를 할 인물을 찾는다.

기든스와 같은 제3의 길, 공동체주의도 현대민주주의의 결함으로 포퓰리즘, 정치적 냉소주의, 정치적 불신 등을 말하고 있다. 이런 문제의 원인을 그들은 정치를 효과적으로 제한하는 제도의 결함, 제도의 실패에서 찾지 않는다. 통치자의 자질 탓, 정부의 자질의 탓, 즉 사람의 실패에서 그 원인을 찾고 있다.

자유주의연대도 이런 좌파들과 동일한 오류를 범하고 있다. 자유주의연대도 엘리트주의로 문제를 해결하려고 한다. 엘리트와 전문가를 찾는다. 누가 지배엘리트가 되어야 하는가? 결국 그 지배자는 자기들이라고 말할 수밖에 없다. 자유주의 엘리트가 정권을 잡았다고 해서 그가 자유주의 정치를 펼치리라는 보장이 어디에 있는가? 적합한 헌법이 없다면 이런 보장은 있을 수가 없다.

뉴라이트의 헌법주의와 자유주의

하이에키안 자유주의는 기본적으로 반 엘리트주의에서 출발하기 때문에 정부를 제한해야 할 필요성을 강조한다. 제한하지 않으면 사적 영역은 정치가나 관료의 밥이 되어 버린다는 것이다. 그 탐욕스런 마수가 공공이익의 이름으로 시민들의 사적 삶을 정치화하여 이로부터 단물을 빨아먹는다는 것이다. 정부의 권력을 제한해야 하고 이를 위해서는 효과적인 헌법이 필요하다는 의미에서 헌법주의가 생겨난 것이다. 엘리트주의 때문에 헌법주의가 파괴되었다는 것이다. 헌법은 있지만 정부의 권력을 효과적으로 제한하는 데 경솔했다는 것이다.

따라서 여기에서 우리가 확인하는 것은 인류가 범한 가장 큰 오류가 두 가지가 있는데 그 중 하나가 앞에서 설명한 바와 같이 자생적 질서의 존재를 무시한 이분법의 오류이다. 그 두 번째 오류가 지금 우리가 말하는 엘리트주의이다. 이런 엘리트주의 때문에 의회민주주의에서 "의회의 주권" "의회의 자율성"을 강조하고 의회의 무제한 권력을 허용한 헌법이 생겨난 것이다. 중앙은행의 재량적인 통화정책의 허용도 엘리트주의 때문이다. 대통령에게 무한정의 권력을 허용한 것도 엘리트주의 소산이다.

반 엘리트주의를 기반으로 하는 하이에키안 자유주의는 정부의 활동을 억제하고 작은 정부를 만들기 위해 다양한 헌법규칙을 제안하고 있다. 프리드먼의 통화공급 규칙, 조세부담율의 한계를 정하는 규칙, 국내 총산 중 정부지출이 차지하는 비율의 한계에 관한 규칙, 균형예산 규칙 등과 같은 뷰캐넌의 재정헌법은 정부의 활동을 최소한으로 줄이고 이로써 큰 시장을 지향하려는 자유주의에서 비롯된 것이다. 의회의 입법권을 제한하기 위한 하이에크의 "법의 지배 원칙"도 모두 정부의 재량권을 허용하지 않고 정부의 활동을 제한하기 위한 장치이다. 이것이 개인들의 자유와 재산권을 보호하는 데 취지가 있는 "리버럴 헌법주의(liberal constitutionalism)"이다.17) 하이에키안 자유주의는 헌법에서 시작하여 헌법으로 끝날 정도로 정부의 권력을 효과적으로 제한하기 위한 헌법의 중요성을 집요하게 강조한다.

자유주의연대는 엘리트주의를 전제하기 때문에 정부의 활동을 제한하는 문제에는 큰 비중을 두고 있지 않다. 이것은 정말로 안타까

---

17) Hayek, 1975; Buchanan, 1993.

운 일이다. 작은 정부 큰 시장을 원한다면 정부는 억제되지 않으면 큰 정부로 변한다는 사실을 인식하지 못하고 있는 것 같다.

물론 자유주의연대도 "입헌주의"를 말하고 있다. 그러나 이것은 한국헌법에 쓰여 있는 대로 해야 정치를 해야 한다는 뜻으로 사용하고 있는 듯하다. 그러나 개인의 자유와 재산권을 보호하고 큰 시장 작은 정부를 요구한다면 한국헌법에 관심의 초점을 집중했어야 한다.

사실 한국의 헌법은 엘리트주의를, 낭만주의 국가를 전제로 한 헌법이라는 것, 이것은 한국의 자유주의자들의 공통된 인식이다. 한국헌법은 정부의 활동을 억제하는 헌법이 아니다.[18] 국가의 지출한계도 없다. 이런 한계가 없기 때문에 정부지출의 증대도 막을 수가 없다. 조세의 한계도 없다. 의회의 결정을 제한할 장치가 없다. 이런 현상은 서구의 모든 헌법도 마찬가지이다. 정부 부채의 한계도 없다. 의회가 결정하면 그만이다.

한국헌법에는 정부의 자의적인 규제와 방만한 입법을 효과적으로 막을 수 있는 헌법적 장치도 충분하지 않다. 의회의 다수가 결정하면 그 내용이 무엇이든 법으로 인정된다. 그 결과 입법이 원칙에 의해 이루어지는 것이 아니다. 정당과 관료의 이해관계, 그리고 이익단체와 특정의 유권자 그룹의 이해관계에 의해 입법이 이루어지고 있다. 집권 또는 재집권에 필요한 유권자 층을 만들기 위해 특정 이익단체나 지역, 또는 유권자 그룹의 이익에 좌우되어 입법이 이루어지고 있다.

자유주의연대는 실질적 민주주의 요소로써 법의 지배 원칙을 들고 있다. 매우 중요한 원칙이다. 그러나 법의 지배원칙을 "자유를 보장하는 정의로운 행동규칙"의 하이에키안 자유주의 개념 대신에

---

18) 김정호, 1998, 2003; 민경국, 2003, 2004.

"만인이 법 앞에 평등하다"는 의미로 사용하고 있다. 과연 이런 의미의 법의 지배 개념이 개인의 자유와 재산권을 보호할 수 있는지가 의문이다. 법 앞에 평등이니까 누구나 빠짐없이 국민연금에 강제 가입시켜야 한다. 법 앞에 평등이니까 모든 학부모에게 이유 여하를 막론하고 학교선택권을 부여하지 않을 수 있다. 이런 의미만 가지고는 정부의 자의적인 공권력 행사를 막을 수가 없다. 그리고 작은 정부 큰 시장도 달성할 수 없다.

뉴라이트의 다원주의와 자유주의

자유주의연대는 또 하나의 오류를 범하고 있다. 정치적 다원주의 때문이다.

다원주의에 대하여 자유주의연대는 이렇게 말하고 있다:

> "다원주의는 자유주의의 핵심적 가치이다. 이 다원주의가 있어야 서로 다름의 공존이 가능하다." 그래서 "선진 문화의 덕목은 다원주의이다. 다원주의는 서로 다름에서 출발한다. 나와 정치적 의견이 다르다고 해서 타인을 적대시하지 않는다. 이 모든 차이를 선악이라는 절대성의 차원이 아니라 다양성이라는 상대성의 차원에서 이해한다. 그래서 다원주의자는 완승을 겨냥하기보다는 조화와 타협을 시도한다. 타인에 대한 이해의 폭도 그 누구보다 깊어 관용과 상생의 정신을 발휘한다."

이런 다원주의에 따르면 자유라는 가치는 유일한 가치도 아니고 분배적 평등도 유일한 정치적 가치가 아니기 때문에 어느 한 정치적 가치나 견해를 억압하거나 "완승"을 겨냥하기보다는 "조화와 타협"을 위해 노력해야 할 것이다. 이것이야말로 절충주의나 다름없다. 그 타협과 절충의 결과는 무엇인가? 정치적 타협의 결과는 개인의 자유와 재산권을 침해하는 경제정책이나 법률이 대부분일 것이다. 그렇다면 이런 반(反) 자유주의 경제정책을 다원주의 이름으로 용납해야 할 것인가? 이런 다원주의는 자유주의와 부합하지 않는다.

역사적으로 좌파들이 이런 다원주의를 강조했다. 그 대표적인 인물이 영국의 사회민주주자이자 엘리트 주의자였던 버나드 크리크(B. Crick, 1963)다. 그는 인간 그룹과 인간 집단들의 가치와 이해관계의 다양성을 무제한 허용하여 정치 시스템에서 이들을 충분히 수용하고 절충하도록 허용할 경우 사회적 정치적 안정이 이루어진다고 주장한다.19)

그러나 이런 낭만적인 다원주의를 강력히 비판하고 나선 학자가 버지니아 학파 올슨(M .Olson)이다. 이미 잘 알려져 있듯이 다원주의가 새로운 소수의 폭정과 경제침체, 그리고 사회의 경직성을 야기한다는 것, 이것이 그의 중심주제이다. 모든 그룹들을 편파성이 없이 완전히 공정하게 취급한다고 해도 결과적으로 이런 정치 체제가 경제적 번영을 초래하는 것이 아님을 강조하고 있다. 왜냐하면 이런 타협의 산물이 보호무역주의가 될 수 있기 때문이다.

자유주의연대의 정치적 다원주의는 자유주의의 핵심적 가치가 결코 아니다. 자유주의의 핵심적 가치는 자유이지 다른 가치가 자리를 잡을 수 없다. 그런 다원주의는 정치적 중간을 좋아하는 기회주의자들, 정치적 이념의 논쟁을 물타기 하는 기회주의자들의 전유물일 뿐이다.

자유주의와 관련된 정치적 다원주의란 있을 수가 없다. 자유주의와 양립하는 다원주의는 정치세계에서가 아니라 사적세계에서나 가

---

19) 버트 다알(R. Dahl)의 다원주의 이론에서도 등장한다. 그는 이익단체나 시민단체들이 자신들의 가치나 이해관계 또는 의견을 관철하기 위해 정치적 영향력을 행사하려고 서로 경쟁하는 것을 중시한다. 경쟁을 통하여, 다시 말하면 다원주의 정치를 통하여 전통적인 민주주의 이론을 괴롭혔던 "다수의 폭정"을 막을 수 있다는 것이다.

능하다. 개개인들이 서로 다른 다양한 목적 추구가 가능한 곳이 사적세계이기 때문이다. 자유사회란 바로 이런 사적세계를 의미한다. 자유사회에서는 어느 한 그룹의 목표가 다른 그룹의 목표를 유린하거나 억압할 수 없다. 이런 사적세계에서나 의미 있는 다원주의 개념을 정치에 적용한 것이 사회민주주의자들이다.

그런데 우리가 주목하는 것은 자유의 개념을 개인적 자유로 이해하지 않고 좌파가 이해하는 것처럼, 집단적 자유로 이해하면, 자유주의와 다원주의가 서로 부합한다는 것이다. 이렇게 집단적 자유로 이해한다면 자유주의는 민주주의와 동일하다. 자유주의연대가 현재를 제2의 민주화 운동으로 규정하고 제2의 민주화운동은 자유화운동이라고 동일시하고 있는데, 이것을 조심해야 한다. 민주화운동을 자유화운동과 동일시하는 것은 자유화의 자유를 집단적 자유의 개념으로 이해할 경우에만 가능하다.

4. 뉴라이트의 시장경제와 자유주의

자유주의연대는 21세기의 발전모델은 과거에 유효했던 정부주도형이 아니라 시장주도형이라고 말한다. 작은 정부 큰 시장이 그래서 화두다. 이런 화두와 함께 자유주의연대는 시장경제와 관련된 매우 중요한 이념적 방향, 공공 정책적 방향을 제시하고 있다.

- 노력한 만큼, 일한 만큼 대접받는 받는 사회, 이것이 자유시장경제라고 보고 있다. 그러면서 자유주의연대는 청부(淸富)를 권장하고 빈부격차가 아니라 빈부의 해소를 추구할 것을 요구하고 있다.
- 경쟁의 낙오자를 위한 사회 안전망을 강화할 과제도 정부가 가지고 있다.

– 금융위기 당시 김대중정부의 구조조정 정책의 신자유주의를 반대한다. 신자유주의는 대량실업과 그리고 금융기관의 헐값매각으로 국부의 유출을 초래했기 때문이다. 구조조정은 자율적이 아니었다. 시장에 의한 자율적 구조조정이 신자유주의 구조조정이다. 강제로 구조조정을 단행했다. 자율적 구조 조정이었더라면 동시적으로 대량 생기지도 않았을 것이다. 헐값 판매가 왜 신자유주의인가를 알 수가 없다.

– 경제적 자유주의는 "비정한 약육강식"의 가능성이 있기 때문에 정부는 "시장의 인간화"를 실현할 과제를 가지고 있다. 인간의 지나친 이기심을 막아야 한다는 생각을 반영하고 있다.

– 가진 자에 대한 나눔의 도덕을 호소하기도 한다. "노블리스 오블리주"의 실천을 요구한다. 이로써 뉴라이트는 도덕설교자 노릇도 한다.

자유주의연대의 주장을 요약하면, 자유주의의 경쟁적 시장경제에 도덕적 제한을 가하지 않으면 그것은 스스로 붕괴되리라는 우려, 그렇기 때문에 시장경제는 도덕적–윤리적 규제를 받아야 한다는 요구이다.

이런 주장에서 과연 작은 정부–큰 시장이 도출될 수 있는가의 문제가 우리의 주목을 끈다.

뉴라이트의 노블리스 오블리주와 자유주의

자유주의연대는 한국의 다른 뉴라이트와 함께 한국사회의 가장 큰 단점으로서 기득권자들에게 윤리의 부족을 가장 많이 지적하고 있다[20]. 이것이 좌파의 이념이 한국사회에 뿌리박게 된 중요한 이

---

20) 동아일보의 '뉴라이트 분열에서 통합으로'라는 주제의 토론에서 뉴라이트가 지향해야 할 방향 중 하나가 노블리스 오블리주라는 것을 강조하고 있다. 동아일보

유 중의 하나로 보고 있다. 특히 가진 자들의 "노블리스 오블리주"를 강조하고 있다.

자유주의연대는 가진 자들이, 즉 사다리의 맨 꼭대기를 차지한 계층에 속한 사람들이 노블리스("귀족")로서 오블리주(의무)의 실천자가 되어야 한다고, 심지어 한국사회의 거대한 진화는 부자들의 손에 상당부분 달려있다고까지 말한다. 이런 주장이 자유주의와 어떤 맥락을 가지고 있는가?

"노블리스 오블리주"의 개념(유럽의 중세기 개념이다)은 두 가지를 전제하고 있다. 그 하나가 이미 잘 알려져 있듯이 사회의 계층성, 사회의 불평등이다. 하층부에 대한 상층부의 도덕성과 사회적 의무와 그리고 상층부의 권위를 강조한다. 기득권자의 권위에 대한 대가(代價)가 하층부에 대한 도덕적 행동과 의무라고 해석할 수 있다. 우리가 주목하는 것은 노블리스 오블리주라는 개념의 두 번째 전제이다. 사회의 계층성과 불평등 구조가 "폐쇄적"이라는 것이 그것이다. 다시 말하면 사회구조가 고착되어 있다는 것을 전제한다. 이런 불평등 구조가 유지되고 안정성을 갖기 위해서는 상층부가 도덕적이어야 하고 또 사회적인 의무를 짊어져야 한다는 것이다.

이런 개념은 원래 자유주의와는 거리가 아주 멀다. 이것은 보수주의의 개념이다. 불평등이 고착된 사회의 안정과 평화를 유지하기 위한 보수주의자들의 행동지침이다. 그러나 하이에키안 자유주의가 강조하는 것은 사회계층의 폐쇄성을 인정하지 않고 이를 개방으로 전환시키는 일이다. 다시 말하면 하층에 속한 사람이 상층에 속할 수도 있고, 반대로 상층에 속한 사람이 하층에 속할 수도 있는 사회적 조건을 강조한다. 그래서 자유주의가 강조하는 것은 노블리스 오블리주가 아니라 계층의 이동성과 계층의 열림성이다. 각 계층이 열려

2004. 01. 21

있는 것, 이를 중시한다. 부의 역전(逆轉), 계층의 역전이 그것이다. 부자가 가난한 사람이 되고 가난한 사람이 부자가 될 수 있는 사회 조건을 강조한다.

중요한 것은 계층의 이동성을 야기할 수 있는 제도적 조건이다. 이것이 자유주의이고 자유경쟁이다. 자유경쟁 속에서만이 가난한 사람이 부자가 되고 부자가 가난한 사람이 될 수 있다. 하층부에 속한 사람들이 상층부로 이동할 수 있다. 이런 이동을 위해서 개개인들은 새로운 것을 창조하고 혁신을 한다. 그리고 기존의 상층부도 하층으로 내려가는 것을 피하기 위해 마찬가지로 부단히 노력한다.

자유주의자들은 이와 같이 불평등과 사회계층의 폐쇄성에서 생겨나는 사회적 안정의 문제를 경쟁이라는 방법으로 해결하려고 했다. 그리고 그런 제도가 자유주의와 이를 기반으로 하는 자유시장경제라는 것을 발견했다. 계층 간의 폐쇄성과 부와 가난의 세습을 파괴한 것이 개인의 자유였고 자유주의 시장경제라는 것은 입증되었다.21)

국가가 경제와 사회를 계획하고 규제하면 규제할수록 사회계층이 폐쇄되어 부의 역전과 계층의 역전이 이루어지지 않는다. 이런 규제로부터 생겨나는 귀족(노블리스)에게 오블리주를 노래한들 무슨 소용이 있는가? 노동시장의 규제로 인한 노동시장의 경직성은 "귀족노조"를 창출했다. 이런 귀족 노조에게 노블리스 오블리주의 실천을 요구한들 아무런 효과가 없다는 사실을 우리는 뚜렷하게 경험했다.

이 맥락에서 우리의 주목을 끄는 것은 한국사회의 진화는 상층부의 노블리스 오블리주 행사여부에 달려 있다는 자유주의연대의 주

---

21) 이 맥락에서 우리가 주목하는 것은 뉴라이트들이 요구하고 있는 경쟁의 낙오자들에 대한 국가의 보호정책이다. 이런 정책 그 자체는 중요하다. 그러나 보다 중요한 것은 모든 낙오자들을 보호하는 것이 국가의 목표일 수는 없다는 사실이다. 국가의 보호 대상이 될 수 있는 것은 대를 이어 빈곤한 사람들이다.

장이다. 정말로 이런 도덕이 이토록 중요한가? 노블리스 오블리주의 도덕은 애정, 우정, 참여, 연대 등과 같은 적극적인 덕이다. 거대한 사회질서에서 이런 덕이 그렇게 중요한 것은 아니다. 거대한 사회에서 중요한 것은 인간들의 생명, 재산, 자유를 침해해서는 안 된다는 정의의 원칙과 관련된 소극적인 덕이다.

적극적인 덕과 소극적인 덕이 사회질서에 대하여 갖는 중요성은 아담 스미스의 비유가 잘 말해주고 있다(아담 스미스 1790/1995). 적극적인 덕은 건물에 비유하면, 장식품에 지나지 않는데 반하여, 소극적인 덕은 건물의 기둥이다. 장식품은 없어도 건물의 유지에는 문제가 전혀 없다. 기둥이 없이는 건물이 산산조각이 나듯이 정의가 없이는 사회질서가 유지될 수가 없다.

자유주의자들이 이타심이나 노블리스 오블리주와 같은 적극적인 도덕을 반대하는 것은 아니다. 반대하는 것은 그것을 강제하는 일이다. 강제한다면 그것은 재분배정책, 부유세의 법제화이다. 자유주의자들에게는 그런 도덕은 순전히 개인들이 자유로이 선택할 대상이다. 이런 행동을 요구하는 것은 도덕주의자이다. 한국의 뉴라이트는 도덕의 설교자, 도덕주의자 같은 어려운 역할을 수행하고 있다. 어려운 이유가 자칫 잘못하면 좌파들과 똑같이 도덕적 위선에 빠질 위험성 때문이다.

자유주의연대가 좌파의 길을 극복하는 길은 노블리스 오블리주의 실천요구 대신에 자유주의 및 자유경쟁체제 확립의 요구이다. 그들이 요구하지 않는다고 해도 인간들은 그런 도덕을 자발적으로 실천하고 있다. 기업들의 사회공헌, 개인들의 헌금 등이 그것이다. 도덕적이지도 않은 사람들이 도덕적인 척하면서 정치적 권력과 정치적 소득을 향유하면서 설쳐대는 세상에서는 그런 도덕의 실천을 기대할 수 없다. 엄격한 자유주의 아래에서만이 "자생적 귀족"이 형성될 수 있다.

뉴라이트의 "약육강식"과 자유주의

　자유주의연대는 자유경쟁은 지나친 이기심을 조장하고 따라서 "시장의 인간화"란 기대할 수 없기 때문에 시장의 인간화를 위해 정부가 나서야 한다는 것이다. 이 맥락에서 "약육강식"을 말하고 있다. 이미 잘 알려져 있지만 이 개념은 좌익이 자본주의를 비판하고 자본주의를 극복하기 위한 주무기가 아닌가?

　시장에서 누가 강자이고 누가 약자인가? 흔히 이렇게 구분하고 있다. 즉, 노동자를 약자로 사용자를 강자로 구분하고, 약육강식의 개념을 적용하면 노사 간의 관계는 착취관계이다. 대기업을 강자로 중소기업을 약자로 구분하고, 양자의 관계에 약육강식을 적용하면 그 결과는 중소 상인의 몰락과 기업 집중, 경제력 집중이다. 부자를 강자로 가난한 자를 약자로 구분하고 약육강식의 용어를 적용하면 그 결과는 부익부 빈익빈이다. 자본주의의 인간세계를 이런 식으로 기술하는 것, 이것이 좌파의 전형이다.

　'경쟁적 시장경제의 자유주의'[22]는 이런 비인간적인 약육강식을 야기하기 때문에 정부가 이런 경쟁적 자유주의의 비인간화를 인간화시켜야 한다는 것이다[23]. 인간화된 자유주의를 "상생의 자유주의"라고 말하고 있다.

　자유경쟁에 대하여 자유주의연대와 같이 오해하는 것을 막기 위해 서구의 뉴라이트들 그리고 이들의 사상을 계승하고 있는 한국의 자유주의자들이 부단히 노력했다(대표적인 예를 들면, 김정호 2003). 그들은 경쟁적인 자유주의는 착취관계를 극복해주고, 빈익빈 부익부

---

22) 한국의 뉴라이트는 이렇게 말하고 있다. "경쟁적인 시장경제는 자유주의의 대전제이지만…"
23) 우리가 여기에서 부언하고자 하는 것은 한국의 경제헌법은 이런 약육강식을 전제로 하여 만든 헌법이라는 것이다. 민경국(2001)

대신에 가난한 자가 부자가 될 수 있는 길이라는 인식을 확립했다. 경제력 집중을 효과적으로 통제하는 것, 이것이 경쟁적 자유주의라는 인식도 확립했다.

우리가 주목하는 것은 이런 약육강식이 사실이라면 이를 종식시키기 위한 정부는 작은 정부가 아니라 큰 정부일 수밖에 없다는 점이다[24]. 한 가지만 말한다면 자유경쟁이란 약육강식을 야기하는 것이 아니라 새로운 지식을, 그리고 지식의 옳고 그름을 발견하는 절차이다. 하이에크의 유명한 인식이다: 발견의 절차로서의 경쟁이 그것이다. 모르는 것, 알지 못한 사실을 발견하는 절차이다. 모든 것을 안다면 경쟁이 필요가 없다.

경쟁적 시장경제의 특징이 약육강식이라는 것이 사실이라면 자유주의연대가 도대체 어떤 이론적 근거에서 큰 시장 작은 정부를 도출할 수 있는지를 알 수가 없다.

자유주의연대는 빈부격차의 해소가 아니라 빈곤의 해소를 주장하고 있지만 자유주의 시장경제에 약육강식을 전제한다면, 결코 이런 주장이 도출될 수가 없다. 약육강식이라는 개념 자체에 이미 평등주의 사고가 들어 있다. 그들이 약육강식으로부터 도출한 상생의 자유주의란 재분배국가 혹은 사회국가이지 법치국가가 아니다. 생존권이라는 개념, 사회권적 기본권이라는 개념도 모두 이런 약육강식의 사상으로부터 나온 것이다.

자유주의연대의 사상에서 작은 정부 큰 시장을 도출할 수 없는 이유는 또 있다. 자유주의연대는 경쟁적 시장경제의 분배를 노력의 대가로 보고 있다. 그러나 시장경제의 보수는 노력과는 관계없이 얼

---

[24] 이 맥락에서 우리가 주목하는 것은 서구의 뉴라이트들이 보여주고 있듯이 경쟁적 자유주의에서 자생적으로 수많은 도덕규칙과 행동규칙이 형성되는 것처럼 실제로 수많은 자발적 공동체(소규모의 그룹과 단체)도 자생적으로 형성된다는 것이다. 그렇다면 약육강식, 시장경제의 폭력, 시장경제의 전체주의라는 말은 경쟁적 자유주의에 적용할 수 있는 개념이 결코 아니다.

마만큼 소비자들의 욕구를 충족시켰느냐에 의해 결정된다. 시장경제의 분배를 노력의 대가로 이해한다면 분배를 위해 시장에 개입할 수밖에 없다. 그리고 이른바 "불로소득"은 인정될 수도 없을 것이다. 재산상속과 증여도 막아야 할 것이다. 분배론자들이 노력의 대가라고 말할 때, 이 개념을 사업주나 기업인을 비판하기 위한 주무기로 사용했다. 이윤의 존재를 부정하려는 것이다. 따라서 노력의 대가 개념은 이윤에 대한 중과세를 야기한다.

자유주의연대는 "청부(淸富)"를 말하고 있다. 이 말은 부정을 통하거나 정치적인 이권추구를 통해 돈을 벌지 말라는 것, 그 이상의 정치적 의미로 사용할 수 있는 개념이다. 부동산 투기라는 이름으로 개개인들의 부의 축적 방법을 규제하는 결과를 초래한다. 정치적으로 남용하기 쉬운 개념이다.

자유주의 시장경제에 대한 자유주의연대의 도덕적 의심은 결코 작지 않다. 시장경제에 많은 도덕적 규칙을 부과해야 한다는 생각을 가지고 있다. 그러나 시장경제에 대하여 도덕적으로 의심하면 결코 작은 정부와 큰 시장이 정당화될 수가 없다.

뉴라이트의 공동체주의와 자유주의

작은 정부-큰 시장이라는 화두를 의심하게 것이 또 있다. 자유주의연대가 자유주의를 시장경제에 대한 현대적 비판 중에서 가장 가혹하게 비판하고 있는 공동체주의와 절충하려고 하고 있다는 점이 그런 의심을 자아내게 한다. 잘 알려져 있듯이 공동체주의자들은[25] 시장경제를 "전체주의" 또는 "시장경제의 폭정"이라고 말한다.[26]

---

25) 공동체주의자들의 공통점은 자유시장경제에 대한 거부이다. 예를 들면 월쩌 (M. Walzer)는 시장경제(자유방임적인 시장, 즉 엄격히 분권화된 시장)를 전체주의적이라고 표현한다. 벨라(R. N. Bellah)는 시장의 폭정이라고 말하고 있다.

자유주의의 경쟁적 시장경제는 얽매이지 않은 자아 중심적 행동 때문에 스스로 유지될 수 없다는 것이다. 그 대신 정치를 도덕의 실현, 스스로 도덕적인 인간임을 인식하는 포럼으로 표현한다(Hinte, 1997). 이런 모든 공동체주의자들의 주제의 오류를 밝히기 위한 하이에키안 자유주의자들 그리고 한국의 자유주의자들의 노력을 여기에서는 재론하는 것을 피하고자 한다(예를 들면 Epstein, 1995, 민경국, 2003).

시장보다 정치를 더 신뢰하는 공동체주의, 이런 이념을 자유주의연대가 수용하면서 어떻게 작은 정부 큰 시장을 말할 수 있는지 이해하기가 어렵다. 자유주의연대는 "기업가 정신의 만개"를 말하고 있다. 자유주의자들이 매우 좋아하는 말이다. 기업가 정신은 경제발전을 위해서 매우 중요하기 때문이다. 그러나 기업가 정신의 활성화의 필수조건은 이윤추구를 위한 자유의 보장이다. 그런데 기업의 이윤추구를 극도로 반대하는 공동체주의를 수용하면서 기업가정신의 만개를 어떻게 말할 수 있는지 알 수가 없다

자유주의연대는 "개인의 존엄과 자유를 최고의 가치로 삼되 21세기에 걸맞은 새로운 공동체적 질서와 조화를 도모하는" 자유주의를 말한다. 그러나 자유와 공동체주의와 어떻게 조화할 수 있는지를 알 수가 없다. 예를 들어보자. 자유주의자들은 기업을 계약의 복합으로 이해하고 있다. 나는 이런 이해가 경험적 진실이라고 본다. 주주자본주의란 이런 기업관에서 나온 것이다. 신자유주의의 기업관이다. 그러나 공동체주의자들은 기업을 공동체로 이해하고 있다. 따라서 그들은 노동자 경영참여제도 내지는 이해관계자 자본주의 도입을 주장한다.

그렇다면 이제부터가 문제다. 자유주의연대가 공동체 자유주의를

---

26) 이런 표현은 한국의 뉴라이트들의 "비정한 약육강식"과 동일한 개념이다.

지향한다면 주주자본주의와 이해관계자 자본주의를 어떻게 절충할 것인가? 이 둘 중 어떤 것을 어떤 명분으로 택할 것인가? 자유주의 연대는 명시적으로 신자유주의를 반대한다. 그렇다면 신자유주의가 옹호하는 주주자본주의 대신에 이해관계자 자본주의를 도입하겠다는 뜻인가?

공동체주의는 개인과 사회의 관계를 개인의 존재는 사회의 존재를 전제하기 때문에 사회에 대하여 그에 상응하는 의무를 져야 한다고 주장한다. 그래서 공동체주의자들은 우정, 애정, 연대, 사회적 책임, 애국, 애족, 공동체정신과 같은 가치를 중시하고 이런 가치들로부터 공공이익 개념을 도출한다. 그러니까 공동체주의자들은 "복지국가모델", "사회민주주의"를 말하고 있다. 어떻게 이런 것을 자유주의에 수용한단 말인가?

한때 시장자유주의자였다가 공동체주의자로 전향한 존 그레이(J. Gray, 1995, 1998/1999)는 세계의 자유무역을 신자유주의 확장이라고 보고 이를 제한해야 한다고 주장하고 있다. 그러나 이에 반하여 자유주의연대는 국제주의를 중시하고 있다. 개방화를 강조하고 있다. 이런 주장은 옳다. 그러나 중요한 것은 신자유주의를 반대하고 그 대안으로 공동체 자유주의를 지향하는 자유주의연대의 뉴라이트가 국제주의를 수용하는 이유가 무엇인지를 알 수가 없다. 자유주의와 공동체주의는 물과 기름의 관계와 동일하다. 이를 어떻게 절충한단 말인가? 다원주의적 절충이 어떻게 가능한가?

자유주의연대는 경쟁적 자유주의를 오해하고 있다. 그리고 경쟁적 자유주의를 가장 심각하게 오해하고 있는 공동체주의의 사고를 수용하는 오류도 범하고 있다. 그래서 그들이 추구하는 작은 정부 큰 시장도, 그리고 공동체 자유주의도 정당화하지 못하고 있다.

과거의 정부주도 개발모델에 대한 뉴라이트의 착각과 자유주의

자유주의연대가 오해하고 있는 것이 또 하나가 있다. 박정희 모델로서 정부주도의 산업화를 성공으로 보고 있는 것이 그것이다. 왜 성공했는지에 대한 설명이 없다. 그러나 어쨌든 경제발전의 원인을 보면 그것이 착오라는 것이 드러난다.

경제발전의 원인은 경제하려는 의지이다. 돈을 벌어 잘 살아보겠다는 의지이다. 장사꾼을 우대하는 분위기도 매우 중요하다. 이를 위해서는 재산권이 인정되고 효과적으로 보호되어야 한다. 이윤추구, 돈벌이 자유를 보장해야 한다. 이것이 없이는 결코 성장과 번영이 이루어질 수가 없다. 이것은 이미 확립된 인식이다.

박정희 시대에는 경제하려는 의지 장사꾼에 대한 존중, 돈벌이가 중요하다는 분위기, 가난을 극복하려는 분위기, 돈벌기 위한 인내와 끈기, 이런 분위기가 조성되었다. 그리고 효과적인 제도적인 장치도 있었다. 사적 재산권을 보호하는 민법도 있었다. 자유로운 교환과 재산의 습득, 재산을 보유하기 위한 수많은 자생적 행동규칙도 있었다. 부지런함, 가정에 대한 개인들의 책임 정신 등, 이런 역동적이고 진취적인 정신도 생생했다. 이런 것 때문에 번영할 수 있었고 성장할 수 있었다. 요컨대 역동적인 시장의 덕택으로 경제가 발전한 것이다.

그러나 정부주도의 경제개발이 성공할 수 없는 이유는 두 가지이다. 그 하나는 정치의 문제이다. 자금배분, 사업자 선정 등에서 경제적 논리보다는 정치적 논리의 지배, 부정부패 때문이다. 자유주의연대도 이 부정부패와 정경유착의 문제를 제대로 지적하고 있다. 이 두 가지는 결정적인 성장 장애요인이다. 다른 하나는 지식의 문제이다. 계획의 수립과 집행을 위해 필요한 수많은 지식, 이런 지식의 습득 문제이다. 이런 지식을 전부 정부가 수집 가공하는 것은 불가

능하다. 그렇기 때문에 번번이 계획이 실패한다. 그런 실패와 그리고 실패로 인한 자원 손실, 이것은 사후적으로 드러나지 않는다.

요컨대 개발연대의 성공은 사회 전체분위기가 경제하려는 의지, 돈벌이의 존중, 가정에 대한 책임감, 친기업정서 등, 시장경제 우호적인 사회적 분위기와 그리고 재산권 보호·존중, 이런 것이 경제성장의 결정적 힘이 된 것이다.

취약한 자본주의 조건과 그리고 시장형성이 미흡했기 때문에 국가개입이 불가피했다는 식으로 정부주도 경제개발을 정당화하는 경우도 흔히 볼 수 있다. 그러나 이것도 옳지가 않다. 시장은 자생적 질서이다. 간섭하지 않으면 저절로 형성된다. 기업이 필요하면 기업도 생겨나고 은행이 필요하면 은행도 생겨난다. 금융중개기관이 필요하면 이것도 저절로 생겨난다. 행동규칙이 필요하면 행동규칙도 저절로 생겨난다. 도덕규칙, 책임원칙, 정직성 계약방법, 결제방법, 지불방법 등, 수많은 제도들이 생겨난다. 약속위반을 처벌하는 방법도 저절로 생겨난다.

나의 입장은 국가주의 때문에 한국경제가 발전할 수 있었던 것이 아니라 국가주의에도 불구하고 한국경제가 발전했다는 것이다. 그 발전의 추진력은 시장경제였다. 사실 당시 국가 주도의 중화학공업 육성정책 등은 오히려 경제성장을 까먹은 것으로 진단된다. 국가주의만 없었다면 정경유착과 IMF 경제위기도 없었을 것이다. 모든 위기는 정부의 간섭에서 비롯되기 때문이다.

성공한 역사의 판단 기준은 경제발전이 아니라 개인적 자유

정부주도의 개발모델이 성공했다는 자유주의연대의 주장은 논리적으로도 일관성이 없다. 일관성을 유지하기 위해서는 과거에 옳았다고 주장하는 발전모델이 왜 오늘날에 와서는 포기해야 하고 왜 현재는 시장주도로 나가야 하는지를 설명해야 한다. 그러나 그 설명은 미약하다. 그들은 세계화와 정보화 시대론을 가지고 시장주도형 발전전략을 설명하려고 한다. 그러나 세계화와 정보화 시대에는 이런 정부의 계획과 간섭이 어려운지를 설명해야 한다.

그러나 자유주의연대는 엘리트주의 국가관을 전제하고 있다. 엘리트 전문가들의 지적 능력과 도덕적 능력을 의심하지 않는다. 그렇다면 자유주의연대가 해야 할 과제는 성찰적 민주정부, 즉, 엘리트 전문가로 구성된 엘리트적 민주정부를 구성하는 운동이다. 그리고 구성에 성공하면 이런 성찰적 민주정부에게 정부주도 개발을 허용하는 것이다.

극도로 자기중심적이고 이기적인 인간들의 세상, '비정한 약육강식'의 시장경제에 경제발전의 주도를 맡겨야 한다고 주장하는 것은 자유주의연대의 자기모순이다. 민주적 방법에 의해 뽑혀진 훌륭하고 현명한 엘리트의 성찰적 민주정부에게 발전의 주도를 맡겨야 한다고 주장하는 것이 일관된 주장이다. 이런 의미에서 보면 큰 시장 작은 정부 모델보다는 장하성의 "정부주도 추적모델"이 자유주의연대에게 논리적이고 일관된 모델이라고 본다.

자유주의연대가 작은 정부 큰 시장, 그리고 자유주의를 일관되게 모순 없이 주장하기 위해서는 왜 한국역사가 성공했는가의 문제부터 자유주의 관점에서 보아야 한다. 자유주의 관점에서 본다면 박정희시대는 어떤가? 그래도 박정희시대는 성공했다. 적어도 경제적 자유만 본다고 한다면. 경제적 자유사적 재산권을 확립한 기간이기 때문이다. 이런 경제적 자유가 성장과 번영을 가져온 것이다. 자유를 강조하는 자유주의연대가 자유라는 가치로 역사를 보지 않고 경제발전이라는 가치로 역사의 성공여부를 판단하는 것도 일관성이 없다. 노무현정부의 민중민주주의, 포퓰리즘, 4대입법에 대한 비판적 관점을 위한 관점도 개인의 자유와 재산권의 관점이다.

자유를 억압하는 수많은 경제정책, 그리고 자유의 기초인 재산권을 침해할 우려 등, 그 어느 때보다도 자유를 제약하고 있다. 노무현정부는 실패한 정부이다. 성장침체, 실업의 증가, 서민경제 파탄은 바로 개인의 자유와 재산권의 불안감에서 생겨난 것, 이것은 그래서 노무현정부의 실패의 부산물이다.

5. 뉴라이트의 공과

자유주의연대는 노무현정부의 이념적 컨셉트를 상세히 비판하면서 그 어떤 뉴라이트 단체보다 비교적 분명하게 자기 모습을 드러내고 있다. 자유주의를 강조하고 있다. 작은 정부 큰 시장이 자유주의연대의 화두다. 그 공(功)과 과(過)는 무엇인가?

우리의 주목을 끄는 것은 노무현정부의 중심세력 가운데 강력한 힘을 가진 세력의 감춰진 얼굴을 벗긴 공로다. 대한민국의 정체성과 자유주의, 그리고 시장경제를 훼손하고, 시민들의 사적 재산권을 위태롭게 하는 노무현정부의 정치행태의 감춰진 근원의 진상을 백일하에 드러낸 공로, 노무현정부 배후의 감춰진 급진 좌파세력의 진상을 밝혀낸 공로, 이 공로는 대단하다. 시민들에게 한국사회가 지금 대단히 위험한 길로 가고 있다는 것을 알려준 공로, 이것은 대단히 큰 첫 번째 공로이다.

두 번째 공로는 한국사회에 자유주의 사상에 대한 관심을 고무시키는 데 중요한 역할을 하고 있다는 점이다. 좌파적 이념을 비판하면서 그 대안으로 작은 정부 큰 시장, 그리고 자유주의를 강조하여 좌파와 정면 대결하겠다는 결의를 보여준 공로다.

그러나 중요한 것은 이런 대결에서 승리를 해야 한다는 것이다.

그 승리를 위해서는 정론을 펴야 한다. 엄정한 논리와 일관성을 가지고 대결해야 한다. 미제스 하이에크, 프리드먼, 뷰캐넌 등, "하이에키안 자유주의"가 이끈 서구의 뉴라이트처럼 말이다.

서구의 뉴라이트는 20세기 전 세계를 지배했던 좌파 사상을 물리치고 잃어버린 자유, 잃어버린 사적 재산권을 회복시키고 번영을 이룩하는 데 성공했다. 한국의 뉴라이트로서 자유주의연대의 사상을 하이에키안 자유주의 시각에서 분석한 이유는 이 자유주의가 성공한 뉴라이트이기 때문이다.

그러나 서구의 뉴라이트의 관점에서 볼 때 자유주의연대의 이념적 컨셉트는 대단히 큰 결함이 내포되어 있다. 자유주의연대는 한편으로는 자유주의와 그리고 큰 시장-작은 정부를 내세우고 있다. 다른 한편으로는 여러 가지 개념들을 체계화하고 있다. 중요한 것들을 열거하면 다음과 같다:

- 성찰적 민주주의 또는 숙의민주주의
- 전문가-엘리트주의
- 국가경영 정치
- 정치적 다원주의
- 경쟁적 시장경제의 약육강식
- 공동체주의

자유주의연대의 이념적 결함을 요약하면 다음과 같다.

(1) 자유주의연대는 작은 정부-큰 시장과 자유주의의 정당성을 설명하기 위해 이런 개념을 도입했지만 그러나 이 개념들은 오히려 큰 정부와 작은 시장을 정당화하기에 적합한 개념들이다. 이런 개념들은 자생적 질서 대신에 계획된 인위적 질서에 대한 신뢰와 그리고 정치의 엘리트주의를 전제로 하는 개념들이다. 그렇기 때문에 이

런 개념을 일관되게 적용하면 정부는 시장(市場)보다 도덕적으로 훌
륭하고 지적으로 현명하다는 것을, 따라서 정부는 사적세계로서 시
장경제를 계획하고 규제해야 한다는 것을 말해주는 개념들이다. 따
라서 이런 개념들은 반 자유주의 그리고 큰 정부 작은 시장을 정당
화해줄 뿐이다.

(2) 정치의 엘리트주의를 전제하고 있기 때문에 자유주의연대는
정치의 문제를 누가 지배할 것인가의 문제로 여기는 결과를 초래하
고 있다. "도덕적으로 훌륭하고 지적으로 현명한 인물"이 그 대답이
다. 그러나 정치의 문제를 이렇게 이해할 경우 정치논쟁은 누가 지
배할 것인가의 문제가 된다. 정책논쟁이 아니라 인물논쟁으로 전환
된다. 누가 더 도덕적이냐의 논쟁이 그것이다. 자유주의연대도 동일
한 오류를 범하고 있다. 그러니까 누가 지배할 것인가를 묻고 있다.
그의 대답은 선진화세력이라고 답한다. 이런 인물논쟁은 의미가 없
다. 중요한 문제는 누가 지배하든 공권력을 어떻게 효과적으로 제한
하여 개인의 자유와 재산권을 보호할 수 있는가의 문제이다. 이것이
서구의 뉴라이트가 우리에게 주는 교훈이다.

(3) 정치의 엘리트주의를 전제하고 있기 때문에 자유주의연대는
정부의 공권력을 제한할 필요성을 인식하지 못하고 있다. 그렇기 때
문에 누가 지배하든 자유주의와 작은 정부 큰 시장을 유지하기 위
해서는 헌법적으로 어떤 장치가 필요한가의 논의를 등한시하고 있
다. 헌법적 담론이 부족하다. 정부의 공권력을 효과적으로 제한하지
않으면 작은 정부라도 큰 정부로 변할 수 있다는 사실을 인식하지
못하기 때문이다. 이런 인식을 막는 것이 엘리트주의이다.

(4) 자유주의연대는 작은 정부 큰 시장 또는 자유주의를 정당화할

수 있는 어떤 유력한 개념도 제공하지 못하고 있다. 그런 컨셉트를 제시하는 대신에 절충주의를 시도하고 있다. "시장의 폭력"이라고까지 비판할 정도로 자유시장경제를 가장 극렬하게 비판하는 공동체주의를 자유주의와 절충하여 만든 공동체적 자유주의가 그것이다. 이런 공동체 자유주의는 작은 정부 큰 시장이 될 수가 없다. 절충주의는 건설적인 이념적 논쟁에 물타기이다. 절충주의는 이념과 정책의 일관성을 유지할 수 없기 때문에 신뢰성을 상실한다. 서구의 뉴라이트가 성공한 것은 수미일관된 이념과 공공정책을 제시했기 때문이라는 것을 염두에 두어야 한다.

(5) 자유주의연대가 시장이 정부보다 현명하고 도덕적이라는 것을 보여주고 작은 정부, 큰 시장과 그리고 자유주의를 정당화하려면 현실에도 맞지 않는 정치의 엘리트주의를 포기해야 한다. 우리는 그 역겨운 정부의 도덕적 위선과 지적인 위장(僞裝)을 언제까지 목격하고 살아야 하는가? 이런 가면을 쓴 공권력을 보고서도 정치의 엘리트주의를 전제로 하여 이념과 정책을 논의해야 한단 말인가? 하이에키안 자유주의가 우리에게 주는 교훈은 바로 반(反) 엘리트주의라는 것을 주목할 필요가 있다. 그렇기 때문에 서구의 뉴라이트는 공권력을 억제하는 헌법적 문제를 가장 중시하고 있다는 것도 우리가 배울 점이다.

공권력의 역겨운 도덕적 위선과 지적 위장을 헌법에 의해 어떻게 효과적으로 막을 수 있는가의 문제, 이 문제가 자유주의자들이 해결해야 할 중요한 문제이다.

<참고 문헌>

김정호, 「경제헌법 개정을」, 제7회 자유주의 워크샵, 자유기업원 1998
김정호, 「헌법경제조항과 사회적 기본권에 관한 법경제학적 분석」, 한국헌법학
    회-한국경제연구원 제29회 학술대회 헌법개정의 과제와 정책 방향 2003
    대통령자문 21세기위원회 편, 「21세기의 한국, 제 3편」『공동체적 경제와
    건강한 생활공간』. 도서출판 서울 프레스 1994
민경국, 『진화냐 창조냐-하이에크의 진화론적 자유주의철학』-자유기업원
민경국, 「제4공화국의 헌법과 경제질서」, 유광호 외 공저『제4공화국의 경제정
    책』. 정신문화연구원 2003
민경국, 『시장경제의 법과 질서』, 자유기업원 1997
민경국, 『하이에크의 진화론적 자유주의 사회철학』, 자유기업원 1995
민경국, 『자유주의와 시장경제』, 위즈비즈 2003
민경국, 「공동체주의와 시장경제」, 이용필 공저,『세계화과정에서 공동체주의의
    이념과 과제, 도서출판 신유 2003a
민경국, "한국헌법의 오류-정치개혁이냐 아니면 헌법개혁이냐" 한국하이에크소
    사이어티, 2003년 한국경제학회 공동심포지엄발표논문 2004
민경국, "한국헌법과 리버럴 헌법주의", 2004년 공공선택학회 심포지엄 발표논문
민경국, 『신정치경제학-정치 관료 시스템의 기능원리』, 석정 1993
민경국,『헌법경제론-진화론적 자유주의 시각에서 본 계약론적 입헌주의』, 강원
    대 출판부 1993
신지호, "선진화의 길, 자유주의", 자유주의연대 창립식 기념토론회 2004
신지호, "이제는 선진화다", 국가발전 전략 연구회 2004 동계연찬회, 뉴라이트운
    동과 한국정치의 진로 2004
아담 스미스 저, 박세일/민경국 역『도덕 감정론』, 비봉출판사 1995
이용필 공저, 세계화과정에서 공동체주의의 이념과 과제』, 도서출판 신유 2003
존 그레이 저, 김영진 역『전 지구적 자본주의의 환상』(원제: *False Dawn: The
    Delusion of Global Capitalism* 1998), 도서출판 窓 1999
최재홍, "잃어버린 세대 386-386에 대한 성찰적 회고", 자유주의연대 창립식기념
    토론회 2004
최재홍, "세 가지 불신" 조선일보 칼럼(시론)
황경식, 「자유주의와 공동체주의」, 차인석 외 공저『사회철학 대계 2: 사회주의
    와 자유주의』민음사 1993
Buchanan, J. M. ,Choice, *Contract, and Constitutions*, Indianapolis 2001
Crick, B. *In Defence of Politics*, London 1964
Ellickson, R. C. *Order without Law*, London 1995
Epstein, R. Simple *Rules for Complex World*, London 1995

Hayek, F. A. *Law, Legislation and Liberty*, Vol. 3: Political Order of Free People, London 1979

Hayek, F.A. *Freiburger Studien*, Tuebingen 1969

Hinte, H.(Hrsg) *Freiheit und Gemeinsinn*, Bonn 1997

Kasper, W./ Streit, M. *Institutional Economics*, New York 1998

North, D. C. *Institution, Institutional Change, and Economic Performance*, Chicago 1992

제2부 자유주의와 정치

시장과 정치기구에서의 도덕적 동기의 역할

이성규

(한국외국어대학교 국제통상학과 강사)

1. 서론 : 시장과 정치에서의 동기문제

민주적 정치제도의 운영에 관한 논의는 '인간본성'(human nature), 특히 '인간의 동기'(human motivation)에 관한 가정에 기초하고 있음은 자명한 사실이다. 즉, 인간본성에 관한 가정을 기초로 해서 민주주의 정치제도의 운영에 관한 논의가 시작된다. '합리적 행위자 이론'(rational actor theory)의 전통에 입각해서 보면, '인간행위'(human behavior)는 '합리적 선택' (rational choices)의 결과이며, 그리고 합리적 선택은 행위자들의 '믿음'(beliefs)과 '욕망'에 의해서 설명될 수 있다. '합리적 선택'이란 행위자의 믿음을 주어진 것으로 가정하고 행위자의 욕망충족을 極大化하는 선택을 의미한다.1). 이러한 흄(D. Hume)의 전통은 사실상 모든 현대경제학과 '합리적 행위자 정치이론'(合理的 行爲者 政治理論)의 기초를 이루고 있다2).

---

1) 이러한 정의는 흄의 전통에 따른 것이다.
2) 경제학자들은 대부분의 경우 '욕망'이라는 말 대신에 '선호'(preferences)라는 말을 즐겨 사용하고 있다. 즉 경제학자들은 '선호'에 대해 이야기하며, 합리적 행위 이론가들은 '욕구'에 대해 이야기하고 있다.

　모든 연구자들이 이러한 '합리적 행위자 정치이론'을 수용하는 것은 아니다. 합리적 행위자 정치이론도 비판을 받고 있다. 합리적 행위자 정치이론에 대한 비판은 다양하지만 우리는 다음의 비판에 주목하기로 한다. 합리적 행위자 정치이론에 대한 주요 비판은 '행위자의 합리성'(agent rationality)에 대한 가정에 있는 것이 아니라, '인간 욕망의 성격'에 대한 가정을 중심으로 이루어지고 있다. 다시 말하면 '인간행동'이 합목적적(合目的的) 또는 합리적이라는 일반적 생각에 대해서가 아니라, '인간행위의 목적이 필연적으로 이기적(selfish)이며 경제적으로 타산적'이라는 구체적 전제에 비판의 초점이 맞추어지고 있다. 행위자들이 합리적으로 행동한다는 가정 ('합리성 가정') 에 대해서는 어떠한 異議도 제기하지 않는다. 그러나 인간 욕망의 구체적 성격에 대해서는 비판을 받고 있다. 즉 인간 행위의 목적이 '이기적이며 타산적'이라는 주장('이기성 가정')에 대해서는 많은 비판을 받고 있다.

　합리적 행위자 정치이론 또는 공공선택이론(public choice theory)의 두드러진 특징은 다음 가정에 근거하고 있다. 합리적 행위자 정치이론은 정치게임(political game)에 참여하는 모든 참가자들이 '경제인'(homo economicus) 또는 경제적 인간이라고 가정하고 있다. 정치게임에 참가하고 있는 참가자들은 '이기적이며 합리적으로 효용극대화를 추구하는 행위자들'로 규정하고 있다3). 전통적인 공공선택이론에서 '경제인 가정'－'인간행위는 합리적이고 이기적이다'－은 금과옥조(金科玉條)와도 같은 가정이다.

　그러나 본 논의에서는 두 가지 필수적인 가정 중에서 합리성에

---

3) 이 말은 뮬러(D. Mueller)의 정의에 따른 것이다. 뮬러는 이러한 가정은 '공공선택이론의 행위적 기본 가정'(the basic behavioral postulate of public choice)이라고 일관되게 주장해 왔다. 이것은 공공선택이론에서 인간 행위를 설명하는 데 전제되어야 할 필수적인 가정이다.

대한 가정은 그대로 유지할 것이지만 이기심 또는 이기주의에 대한 가정은 수정할 것이다. 그리고 합리성 가정도 단순 행위적 의미에서 직접적으로 '합리적 행위'라고 말할 수 없을 것이다. 즉 합리적이라는 말이 곧 합리적 행위를 의미하지는 않는다.

정치적 분석에서 사용되는 경제인에 대한 批判은 다음 두 가지 면에서 이루어 질 것이다. 첫째 이기주의에 대한 비판은 직접적이고 명시적으로 이루어 질 것이다. 왜냐하면 이기주의에 대한 가정은 실증적으로 잘못되어 있을 뿐만 아니라, 개념적으로도 문제가 많고 또 실용적으로도 오류가 많기 때문이다. 둘째, 합리성에 대한 비판은 좀더 복잡하다고 할 수 있다. '합리성'에 대한 함축적 의미는 합리적 행위자 정치이론에서 일반적으로 정의되는 것보다 더 복잡하기 때문이다. 즉 기존의 합리적 행위자 정치이론에서는 합리성을 매우 단순하게 정의하고 있다. 우리는 다음에서 합리성에 대한 '단순한 의미'에 대해 비판을 가할 것이다. 그러나 합리적 선택에 대한 기본적 아이디어는 변하지 않을 것이다.

'합리성'이 갖추어야 할 필요조건은 대부분의 공공선택 이론가들이 인정하는 것보다 덜 분명하다고 할 수 있다. 이것은 공공선택이론의 正說을 수정할 수 있는 토대를 마련해 준다는 면에서 그 의의가 크다고 할 수 있다. 기존의 공공선택이론에서는 합리성에 대한 의미와 합리성이 갖추어야 할 필요조건에 대해 분명하게 규정하고 있다고 하지만 사실은 '그렇게 분명하지 못하다'고 할 수 있다. 그래서 합리성이 갖추어야 할 필요조건 (또는 합리성의 의미)이 '불명확'하다는 사실은 공공선택이론의 정설을 수정할 수 있는 근거를 제공해 준다고 할 수 있다.

인간 행동의 동기에 대한 가정―예를 들면, 이기주의적 행동, 이타주의적 행동, 자비적 행동 등―을 '순수 이기주의'(pure egoism)와 '순수 자비심'(pure benevolence)간의 '어느 하나를 선택'하는 것은 오류의 여지가 많다는 사실을 인식할 필요가 있다4). 기존의 경제 및 정치 분석에서는 인간 행동의 동기에 대한 가정은 이분법적 (dichotomy)으로 이루어져 왔다. 즉 인간 행동의 동기는 '순수 이기적'(pure egoistic)이거나 '순수 자비적'(pure benevolent)이라고 가정해 왔으며 이 중에서 '어느 하나'를 선택하여 경제 및 정치 분석에 이용해 왔다. 그러나 이러한 이분법적 선택은 오류를 가지고 있다. 왜냐하면 이들 두 가지 극단적인 가정 사이에 '중간부분'(middle ground)이 존재하기 때문이다5). 우리의 분석에서는 바로 이러한 중간부분을 택하기로 할 것이다. 중간영역에서도 여러 가지 인간행동의 '동기'가 존재할 수 있을 것이다. 이 중에서도 우리의 논의와 관련하여 가장 적합하다고 생각되는 도덕성 또는 미덕(virtue)을 인간 행동의 '새로운 동기'라고 가정해 보기로 한다. 도덕성이나 미덕을 인간 행동의 동기라고 가정하면 정치제도의 운영원리를 이해하고 새로운 제도를 디자인하는 데 크게 기여할 것으로 생각된다. 도덕성이나 미덕을 인간 행동의 동기로 가정한 후 공공선택 (혹은 합리적 행위자) 분석에 도입함으로써 정치제도의 운영원리를 이해하는 데 큰 도움을 얻을 수 있고, 또 새로운 제도를 디자인하는 데 크게 기여할 수 있을 것으로 기대된다.

본 논의에서는 전통적인 公共選擇理論이 취하고 있는 극단적인 '경제인'에 대한 가정을 폐기할 것이다. 그러나 경제인 가정을 폐기한다고 해서 인간의 본성이 낭만적이거나 이상적이라고는 가정하지 않을 것이다6). 정치이론가들이 中間領域의 존재−즉 도덕성의 존재−를 인정한다면 인간 본성 및 동기에 대한 연구는 한층 더 발전될

---

4) 이러한 것을 '이분법의 오류'(false dichotomy)라고 한다.
5) 그리고 특히 중간부분은 '넓은 영역'을 차지하고 있다.
6) 공공선택 이론가들은 인간본성이 '이기적 경제인'이라고 가정함으로써 '낭만적이고 이상적인 인간의 본성'을 배제하려 해왔다.

수 있을 것이다. 본 논의에서는 먼저 '도덕적 욕망과 동기 그리고 도덕적 행위'들 간의 관계를 살펴 본 후, 다음으로 이들 관계가 정치제도에 미치는 영향에 대해서도 살펴보고자 한다. 즉, 도덕적 욕망과 동기가 새로운 정치제도의 디자인에 미치는 효과에 대해서도 살펴볼 것이다.

2. 기존 이론 비판: 경제인 가정은 만능인가 ?

대부분의 경제학자들은 '도덕적 요소'(즉 도덕적 욕망과 동기)가 인간행동에 미치는 효과나 역할에 대해 경시하거나 심지어 무시해 왔다. 경제학자들은 오직 경제인의 합리적 행위에 대해서만 관심을 가지고 있다. 도덕적 요소가 경제인의 합리적 행동을 설명하는 데에는 거의 영향을 미치지 못할지 모르지만, 정치적 환경에 살고 있는 인간들의 합리적 행위들에는 큰 영향을 미칠 수 있음을 간과하고 있다. 경제학자 자신들의 행위와 그들이 타인의 행위들을 분석할 때 사용하는 가정들 간에 이율배반적인 현상은 공공선택 이론가들에게 비판의 실마리를 제공해왔다.

전통적인 공공선택이론은 경제정책에 대한 전통적인 접근방법에 대해 신랄한 비판을 가해 왔다. 공공선택 이론가들의 전통적인 경제정책 분석방법에 대한 주요비판은 '정부의 자비적 독재자 모형'(benevolent despot model)에 초점을 맞추고 있다. 경제정책에 대한 전통적인 분석방법에 의하면 '정부는 자비적인 독재자의 역할을 하고 있다'는 것이다. '정책 경제학자'(policy economist)들은 주로 규범적 측면에서 정책을 勸告하며, 이들의 주장 속에는 다음 두 가지의 가정이 묵시적으로 내포되어 있다. 첫째, 정치행위자들은 공공의 이익을 증진시키려는 '욕망'에 의해 '동기'를 부여받고 또 '행동'한다고 가정하고 있다. 이를 '慈悲心' 가정(benevolence assumption)이라 한다. 둘째, 정치 행위자들은 자비롭게 행동할 능력을 가지고 있으며 또 어떠한 정치적 제약도 받지 않는다고 가정하고 있다. 이를 '독재자' 가정(despot assumption)이라 한다.

그러나 공공선택 이론가들은 이러한 두 가지 가정 모두 전혀 타당성이 없다고 비판하고 있다. 만약 첫 번째 가정이 옳다면, 정통 경제학자들은 행위자들의 동기에 있어서 상호 모순된 태도를 지니게 될 것이다. 즉, 행위자들은 '시장'에서는 완전히 이기적이지만, '정치'에서는 전적으로 자비로운 존재가 되어야 한다. 또 행위자들 간에 도덕적 차이가 존재해야만 이 가정은 성립될 수 있을 것이다. 즉 어떤 행위자들은 전적으로 이기적이어야 하며, 반면에 다른 행위자들은 '이기적이지 않아야' 할 것이다.

요약하면, 전통적 경제이론은 다음을 가정하여 논의를 진행시키고 있다. 첫째, 행위자의 행동동기가 시장(경제)과 정치에서 서로 다르다는 것을 묵시적으로 가정하고 있다. 시장에서는 이기심에 따라 행동하고, 정치에서는 자비심에 따라 행동할 것이라고 가정하고 있다. 둘째, 행위자들 간에 도덕적 차이('도덕적 동기의 차이')가 존재할 것이라고 가정하고 있다. 어떤 사람들은 도덕적 또는 자비적으로 행위하지만 다른 사람들은 이기적(비도덕적)으로 행위한다고 가정하고 있다. 그러나 이러한 두 가지 가정은 공공선택 이론가들에 의해 전혀 타당성이 없는 것으로 크게 비판받고 있다. 다른 한편으로 자비심 가정이 옳다면 순수이론 경제학자들은 '규범적'으로 민주주의와 선거제도에 의한 구속장치(정치적 제약)들은 모두가 '나쁘다'는 규범적 입장을 취해야만 한다.

정통 경제이론가들에 의하면 정치인이나 정부가 자비적(공공의 이익을 증진시키려는)으로 행동하기 때문에 '민주주의와 선거제도는 자비심을 구속(억제)하는 역할을 하므로 규범적으로 나쁘다'는 논리적 결론에 도달하게 된다. 그러나 이러한 논리적 추론 역시 공공선택 이론가들에 의해 비판받고 있다. 민주주의와 선거제도가 자비심을 구속한다고 해서 나쁘다는 것은 설득력이 없는 주장이기 때문이다.

다음으로 두 번째 가정('독재자 가정')이 옳다면 정통경제이론가들은 '민주적 정치제도는 보호되거나 권장될 가치가 없어야 한다'는 결론에 도달하게 될 것이다. 독재자는 어떠한 정치적 제약(구속)도 받지 않기 때문에 민주적 정치제도는 아무런 존재 의미가 없어질 것이다. 그러나 이러한 논리는 아무런 설득력을 얻지 못할 것이다. 보호받고 권장되어야 할 것은 민주적 정치제도이지 독재주의는 아닐 것이다. 민주적 정치제도들이 '제대로 고안'된다면, 정치적 과정은 '보이지 않는 손'의 역할을 할 수 있을 것이다. 시장과정이 '보이지 않는 손'의 역할을 하는 것과 마찬가지로 정치과정도 민주적 정치제도들이 잘 고안된다면 '보이지 않는 손'의 역할을 수행해 낼 수 있을 것이다.

3. 도덕적 욕망과 동기 및 행위

인간행위의 동기에 대한 주요 가정

많은 관찰자들이나 연구자들에게 비춰지는 공공선택이론의 가장 두드러진 학문적 특징은 정치적 행위자들(political actors)[7]에 대한 특별한 '동기'에 있다. 시장행위자들과 정치행위자들은 각자의 행동

---

7) '정치적 행위자'란 정치세계 또는 정치시장에서 활동하는 행위자들로써 투표자, 정치인, 관료, 그리고 정책 조언자등을 가리킨다.

에 있어서 서로 다른 동기구조(motivational structure)를 가지고 있다. 시장에서 활동하는 경제행위자들과 달리 정치에서 활동하는 정치행위자들은 다른 동기구조를 가지고 있기 때문이다. 흄에 의하면, '투표자, 정치인, 관료 그리고 정책조언자들은 모두 악한(knaves, 惡漢)들이며, 그들 행위에 있어서 사익(self-interest, 私益)이외에는 어떠한 목적도 가지고 있지 않은 것'으로 가정하고 있다.

이 가정은 시장에 대한 통상의 경제적 분석에서 전통적으로 가정되는 '동기장치'를 정치적 분석에 연장한 것에 불과하다고 할 수 있다. 즉 통상의 경제적 분석에서 시장 행위자들(market agents)은 사익추구라는 '동기'에 의해 행동한다. 이를 사익추구 동기라 부른다. 뿐만 아니라 전통적인 공공선택 분석에서도 정치행위자들(political agents)의 행동동기도 '사익추구'에 있다고 가정하고 있다. 시장행위자들이나 정치행위자들 모두 '사익추구'(私益追求)라는 동일한 동기구조를 가지고 있다고 가정하고 있다. 그러나 이러한 가정은 전통적 공공선택연구자들에 의해 정당화되어 왔다. 전통적 공공선택 연구자들의 주장에 의하면 시장과 정치과정 간의 차이를 제도적으로 비교하려면 이들 두 제도 또는 기구 간에 '동일한 동기'(identical motivation)를 가정해야 한다. 시장과 정치과정간의 '이념적 중립성'(ideological neutrality)이 성립되려면 이들 두 기구간의 동기구조가 동일해야 한다. 즉 행위자들이 시장에서나 정치에서도 사익추구라는 동일한 동기를 가져야 한다. 예를 들면, 우리는 일반적으로 시장실패(market failures)의 원인을 '모든 개인들은 합리적이며 이기적'이라는 가정을 기초로 해서 진단하며, 또 '정치성공'의 이유를 '모든 정치행위자들은 본질적으로 자비롭다'는 가정에 의거해서 추정하려 한다. 이러한 추론은 공공선택연구자들에게 어불성설(語不成說)처럼 느껴질 것이다. 공공선택 이론가들에 의하면 모든 행위자들—경제행위자이든지 정치행위자이든지—은 한 가지 행동 동기 즉 이기적 동기만을 가지고 있기 때문이다. 시장과 정치 모두에서 '인간은 이기적으로 행동한다'는 '경제인' 가정이 공통적으로 적용되어 왔다. 우리 인간들은 행위자로서 시장에서 경제인('시장경제인')으로 행동할 뿐만 아니라, 정치에서도 경제인('정치경제인')으로 행동한다고 가정하고 있다. 그러나 이러한 동기의 대칭성(motivational symmetry), 또는 대칭적 동기구조는 특정한 하나의 공통적 동기 구조(common motivational structure)를 선택함으로써 달성될 수 있다. 다음 그림은 인간이 가질 수 있는 가능한 동기영역을 나타내고 있다.

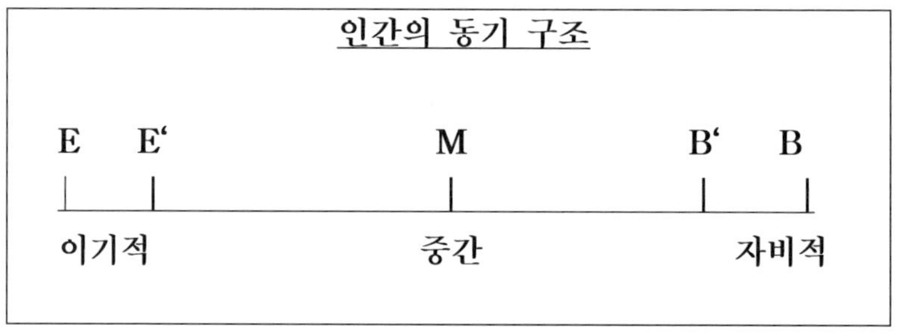

위 그림의 각 점에서의 인간의 동기 구조는 다음과 같다. E점에서의 행위자의 동기는 완전 이기적이고, E'점에서는 이기적 경향이 크다고 할 수 있다. 그리고 B점에서는 완전 자비적이고 B'점에서는 자비적 경향이 크다고 할 수 있다. 마지막으로 M점에서의 행위자의 동기는 반이기적이고 반자비적이다. 대칭적 동기구조가 성립하려면 행위자들은 시장에서나 정치에서나 동일한 하나의 동기를 가져야 한다. 그러나 그림에서 보는 바와 같이 완전 이기심과 완전 자비심 사이에 '중간영역'이 넓게 존재함을 볼 수 있다. 이 극단적인 두 범주 내에서 인간행위의 동기가 두 제도(시장과 정치)에 따라 서로 다를 수 있다.

이제, 인간 행동의 동기에 대한 주요 가정들을 다음과 같이 해보기로 하자.

첫째, 동기유발에 대한 가정으로써 인간이 가지고 있는 여러 가지 욕망들 가운데8) '도덕적 욕망'9), 또는 '도덕적으로 행위 할 욕망'도 그 가운데 하나이다. 인간은 여러 가지 욕망들을 가지고 있다. 그리고 인간의 욕망은 동기를 유발하는 역할을 한다. 인간의 여러 가지 욕망들 가운데서 도덕적 욕망도 '하나의' 욕망(one desire)이다. 즉 도덕적 욕망은 여러 가지 욕망들 가운데서 단지 하나의 욕망이라고 가정한다. 인간의 '이기적 욕망과 동기'는 우리에게 친숙한 개념이지만 '도덕적 욕망'은 다소 생소한 개념이기도 하다.

이기적 욕망과 도덕적 욕망은 인간의 마음속에서 늘 이해갈등을 일으키게 된다. 즉 우리 인간들이 어떤 행위를 하고자 할 때 '도덕적 요소'10)도 신중히 고려하지만 이기적 욕망에 의해 압도당하기 쉽다. 인간이 어떤 행위를 하고자 할 때 '도덕적 욕망'과 '이기적 욕망'이 마음속에 동시에 존재할 때 이기적 욕망이 더 강하게 작용하여 도덕적 욕망을 억누르게 한다. 이기심과 도덕심이 '마음속에서는' 이해갈등을 일으키지만, 궁극적으로는 우리 인간들이 이기심에 따라 '행동하는' 모습은 현실세계에서 쉽게 찾아 볼 수 있으며, 그것은 그리 놀랄 일은 아니다.

그러나 여타 다른 욕망들처럼 도덕적 욕망도 그 기회비용이 낮을수록 더 강해질 것이다11). 즉 도덕적 욕망이 강해지려면 그에 따른

---

8) 인간의 욕망은 동기를 유발하는 역할을 한다. 그래서 욕망을 동기 유인제 또는 유발제라 할 수 있다.

9) 본 논의에서 '도덕성', '도덕적 욕망', '도덕적으로 행위할 욕망', 그리고 '도덕성이 요구하는 대로 행동하려는 욕망' 등은 모두가 같은 의미임을 밝혀 둔다.

10) 도덕적 요소란 '도덕적 욕망과 동기'를 의미한다.

11) 이때의 기회비용이란 도덕적 욕망 이외의 다른 욕망을 포기할 때 발생하는 비용을 말한다. 즉 기회비용이란 도덕적 욕망을 선택함으로써 다른 욕망들(other

기회비용이 작아져야 한다. 여타 욕망 (예를 들면, 쾌락추구)에 대한 중요도가 낮고 (즉, 기회비용이 작고) 도덕적 욕망의 실행(實行)에 따른 후회가 적을 때 도덕적 욕망은 강하게 밖으로 표출되어 행동으로 옮겨질 것이다.

둘째, 모든 행위자들이 '동일한' 도덕적 욕구를 가지고 있다고 믿을 이유는 없다12). 즉, 여타의 욕망들과 마찬가지로 도덕적 욕망도 행위자들 간에 서로 다를 것이다. 또는 도덕적 욕망에 대한 '구체적 내용'이 행위자들 간에 서로 다를 수 있다는 것을 의미한다. 행위자들 간에 도덕적 욕망이 서로 다를 수 있다. 도덕적 욕망의 이질성, 또는 도덕적 이질성(moral heterogeneity)이 존재할 수 있다. 어떤 사람들은 다른 사람들보다 도덕적 욕망 ('도덕적으로 행위할 욕망') 이 더 클 것이다. 즉 어떤 사람들은 다른 사람들보다 더 도덕적으로 행위 하려는 욕망을 가지고 있을 것이다. 예를 들면, 소위 군자라는 사람들은 세속인들보다 도덕적 욕망(체면)을 더 중시할 것이다. 이러한 '도덕적 욕망의 이질성'(異質性) 가정은 매우 설득력 있는 가정이라고 할 수 있다.

논의에 앞서 다음 사실에 유의하기로 하자. 도덕성과 합리성은 서로 구별되는 개념이다. 즉 우리의 분석에서 도덕성을 합리성으로 이해하거나, 합리성을 도덕성으로 대체하여 생각하지는 않을 것이다. 도덕성과 합리성은 별개의 개념이기 때문이다. 그래서 합리성과 도덕성을 두 개의 구별되는 개념으로 생각할 것이다. 그러나 합리성과 도덕성 모두는 행위자의 본성이나 성격을 나타내는 근본적인 특성에 해당된다. 즉, 합리성은 개인의 욕망, 믿음 그리고 행위들 간의

---

desires)을 억제하게 되는 것을 의미한다.

12) 이 가정은 소비자들이 각기 다른 선호체계를 가지고 있음을 이해하면 쉽게 이해가 될 것이다. 즉 경제 행위자들 간의 선호체계가 다르듯이 정치 및 도덕행위자들 간에도 도덕적 욕망체계가 다를 것이다.

‘구조적 관계’를 나타내고, 반면에 도덕성은 개인의 욕망과 믿음에 대한 ‘실체적 또는 구체적 내용’을 의미한다.

도덕적 동기의 중요성

앞에서 우리는 민주주의 제도의 운영은 인간의 본성, 특히 인간의 욕망에 대한 기본가정에 의존하고 있음을 지적한 바 있다. 그러나 이러한 주장이 과연 자명한 것인가 ?. 즉 인간들이 도덕적 요소에 의해 어느 정도는 영향을 받고 있다는 단순한 사실을 인정한다고 하더라도, 이 사실이 제도의 디자인에 중요한 영향을 미친다고 단언할 수 있을까?

도덕성이 중요한 이유를 설명하기에 앞서 도덕성이 ‘중요하지 않은’ 몇 가지 이유들에 관해 먼저 설명해 보기로 한다. 첫째, 각 개인들이 취하고 있는 상이한 도덕적 입장(moral positions)에 있어서 공통요소가 존재하지 않을 수가 있다. 도덕적 동기가 사회전체에 체계적인 효과를 미치려면 각 개인들이 가지고 있는 도덕적 입장이 서로 같아야만 할 것이다. 모든 사람들이 동의하는 하나의 ‘보편적 도덕성’13)이 있다면, 이는 사회 전체적으로 큰 영향력을 가지게 될 것이다. 그러나 개인들 간의 도덕적 입장에 대한 도덕적 합의(道德的 合意, moral consensus)가 이루어지지 않으면 도덕적 동기는 ‘정치적 순응’(政治的 順應, political compliance)을 유발하는 데 아무런 효과가 없을 것이다14). 그 결과 어떠한 ‘정치적 행동’도 이끌어 내지 못할 것이다. 바꾸어 말하면, 개인들 간의 상이한 도덕적 입장들이

---

13) 예를 들면, ‘공직자의 부정부패를 추방하자’는 범시민적 운동을 생각해보자.
14) 여기서 정치적 순응이란 ‘모든 사람들이 정치적으로 또는 사회적으로 따르는 것’을 의미한다.

사회적으로 합의가 이루어짐으로써 비로소 도덕성에 대한 '정치적 순응'이 이루어지게 되며, 그 결과 정치적 행동이 취해질 수 있을 것이다.

<u>도덕적 입장들</u>　　<u>도덕적 합의</u>

△ □ ◇ ♠ ♡ ---→ ○ ---→ 정치적 순응 ---→ 정치적 행동

　이러한 과정을 이해하기 위해 공직자 부정부패 문제를 예로 들 수 있다. 먼저, 공직자의 부정부패에 대한 도덕적 입장의 차이가 있을 것이다. 즉, 공직자의 부정부패는 '나쁘다', '괜찮다', 또는 '상관없다' 등으로 개인들 간에 서로 다를 것이다. 둘째, '도덕적으로 나쁘다'라는 합의에 도달할 수 있다. 셋째, 정치적 순응이 이루어진다. 즉 '공직자 부정부패는 척결해야 한다'. 마지막으로 공직자 부정부패 방지법이 제정될 것이다.

　개인들 간의 상이한 '도덕적 입장'이 사회적으로 합의가 이루어져야 (즉, 도덕적 합의가 형성되어야)15) 만 도덕적 동기는 사회전체에 체계적인 효과를 미치게 된다. 도덕적 입장의 차이가 해소되어 사회적으로 하나의 도덕적 합의가 형성되어야만 도덕적 동기는 사회전체에 체계적 효과를 미치게 되며, 그 결과 정치적 순응이 발생하여 특정 정치적 행동이 가능하게 된다. 어떤 사람들은 사회적 규범이나 정치적 결정이 도덕적으로 옳지 못하다고 여기는 반면 다른 사람들은 그러한 사회적 규범이나 정치적 결정을 옳다고 믿을 수 있다. 이

---

15) 즉 '하나의 도덕적 동기'가 존재해야 함을 의미한다.

렇게 사회적 규범이나 정치적 결정에 대해 도덕적 입장이 상이함을 볼 수 있다. 사회적 규범이나 정치적 결정에 대해 사람들 간에 도덕적 합의를 이끌어 내지 못하는 경우 사회적으로 그러한 규범이나 정치적 결정을 따르라고 요구할 수가 없을 것이다. 사회적 규범이나 정치적 결정에 대해 모든 사람들이 도덕적으로 의견일치 – 옳든 그르든 – 를 보는 경우에만 '정치적 순응'을 요구할 수 있고 또 '정치적 행동'을 취할 수 있게 된다. 애로우(K. Arrow)는 '불가능성 정리'(不可能性 定理, impossibility theorem)를 설명하면서 '보편적 선택영역'(universal domain)을 가정한 바 있다. 애로우가 말하는 보편적 선택영역은 바로 특정 영역이 사회적으로 합의가 이루어지기 어렵다는 사실을 지적하고 있다. 즉 도덕적 입장이 각 개인들 간에 차이가 존재함으로써 사회적으로 도덕적 합의가 이루어질 수 없다는 것을 의미한다. 애로우의 불가능성 정리는 우리의 경우 도덕적 합의가 이루어지지 못하는 경우와 그리고 그 결과 정치적 순응이 성립하지 못하는 경우와 일맥상통한다고 할 수 있다. 애로우의 경우 개인들 간에 가치체계가 상이해서 가치체계들 간에 이해상충이 초래될 수 있다. 그 결과 사회적으로 모든 사람들이 받아들이는 '하나의 가치체계'(consensual values), 또는 공통의 가치가 존재하지 않을 수 있을 것이다. 요약하면, 개인들 간에 도덕적 입장이 상이함으로써 도덕적 합의가 이루어지지 못할 때, 인간 행위에 있어서 도덕성(도덕적 동기)은 중요하지 않을 것이다. 역으로 말하면 도덕성과 도덕적 동기가 인간 행위의 선택에 있어서 중요하게 취급되려면 개인들 간에 각기 상이한 도덕적 입장에 대한 '사회적 합의'가 이루어져야만 한다. 도덕적 합의가 이루어질 때 도덕적 동기는 사회전체에 체계적인 효과를 미치게 된다.

　둘째, 도덕성은 다음 이유로 해서도 중요하지 않을 것이다. 즉 도덕적으로 행동할 욕망(도덕적 욕망)이 사회적으로 거의 보편적이라

고 하더라도, 그리고 또 도덕성의 내용이 광범위하게 일치된다고 하
더라도, 도덕적으로 행동할 욕망(도덕적 욕망)이 인간 행동에 큰 영
향을 미치기에는 너무 미미할 수 있기 때문이다. 도덕적 욕망이 사
회적으로 널리 보편화되어 있고, 또 도덕성의 내용이 광범위하게 일
치되어 있지만 도덕적 욕망이 너무 미약하여 인간의 '이기적 행동'
에 거의 영향을 미치지 못하는 경우를 의미한다. 요약하면, 도덕적
동기(도덕성 또는 도덕적으로 행동하려는 의지나 동기)가 인간의
'마음속(욕망속)에' 존재할 수 있지만 그 정도가 미약하여 '행동'을
결정하는 데 실질적으로 커다란 영향을 미칠 수 없게 된다. 그래서
대개의 단순모델에서는 분석의 편의상 '도덕적 동기는 존재하지 않
는다'16)고 가정하고 있다.

　셋째, 도덕성이 '행위적으로는' 중요할지 모르지만, '규범적으로는'
중요하지 않을 수도 있다. 즉, '도덕성'이 참되지 않을 수가 있다. 이
러한 주장은 맨더빌(Mandeville)의 '사적 미덕'(private virtue)에 대
한 해석과 유사하다. 도덕성이 갖추어야 할 조건에 대한 일반적 견
해에 따르면 도덕성은 '행위적으로는' 옳을 수 있지만, '도덕적으로
는' 그릇될 수 있다는 점이다. 맨더빌의 견해가 의미하는 바와 같이
'도덕성은 행위적으로는 진정으로 중요하다'. 그러나 규범적으로는
나쁜 결과를 초래할 수 있다. 도덕성에는 '거짓의 도덕성'(false
morality)과 '참된 도덕성'(true morality)이 있기 때문이다. 거짓의
도덕성이란 사적 미덕을 추구하는 것을 의미하고, 참된 도덕성은 공
적 미덕을 추구하는 것을 말한다. 거짓된 도덕성은 행위적으로 중요
하고, 참된 도덕성은 규범적으로 중요하다. 이것은 일반적 인식과
정반대되는 추론이다. 도덕성이 '행위적으로만' 중요한 경우, 사적
미덕만을 추구하는 '거짓된 도덕성'이 나타날 우려가 있다.

---

16) 도덕적 동기가 존재하더라도 그 효과가 미미하기 때문에 존재하지 않는다고
가정해도 무방할 것이다.

넷째, 일반적으로 욕망이 중요하지 않기 때문에 도덕성이 중요하지 않을 수도 있다. 정치제도의 운영이 실제로 행위자의 동기를 유발시키는 욕망에 크게 의존하지 않을 수도 있기 때문이다. 즉, 행위자의 동기 유인 가운데 도덕적 욕망이 도덕적 동기에 큰 영향을 미치지 못하기 때문이다. 경제학자들은 전통적으로 사회적 설명(즉, '규범적 정치이론')을 심리학의 문제로 전환하려는 시도를 게을리 해왔다. 사회현상(정치현상)을 심리적 관점에서 분석하려는 노력을 게을리 해왔다. 그러나 사회 및 정치현상의 많은 부분들을 심리학적 분석방법을 이용하여 설명해볼 수 있다. 그러나 전통적인 경제적 분석은 동기문제에 관해 가장 일반적이고, 추상적이며 그리고 단순한 가정들을 해왔으며, 또 이러한 가정들을 합리적 행위자의 틀(framework)속에 포함시켜 분석하려 해왔다. 그 결과 규범적 문제들은 무시되어 왔다.

먼저, 표준적인 '용의자 딜레마'(prisoner's dilemma), 남녀간의 성대결(battle of sexes), 또는 2인 비협조 비영합(非零合) 게임(two-person, non-cooperative, non zero-sum games) 등에 내포되어 있는 '상호작용의 논리'를 고려해보자. 그러나 이들 게임에서 보상함수(pay-off function)의 내용이나 실행수단에 대해서는 설명치 않고 있다. 즉, 보상(報償)이 현금으로 이루어질 것인지, 감옥에서 지낼 연수(年數)인지, 아니면 피해자들이 가지는 만족이나 희열인지 등에 관해서 구체적으로 설명하고 있지 않다. 이러한 구체적 내용들은 게임에 참가하는 당사자들 간의 상호작용의 논리를 이해하는 데 중요한 요소들이다. 특히 용의자 딜레마 게임의 경우, 게임 당사자들 간의 상호작용의 패턴은 사회적 상황을 이해하는 데도 도움을 줄 수 있을 것이다. 이러한 '상호작용의 패턴'을 알려면 '행위자의 동기'에 대한 '구체적 정보'가 필요할 것이다. 그러나 기존의 경제적 분석에서는 행위자 동기 구조에 대한 구체적 정보를 분석하는 데 크게 미흡하다고 할 수 있다. 기존의 경제학적 분석에서는 동기구조를 매우 단순하게 가정하고 있다. 예를 들면, 행위자들은 상이한 결과들에 대해서 등위(rank)만을 매길 수 있다고 가정하고 있다. 그러나 그러한 등위(等位)가 '어떻게 매겨지는가'에 대해서는 설명하고 있지 않다.

다음으로, '중위투표자 정리'(median voter theorem)의 경우를 고려해 보자. 중위 투표자 정리의 경우, 투표자 선호(voters' preferences)의 정확한 내용에 대해 알 필요가 없다. 그 이유는 단일 정책 변수(single policy)에 대해 두 정당이 투표경쟁을 하는 경우 경쟁관계에 있는 두 정당의 정책은 투표자들이 이상적으로 선호하는 점들의 중위점(中位點, median)에 위치하려고 하기 때문이다. 여기서도 마찬가지로, 투표자의 정치적 선호(政治的 選好)의 정확한 내용('구체적 정보')에 대해서는 알 수가 없다. 단지 정치적 선호의 구조에 대해 정교하지 못한 정보만을 알 수 있다. 예를 들면, 우리가 알 수 있는 유일한 정보는 '투표자의 선호가 단봉'(單峰, single-peaked)이라는 사실뿐이다. 즉 중위투표자 정리의 경우 투표자의 동기구조에 대해서 어떠한 구체적 정보도 제공해 주지 못하고 있다.

이렇게 볼 때 기존의 합리적 행위자 정치이론은 매우 '실용적'임을 알 수 있다. 즉, 인간의 도덕적 욕망이나 동기에 대해 명시적으로 고려하고 있지 않을 뿐만 아니라, 심리학적 사실에 대해서도 매우 단순한 가정을 하고 있기 때문이다. 합리적 행위자 이론은 새로운 논의를 위한 시금석(試金石)을 제공해주고 있다고 볼 수 있다. 기존의 정치 분석에서는 '추상적' 선택논리만을 설명하고 있기 때문이다. 이는 정치적 선택과 관련된 논리가 매우 단순하고, 정교하지 못하다는 것을 의미한다. 합리적 행위자 이론은 정치적 선택의 논리를 명시적으로 설명하고 있지만, 분석에 사용된 가정이 추상적이고, 단순하고, 정교하지 못하다는 단점을 가지고 있다. 그래서 기존의 합리적 행위자 이론에 인간의 도덕적 욕망과 동기를 명시적으로 포함시킴으로써 기존의 논의를 확장·발전시킬 수 있다.

 이제까지는 도덕적 요소('욕망 및 동기')가 중요하지 않은 이유들에 대해서 살펴보았다. 다음으로, 도덕적 요소(도덕적 욕망과 동기)가 합리적 행위자 이론 또는 공공선택이론에서 '중요한 역할'을 하는 이유들에 대해서 살펴보기로 한다.

 먼저, 논의에 앞서 다음 사실을 언급해 둘 필요가 있다. 첫째, 도덕적 믿음(moral belief)에 대해서 사회적으로 '합의'를 이룰 수 있다는 점을 인식해야 한다. 이것은 '도덕적 믿음에 대한 사회적 합의가 불가능하다'는 기존 이론에 반대되는 주장이다. 사회적으로 합의된 하나의 도덕적 믿음(가치)이 존재한다고 가정함으로써 도덕적 욕망과 동기에 대한 분석의 필요성이 제기될 수 있을 것이다. 둘째, '도덕적 요소가 너무 미약하여 인간 행위에 영향을 미칠 수 없다'는 기존의 주장을 받아들일 수 없다. 도덕적 요소는 결코 미미하지 않으며 적절한 환경에서 인간 행위에 큰 영향을 미칠 수 있다. 셋째, '공공 도덕성은 모두 그릇된 것이다'라는 맨더빌의 주장은 받아들일 수 없다. 앞에서 살펴본 바와 같이 맨더빌은 도덕성을 거짓된 도덕성과 진실된 도덕성으로 구분하였다. 맨더빌이 주장하는 도덕성은 사적 미덕을 추구하는 것을 의미하며, 그리고 '사적 미덕의 추구'는 바로 '거짓된 도덕성'을 말한다. 그러나 '공적 미덕'을 추구하는 '참된 도덕성'도 사회 내에 존재하기 때문이다. 넷째, 도덕적 요소를 배제함으로써 '정치적 그리고 제도적 분석'이 왜곡될 수 있다. 정치 및 제도적 분석이 올바르게 이루어지려면 도덕적 요소(도덕적 욕망과 동기)를 분석에 명시적으로 고려해야 한다. 도덕적 요소의 고려는 민주주의의 정치제도 및 제도의 디자인에 큰 영향을 미칠 수 있다. 도덕적 요소의 고려는 민주주의의 제도적 장치에 영향을 미칠 수 있을 것이다. 예를 들면, 도덕적 요소가 '인간행위'에 부정적 영향을 미칠 때 기존의 정치제도는 그릇된 결과를 초래할 수 있다.

이제까지의 논의를 토대로 인간의 도덕적 욕망과 동기 그리고 행위간의 구조적 관계를 분석하기 위해 다음을 가정(假定)해 보자. 첫째, 행위자들은 '도덕적 욕망'을 가지고 있다. 둘째, 도덕적 욕망으로부터 '도덕적 동기'를 가지게 된다. 셋째, 도덕적 동기로부터 '도덕적 행위'를 하게 된다.

위의 가정을 기초로 하여 이제 다음의 주장(proposition)을 하고 그 내용을 설명하고자 한다.

첫째, 도덕적 욕망과 도덕적 동기는 인간행위에 있어서 중요하다.

둘째, 도덕적 동기에 있어서 행위자들 간에 차이가 존재한다. 즉, 행위자들 간에 도덕적 동기의 이질성(異質性)이 존재한다.

이들 두 주장은 상호 독립적이며 개념적 설명에 바탕을 두고 있다. 그리고 이들 두 주장은 '도덕적 동기'가 '규범적인 정치이론'과 밀접히 관련되어 있음을 설명하는 데 유용할 것이다.

첫째, 행위자 동기에 관한 기존의 극단적인 '경제인'(경제적으로 행동하는 인간)가정은 규범적 논의를 거의 불가능하게 하고 있다. 합리적 행위자 정치이론에서 규범적 논의를 올바르게 하기 위해서는 '행위자들이 경제인으로 행동한다'는 극단적인 가정을 폐기해야 한다. 즉, 행위자의 행동 동기는 이기적이라기보다는 '도덕적'이라고 가정해 보기로 한다.

둘째, 합리적 행위의 내면적 논리가 암시하는 바에 따르면 도덕적 요소는 민주적 정치과정에 매우 중요한 역할을 수행한다. 그 결과 '도덕적 동기'는 비록 시장 환경에서는 잠자고 있지만, '정치적 환경'에서는 매우 중요한 요소로 등장하여 민주적 정치 과정에 큰 영향을 미치게 될 것이다. 시장적 환경에서는 도덕심보다는 인간의 이기심이 인간행동을 지배하고 있지만, 정치적 환경에서는 인간의 도덕적 욕망과 동기가 인간행동의 '새로운' 논리로 등장하게 된다. 이는 정치세계에서 도덕적으로 행동하는 것이 합리적 행위임을 의미한다.

'도덕적으로 행동하려는 욕망'은 각 행위자가 가지고 있는 '여러 가지 욕망들 가운데서'(이기적 욕망, 도덕적 욕망, 출세적 욕망, 등 등) '하나의 욕망'에 해당된다. 행위자로서 우리 인간들은 여러 가지 욕망들을 가지고 있다. 그 중에 하나가(두드러진 하나가) '도덕적인 욕망'(도덕적 행위 욕망)이라고 할 수 있다. 특정 행위자가 '도덕적 욕망'을 가지고 있다는 사실은 그가 '도덕적 행동'을 할 수 있는 능력을 가지고 있다는 의미이다. 또 '도덕적 욕망'을 가지고 있다는 사실은 '도덕적 행동'을 하는 이유를 설명해 줄 수 있다. 다른 한편으로 도덕적 욕망이 여러 가지 욕망들 중의 '하나'라는 사실은 '왜 행위자들이 '항상' 도덕적으로 행동하지 않는가'를 설명해 줄 수 있다. 우리 인간들은 여러 가지 욕망들을 가질 수 있기 때문에 반드시 도덕적 욕망만을 가질 필요는 없다. 도덕적 욕망과 여타 욕망들 간에 이해갈등이 존재할 수 있다. 그러나 행위자들이 '도덕적 욕망'만을 가지고 있다면 항상 도덕적으로 행동하려 할 것이다. 우리는 이것을 '정치순응이론'(compliance theory of politics) 또는 '도덕순응이론' (道德順應理論, moral compliance theory)이라고 한다. '도덕적 순응' 이란 행위자들이 하나의 도덕적 욕망에 '순응하여' 행동하는 것을 의미한다. 그러나 우리의 경우 행위자들은 도덕적 욕망뿐만 아니라 여러 가지 다른 욕망들도 가질 수 있다고 전제하고 있다. 그래서 우리의 논의는 기존의 '정치 순응 이론'보다 더 일반적이다.

행위자들이 '도덕적 욕망'과 '동기'를 가지고 있다면 '도덕적으로 행동'(도덕적 행동)하려 할 것이다. 바꾸어 말하면 특정행위자가 '도덕적으로 행동'한다면 그는 '도덕적 욕망과 동기'을 가지고 있다는 것을 의미한다.

4. 도덕성과 민주정치: 지지표현적 투표행위를 중심으로

이제까지의 설명에서 도덕적 요소의 고려는 매우 적절한 것으로 판명되었다. 즉 기존의 합리적 행위자(공공선택)이론에 도덕적 요소를 명시적으로 도입하고 고려함으로써 새로운 사실들을 발견할 수 있게 되었다. 문제는 '도덕적 요소가 민주정치에 어떤 영향을 미칠 수 있을까?' 하는 점이다. 즉 '도덕적 요소가 민주적 정치과정에 중요한 역할을 할 수 있을 것인가?'. 다시 말하면, 시장 환경에서는 잠자고 있었던 '도덕적 동기'가 정치 환경에서는 어떤 역할을 할 수 있을까? 그리고 그 역할이 민주정치과정에 진실로 중요한 영향을 미칠 수 있을까 하는 의문들이다.

그 대답은 '그렇다'(yes)가 될 것이다. 도덕적 동기의 중요성을 다음 측면에서 살펴보고자 한다. 즉 '민주적 선거과정의 특징'과 '투표자들의 선거과정에 대한 합리적 반응'을 중심으로 그 중요성을 설명해보고자 한다. 이러한 논의는 '표현적 투표'(expressive voting) 이론에 기초를 두고 있다. 정치의 경제이론(economic theory of politics), 즉 공공선택이론에 의하면, 시장행위(市場行爲)를 정치행위로 연장하는 것은 하나의 표준이 되어 왔다. 전통적인 '정치의 경제이론' 또는 공공선택이론은 시장행위를 정치행위에 그대로 '연장'하여 분석하고 있다. 즉 시장행위를 분석하는 데 사용되는 도구를 정치행위에서도 그대로 사용하고 있다. '정치행위'를 '시장행위'와 똑같이 분석하고 있다. 이러한 방법은 '분석의 편의상' 대단히 유용하다고 할 수 있다. 분석의 단순성과 간편성에 도움을 준다. 즉, 행위자들이 시장에서 물건을 사고팔 듯이 기표소17)에서 투표를 한다. 시장에서 물건을 매매하는 경제행위자들과 기표소(투표소)에서 투표행위를 하는 정치행위자들을 동일하게 취급하고 있다. 즉 물건을 사고파는 '경제행위'와 투표행위를 하는 '정치행위' 간에는 아무런 차이가 없다. 행위자들이 시장에서 행위할 때와 정치에서 행위할 때 간에 아무런 차이가 없기 때문에 시장행위를 그대로 정치행위로 옮겨서 분석하고 있다. 사람들은 시장(경제시장)에서 물건을 사고파는 경제행위를 할 수 있을 뿐만 아니라, 투표소(정치시장)에서 투표행위를 동시에 할 수 있다.

경제행위(시장행위)와 정치행위(투표행위)가 '동일'하다고 전제하면 분석적으로도 경제행위를 정치행위에 그대로 연장하여 적용할 수 있을 것이다. 우리 인간들이 '시장에서 행위'하든, '정치에서 행위'하든 별 차이가 없다는 것이 전통적인 공공선택이론의 입장이다. 그 결과 인간행위의 '동기'와 '동기의 체계적인 차이'를 분석에서 배제시킬 수 있었다. 다시 말하면, 인간 행위의 '동기' 문제를 배제한다면 시장에서의 '경제행위'와 투표소('정치시장')에서의 정치행위(투표행위)는 동일하게 취급할 수 있을 것이다.

그러나 최근 공공선택연구자들은 경제시장과 정치시장 간에 인간행위의 '동기'가 서로 다르다는 것을 분명히 인식하고 있다. 경제시장과 정치시장 간에 동기의 차이가 '체계적'으로 존재함을 인식하고 있다. 경제시장에서의 인간행위의 동기가 '이기적'이라면 정치시장에서의 인간행위의 동기는 '도덕적'이라고 할 수 있다. 그래서 동기의 체계적 차이는 행위자의 욕망의 차이에서 비롯된다. 즉, 시장행위와 정치행위 간에 '욕망의 체계적 차이'가 존재한다.

시장과 정치에 존재하는 욕망의 차이는 민주정치, 특히 선거정치

---

17) 이를 정치시장(political market)이라고 표현할 수 있다.

(electoral politics)에 중요한 영향을 미칠 수 있다. 예를 들면, 정치에서 개별 투표자들은 실질적으로 선거경쟁의 결과에 영향을 미칠 수 없을 것이다. 반면에 시장에서 각 개인들은 자신의 소비꾸러미를 직접적으로 결정하게 된다. 행위자들은 시장에서 자신의 소비(소비행위의 결과)를 직접 결정할 수 있지만, 정치에서 선거 결과에 직접적으로 영향을 미칠 수 없을 것이다. 투표에서 나의 투표(또는 당신의 투표)는 선거결과를 결정하지 못할 것이다[18]. 그리고 만약 행위자들이 투표소(기표소)에서 실수를 하여 자기가 지지하지 않는 후보자에게 찬성투표를 하더라도, 그러한 실수는 선거결과에 거의 영향을 미치지 않을 것이다. 개인 행위자(투표자)의 관점에서는 그의 잘못 선택된 후보자에 대한 투표행위는 실수로 남는다. 그러나 투표자의 개인적 실수는 전체 투표결과에는 영향을 미치지 못한다. 행위자들의 시장에서의 소비행위(消費行爲)와 정치에서의 투표행위(投票行爲)는 본질적으로 동일하다고 할 수 없다. 이는 시장과 정치에서의 욕망 및 동기가 서로 다르기 때문이다. 그래서 정치에서 욕망과 동기는 중요한 역할을 하며 민주 또는 선거정치에도 큰 영향을 미칠 것이다.

정치시장에서의 투표행위를 좀더 구체적으로 고려해보자. 투표자(행위자)들이 투표행위를 하는 데에는 두 가지 이유가 있다. 첫째 투표자(투표행위를 하는 행위자)들은 특정 후보자에 대한 자신들의 '지지를 표명'하기 위해 투표행위에 참가한다. 이를 '지지 표명을 위한 투표행위'라 한다. 예를 들면, '나는 특정후보자를 좋아하며 그 후보자를 '지지'하기 위해 투표를 한다.' 둘째, 특정후보자의 승리(당

---

18) 여타 투표자들 간에 득표가 정확히 동수가 되어(즉, 정확히 찬반동수가 되어) 승·패를 가릴 수 없는 경우에 나의 투표(또는 당신의 투표)는 선거결과를 결정하는 데 결정적인 역할을 할 것이다. 이러한 경우는 거의 일어나지 않기 때문에 예외로 취급된다.

선)가 투표자의 이익에 부합되기 때문에 투표행위를 한다. 이를 '투표자 자신의 이익을 위한 투표행위'라 한다. 이때 투표자는 자신의 이익을 증대시킬 수 있는 후보자에게 찬성(지지)투표를 하게 된다. 그 결과 투표자가 지지한 후보자가 당선(승리)됨으로써 투표자의 이익이 증대될 수 있다. 예를 들면, '나는 특정후보자를 지지하는데 그 후보자가 당선됨으로써 나의 이익이 증가되기 때문이다'.

이들 두 가지 투표이유는 거의 차이가 없는 것처럼 보이지만, 실상은 매우 다르다고 할 수 있다. 왜냐하면 첫 번째 투표이유는 '지지만을 표명'하기 위해 투표행위에 가담하지만, 두 번째 투표이유는 자신의 이익을 위해 투표행위에 참가한다.19) 자신의 이익을 보호해주거나 증대시켜주는 후보자를 지지하게 된다. 이는 '이익조건부 투표행위'라고 볼 수 있다.

이제 첫 번째 투표이유를 '지지표명을 위한 투표행위'(expressive voting)라 하고, 두 번째 투표이유를 나의 이익을 증진시키기 위한 수단으로써의 투표, 즉 '수단적 투표행위'(instrumental voting)라고 부르기로 한다. 전통적으로 공공선택연구자들은 거의 전적으로 '수단적 투표행위'에만 관심을 집중시켜 왔다. '수단적 투표행위'의 관점에서 볼 때 투표행위는 후보자들이 제안하는 상이한 정책대안들(policy options)이 투표자 자신의 소득이나 공공재 소비량 또는 이익 등에 미치는 '기대효과'(期待效果)를 근거로 해서 찬성과 반대를 결정하게 된다. '수단적 투표행위'는 후보자들 간의 정책제안이 투표자의 '기대이익'(期待利益) 또는 기대효용(期待效用)에 미치는 효과에 의해서 결정된다. 투표자의 수단적 투표행위는 자신들의 기대이익(효용, 소득, 공공재 소비량 등)을 증가시키기 위한 투표를 의미한

---

19) 전자의 투표는 반대급부를 기대하지 않지만, 후자의 투표는 반대급부(보상)를 기대하고 투표행위를 한다는 차이가 있다.

다. 즉, 투표자들은 자신들의 기대이익을 증진시킬 수 있는 정책을 제안하는 후보자를 지지하게 될 것이다.

투표자의 지지 표현적 투표행위(支持 表現的 投票行爲)에 관해 좀 더 살펴보기로 하자. 먼저 논의에 앞서 다음을 가정해 보자. 첫째, 투표자들은 특정 정책이 '도덕적으로 좋은 정책'(morally good policy)이라고 믿는다. 둘째, '도덕적으로 좋은 정책'이란 공공이익(public interest)을 증진시키는 정책을 의미한다. 셋째, 투표자들은 이러한 정책을 반드시 지지해야만 한다. '도덕적으로 좋은 정책'이란 투표자들이 반드시 지지해야만 하는 정책을 의미한다. 넷째, 다른 한편으로 도덕적으로 좋은 정책이란 정부가 반드시 추진해야만 하는 정책을 의미한다. 결국, '도덕적으로 좋은 정책'이란 한편으로 투표자들이 반드시 지지하는 정책을 말하며, 다른 한편으로 정부가 반드시 추구해야 하는 정책을 의미한다. 다섯째, 도덕적으로 좋은 정책이라도 투표자들에게 순비용(net costs)을 수반하게 된다. 예를 들면, '도덕적으로 좋은 정책'을 실시하는데 추가적으로 세금이 필요할 수도 있다.

이러한 가정 하에서, 투표자들이 '도덕적으로 좋은 정책'을 지지할지, 또는 반대할지에 관해 결정하기 위해 합리적으로 계산(rational calculus)을 한다고 가정하면 투표자들은 무엇을 해야 하는가? 투표자들은 '도덕적으로 좋은 정책'에 대한 지지여부(찬성 또는 반대투표)를 결정하기 위해 당해 정책의 비용과 편익을 계산해 보아야 할 것이다. 먼저, 편익(便益) 측면에서 볼 때, 투표자들은 자신들의 도덕적 확신(도덕적으로 옳다는 또는 좋다는 확신)을 '표명'함으로써 생기는 편익을 고려해보아야 한다. 도덕적 믿음은 투표자들이 도덕적으로 행위 할 욕망의 강도에 의해 표현될 수 있다. 편익이란 후보자가 제시하는 정책에 대해 투표자들이 도덕적으로 옳다는 믿음을 표명함으로써 얻어지는 편익을 의미한다. 즉 총편익(TB)은 '편익×

도덕적 욕망의 강도' = δ·B로 나타낼 수 있다. 즉 TB = δ·B, 여기서 B는 편익을, δ는 도덕적 욕망의 강도를 나타낸다. 예를 들면, B가 10,000원이고 δ = 0.4라고 한다면 총편익은 4,000원이 된다. 그리고 δ = 0.8이면 총편익은 8,000원이 된다. 그래서 도덕적 욕망의 강도가 클수록 투표행위로부터 얻어지는 총편익도 커지게 된다.

그러나 투표자들은 '도덕적으로 좋은 정책'에 대한 비용을 어떻게 합리적으로 계산할 것인가?. 투표자들은 '도덕적으로 좋은 정책'에 대한 순비용을 투표지지결정에 대한 합리적 계산 과정에 포함시키지 않을 것이다. 왜냐하면 도덕적으로 좋은 정책이 수반하는 비용측면은 투표자의 합리적 계산과정에서 중요하지 않게 취급되기 때문이다. 그 대신 투표자들은 '도덕적으로 좋다고 여겨지는 정책이 가져다 줄 순비용'에 '투표자의 투표가 투표결과에 결정적 영향을 미칠 확률(probability)'을 곱해서 지지여부를 결정할 것이다.

비용의 경우 당해 정책이 초래하는 순비용이 아니라, 투표자가 부담하는 '순비용×투표자의 투표행위가 투표결과에 결정적 영향을 미칠 확률'이 중요한 고려사항이다. 투표자들은 순비용(NC)을 계산하는데 있어서 투표자 자신이 부담하는 비용만을 고려하는게 아니라, 투표결과에 '결정적' 영향을 미칠 확률도 고려하게 된다 : 순비용 = 비용 × 투표결과에 결정적 영향을 미칠 확률로 표시된다. 즉 NC=C(Pmg) × Prob., 여기서, Pmg는 도덕적으로 좋은 정책을 나타내고, C는 투표자가 부담하는 비용을 나타낸다. Prob.는 투표자의 투표행위가 투표결과에 결정적 영향을 미칠 확률을 나타낸다. 그러나 각 투표자의 투표행위가 투표결과(당락)에 결정적 영향을 미칠 확률은 매우 작기 때문에 거의 모든 경우에서 거의 무시되고 있다. 각 투표자들의 투표행위는 '투표결과'에 거의 영향을 미치지 못하기 때문이다. 그 결과 합리적 투표 결정을 계산하는 데 비용측면은 중요한 요인이 되지 않을 것이다. 예를 들면, C(Pmg) × Prob.에서 C

가 10,000원이고 Prob.가 0.001이라고 가정하면 순비용은 10원이 될 것이다. 그리고 C가 100,000원으로 인상된다고 하더라도 순비용은 100원이 될 것이다. 순비용을 계산하는데 있어서 비용에 투표자의 투표가 투표결과에 미칠 확률을 곱한다면 그 크기(효과)는 매우 작을 것이다.

지금까지의 논의를 요약하면, 투표자들은 '도덕적으로 좋다고 믿어지는 정책'에 대한 지지여부(찬반투표여부)를 결정하는데 편익과 비용을 고려함으로써 '합리적 계산'을 하게 된다. 지지표명을 위한 투표행위의 경우 투표자들은 비용보다는 '편익'에 초점을 두고 투표결정을 하게 된다. 이제까지 살펴본 투표자의 합리적 투표결정과정에 따르면 (즉, 투표행위에 따른 편익과 비용을 계산해보면) 투표자들은 약간의 수단적 비용이 수반될지라도 도덕적으로 좋다고 믿어지는 특정정책에 대한 도덕적 지지를 표명하기 위하여 투표행위에 참가하는 것은 '합리적'이라고 볼 수 있다[20]. 즉, 특정 정책에 대한 도덕적 지지 표명을 위한 투표행위는 투표자의 입장에서 '합리적' 선택행위(rational choice)라고 볼 수 있다. 이러한 결과가 유도되는 이유는 '도덕적으로 옳은 정책'은 투표자의 '편익'계산에 큰 영향을 미치기 때문이다. 후보자가 제시하는 어떤 정책이 도덕적으로 옳다고 '믿어진다'면 투표결정과정에서 비용보다 편익에 중대한 영향을 미친다. 그래서 후보자들은 선거에서 지지를 높이려면 '도덕적으로 좋은 정책'을 제안해야 할 것이다. 투표자들은 특정 정책이 '도덕적으로 좋다고 확신되는 경우' 약간의 비용이 들더라도 그러한 정책을 지지하거나, 또 그러한 정책을 제안하는 후보자에게 찬성투표를 던질 것이다. 왜냐하면 '도덕적으로 좋다는 정책'이 투표자들에게 공공이익을 증진시키는 것으로 인식되기 때문이다. 기존의 투표이론에

---

20) 이러한 주장은 기존의 '투표역설이론'(voting paradox), 즉, '투표행위에 참가하지 않는 것이 합리적이다'에 반대되는 결과를 초래하고 있다.

도덕적 요인을 고려함으로써, 선거정치에 대해 새로운 설명을 시도할 수 있다.

지지표명을 위한 투표행위의 경우 각 투표자의 투표행위는 투표결과(vote outcome)에 거의 영향을 미치지 않을 것이다. 이것을 우리는 '투표 무효과의 장막'(veil of insignificance)라 부른다. 즉, '지지표명을 위한 투표행위'에서 투표행위는 본질적으로 'veil of insignificance'에 해당된다. Veil of insignificance는 롤즈(J. Rawls)가 주장한 '무지의 장막'(veil of ignorance)과는 다른 개념이다. 그러나 두 가지 장막(veil)이 가지고 있는 공통점은 장막이 행위자들의 사익(私益)을 억압하는 역할을 한다는 점이다. 장막이 '무지'(ignorance)의 형태나 '무효과'(insignificance)의 형태로 드리워져 있다면, 이는 행위자들의 사익(self interest) 추구행위를 사전적으로 억제할 수 있는 역할을 하게 된다. 그러나 각 행위자(투표자)들이 투표행위가 미미한(insignificant) 영향을 미친다고 해서, 또는 veil of insignificance가 존재한다면, 투표과정에서 '도덕적 요소만이 중요하다'고 가정하는 것은 적당치 못하다. 투표자들이 자신의 투표가 투표결과에 거의 영향을 미치지 못할 때 후보자의 정책이 가지고 있는 도덕적 요인을 고려할 것이다. 후보자가 제시하는 정책이 '도덕적으로 좋다고 믿어지면' 당해 정책 또는 해당 후보자를 지지할 것이다. 투표행위에 있어서 veil of insignificance의 존재는 투표자들로 하여금 '도덕적 요소의 고려'를 촉진시킬 것이다. 그렇다고 해서 오직 '도덕적 요소'만 고려하는 것은 아니다. '지지표명적 투표행위'에서 고려되는 여타 요소로는 후보자의 외모나 개성, 투표자의 특정정당이나 이념에 대한 충성도 또는 지지도 그리고 기타 감정적인 요소 등이다. 예를 들어, 특정투표자가 노동당 당원인 경우 노동당에 대한 충성도가 여타 투표자들에 비해 매우 클 것이며, 또 노동자의 권리를 보호하는 이념에 동조할 것이다. 그리고 '도덕적 요소'

뿐만 아니라 감정적 요인들도 '지지표명적 투표행위'에 큰 영향을 미칠 것이다.

지금까지의 논의에서 중요한 것은 투표자의 '수단적 이익'(手段的利益)21)이 투표과정에서 아주 미미하거나 간접적인 역할을 한다는 점이다. 우리의 논의에서 투표자의 투표행위는 지지표명을 목적으로 이루어진다고 가정하였다. '도덕적 요인'은 특정후보자나 정책에 대한 지지표명에 영향을 미치는 여러 가지 요인들 중의 하나이지만 투표행위에 가장 큰 영향을 미친다고 가정하였다. 이를 '도덕적 요소의 중요성 정리'라고 한다. 그리고 도덕적 요인은 시장의 거래행위에서 보다 '투표행위'에 있어서 더 중요한 요소가 될 것이라고 가정할 수 있다. 즉 시장에서는 개인적 이익이 의사결정에 있어서 중요한 요인이지만, 정치시장이나 투표행위에 있어서는 공공의 이익, 즉 도덕성이 투표결정에 더 중요한 요인이 될 것이다. 앞에서 '도덕적으로 좋은 정책'이란 '공공의 이익을 증진시키는 정책'이라고 정의한 바 있다.

이러한 '지지표명 투표행위'에 대한 논의로부터 얻을 수 있는 교훈은 다음과 같다. 도덕적 또는 동기적 요소는 시장 환경과 수단적 투표(instrumental vote)에서는 거의 중요성이 없다. 그러나 '지지표명 투표행위'의 경우 도덕적 요소는 매우 중요하다. 그래서 도덕적 (동기적) 요소는 '민주정치'에서 매우 중요한 역할을 할 수 있다. 따라서 동기적 (또는 도덕적) 요소는 시장 환경에서는 고려할 필요가 없지만, 정치 환경에서는 분명히 고려되어야 한다. 시장 환경에서는 개인적 이익이 중요한 역할을 하지만 선거정치에서는 '공공의 이익', 또는 '도덕적 요소'들이 매우 중요한 역할을 할 것이다.

---

21) 즉, 투표행위는 투표자의 이익을 실현하기 위한 수단으로 정의된다.

도덕적 동기는 시장 환경에서는 '잠자고' 있지만 정치 환경에는 '깨어나' 민주 및 선거정치과정에 중대한 영향을 미칠 것이다. 특히 선거정치의 경우 도덕적 동기는 '지지표명적 투표행위'에서 두드러진 역할을 하며, 그 결과 투표자의 투표행위는 '합리적 선택'임을 입증해 주고 있다. 즉, 투표자(행위자)들은 '도덕적으로 좋다고 믿어지는' 정책이나 후보자를 지지하게 된다. 그래서 후보자 지지표명에 '도덕적 요소'가 중요한 역할을 하게 된다.

5. 결론

인간 행위의 '동기구조는 제도(시장 또는 정치)에 영향을 미칠 수 있다. 즉 행위자의 동기를 어떻게 가정하느냐에 따라 제도선택이 달라질 수 있다. 예를 들면, 인간행위의 동기가 이기적이라면 정치제도보다 시장적 제도를 더 선호할 것이다. 순수사익추구(pure self-interest) 동기모델은 부분적 자비심(partial benevolence) 동기모델보다 시장에 더 적합할 것이다. 만일 '보이지 않는 손'(invisible hand process)의 가정이 정치에서보다 시장에서 더 유효하다면 이러한 설명은 거짓이 아닐 것이다. 반면에 정치적 과정은 시장에서보다 자비심을 더 요구할 것이다. 그러나 시장은 자비심이 없어도 잘 작동할 수 있을 것이다. 자비심이라는 동기는 시장에서보다 정치과정에서 더 필요할 것이다. 그래서 인간행위의 동기-이기적이냐 자비적이냐-는 적합한 제도를 선택하는 데 영향을 미칠 수가 있다.

이러한 설명이 사실이라고 전제할 때, 경제인가정을 보편적 행위자 동기 모델에 이용한다면 제도를 비교하거나 디자인할 때 커다란 왜곡(歪曲)을 발생시킬 것이다. 전통적 공공선택이론에서는 행위자들은 시장에서나 정치에서나 똑같이 이기적 동기에 의해 행동한다

고 가정하였다. 즉 인간의 동기가 시장에서나 정치에서나 대칭적이
라고 가정하고 있다. 그러나 인간의 동기구조가 시장과 정치에서 서
로 다르다면 이러한 가정은 분석의 오류를 초래할 것이다. 즉 행위
자들은 시장에서는 이기적(사익추구) 동기에 의해 행동하지만, 정치
에서는 자비적 동기에 의해 행동할 수 있다. 바꾸어 말하면, 인간행
동의 동기가 자비적이라면 시장기구보다 정치기구에 더 적합할 것
이다. 그래서 인간행동의 동기가 시장과 정치 간에 비대칭적이라면
제도의 선택이 달라질 것이다.

<참고문헌>

Arrow, K., *Social Choice and Individual Values*, 2nd Edition, New York:
　　　Wiley, 1963.
Barro, R., "The Control of Politicians : an Economic Model", *Public Choice*,
　　　Vol.14, 1973, pp.19-42.
Brennan, G. and Hamlin, A., *Democratic Devices and Desires*, Cambridge:
　　　Cambridge University Press, 2000.
Brennan, G. and Hamlin, A., "Constitutional Political Economy : The Political
　　　Philosophy of Homo Economicus?", *Journal of Political Philosophy*,
　　　Vol. 3, 1995, pp. 280-303.
Brennan, G. and Hamlin, A., "Expressive Voting and Electoral Equilibrium",
　　　Public Choice, Vol. 95, 1998, pp.149-75.
Buchanan, J.M., *What Should Economists Do?*, Liberty Press, 1979.
Downs, A., *An Economic Theory of Democracy*, New York: Harper and Row,
　　　1957.
Hamlin, A., "Promoting Integrity and Virtue : the Institutional Dimension",
　　　The Good Society, Vol. 6, 1996, pp. 35-40.
Hamlin, A. and Pettit, P., "The Normative Analysis of the State", in Hamlin,
　　　A. and Pettit, P. (eds.), *The Good Polity*, Oxford: Basil Blackwell,
　　　1989.

Hayek, F., "The Use of Knowledge in Society", *American Economic Review*, Vol.35, 1945, pp. 519-30.

Hume, D., *Essays on Moral, Political and Literary*, (edited by E. Miller), Liberty Classics, 1985.

Mueller, D., *Public Choice* II, Cambridge: Cambridge University Press, 1989.

Rawls, J., *Political Liberalism*, New York: Columbia University Press. 1993.

Slote, M., "The Virtue in Self-Interest", *Social Philosophy and Policy*, Vol. 14, 1997, pp. 264-85.

Stigler, G., "Economics or Ethics?", in McMurrin, S. (ed.) *Tanner Lectures on Human Values* (Vol. II), Cambridge: Cambridge University Press, 1981.

Tullock, G., "The Charity of Uncharitable", *Western Economic Journal*, Vol. 9, 1971, pp. 379-92.

Williams, B., "Politics and Moral Character", in S. Hampshire (ed.), *Public and Private Morality*, Cambridge: Cambridge University Press, 1978.

사회변화를 모색하는 자유주의 지식인의 전략1)
(Rothbard의 4가지 전략유형 논의를 중심으로)

김이석
(국회예산정책처/한국사이버대학교 겸임교수)

「요약」

자유주의 운동은 맑시즘이나 사회주의 운동, 혹은 그 변형에 비해 이를 사회변혁 운동으로 삼을 때 나름대로 어려운 점들을 안고 있다. 우선 자유주의자들은 이들에 비해 전략에 대해 별로 투자를 하지 않고 있다. 이에 더해 자유주의는 마르크스주의의 노동자, 혹은 모택동의 농민 등과 같이 즉각적으로 확인 가능한 특별히 선호하는 사회변혁의 주도층을 가지고 있지 않다. 자유주의의 주장이 일반인이 보기에는 반직관적인 경우도 있다.

이런 문제들을 어떻게 극복할 것인가? 자유주의 지식인, 특히 하이에크 소사이어티는 어떻게 대응해나가야 하는가? 여기에서는 로스바드가 제기한 4가지 유형, 즉, 노장자의 은거주의, 보에티의 대중

---

1) 이 글은 제4회 초정포럼(2005. 11)에서 "사회변화에서의 지식인의 역할"이란 제목으로 발표된 것을 제목과 내용 중 일부를 수정·보완한 것이다.

불복종운동, 페넬론과 튀르고의 "왕의 개종" 전략, 제임스 밀의 "레닌주의"를 살펴보았다.

자유주의 학자들은 "진리는 스스로를 밝힌다"는 신념 아래 전략의 문제를 심각하게 생각해보지 않는 경향이 있으나 이는 지양되어야 한다. 왜냐하면, 튀르고의 개혁이 성공하지 못한 결과, 많은 사람들이 종전보다 훨씬 더 비참해졌듯이, 올바른 방향의 개혁도 전략이 잘못되면 오히려 많은 사람들에게 더 큰 고통을 초래할 수 있기 때문이다.

자유주의자들은 먼저 이론의 측면에서 핵심적 개념을 재정립할 필요가 있다. 밀의 경우에서 보는 것처럼 잘못된 이론에 기초한 전략은 그 전략이 아무리 우수해도 사람들에게 불행을 가져온다. 대표적인 것이 마르크스주의와 사회주의였다.

아울러 자유주의자들에 대한 잘못된 인식을 불식시켜야 한다. 기득권 옹호자, 사회 변화를 거부하는 자라는 식의 자유주의자에 대한 잘못된 도식을 뿌리 뽑을 필요가 있다. 이런 인식의 오류를 지적하는 것 이외에도 자유주의가 "최첨단" 이념이란 인식을 심어주는 것도 잘못된 인식을 제거하는 좋은 방법이 될 수 있을 것이다.

아울러 이런 전략을 만들어내기 위해 어떤 의미에서는 반자유주의적인 싸워야 할 "지배적 도그마"가 무엇인지 집어내고 어떤 순서로 바로잡을 것인지에 대해 고민해볼 필요가 있을 것이다. 그 외에도 사회변혁을 위해 어떻게 하면 영향력을 증대시켜 대중들을 설득해낼 수 있는지, 그리고 핵심적이고 정력적인 회원들을 확보할 수 있는지, 또 이들이 학계 및 언론계 등에서 핵심적 역할을 수행할 수 있도록 할 것인지, 아울러 현실의 정책을 만들고 실천하는 일에 직접 참여하는 집단들과는 어떤 관계를 맺고 중요한 개념과 주장을 어떻게 알릴 것인지 등도 중요한 고려사항이다.

1. 문제의 제기

이 글은 자유주의자가 바람직하다고 여기는 사회변화를 어떻게 이루어낼 수 있으며, 이런 변화를 이루어내는 데 지식인의 역할은 무엇인지에 대해 로스바드(Murry N. Rothbard)의 글[2]을 소개하고 이 글을 지렛대로 삼아, 한국 자유주의자들의 사회변화에 대한 역할, 특히 한국하이에크 소사이어티의 역할과 전략에 대한 논의를 점화하기 위해 쓰였다.

"진리는 스스로를 밝힌다"고 한다. 이러한 믿음은 사실 상당한 근거를 가지고 있고, 자유로운 시장과정에 대한 믿음도 생산자들의 경쟁과정이 방해를 받지 않는다면 소비자들이 무엇을 어떤 방식으로 원하는지에 대한 생산자들의 다양한 가설들이 테스트됨으로써 궁극적으로 "올바른" 가설이 선택되는 경향이 있을 것이라는 믿음에 기초해 있다. 그러나 우리는 다음과 같은 질문을 아울러 던질 수 있다. "그렇다면 진리가 아니었던 맑시즘이 왜 그토록 오랫동안 지식인의 지지를 받으며 인기를 누렸고, 아직도 정부간섭주의, 신중상주의 등의 이론은 왜 그렇게도 질긴 생명력을 지니고 있는가?"[3]

로스바드가 "교육주의"(educationism)라고 명명한 단순한 생각을 우리도 가지고 있는 것은 아닌가? 로스바드는 많은 자유주의자들이 열심히 자유시장에 대한 개념을 가르치면, 세상이 변화할 것이라는

---

2) "Concept of the Role of Intellectuals in Social Change Toward Laissez Faire" (*The Journal of Libertarian Studies*, Vo. IX No. 2, Fall, 1990, pp. 43-67)
3) 아마도 그 이유로는 사회에 대한 이론의 경연장은 실험의 과정이 길고 복잡하다보니 어느 이론이 맞는 것인지를 보여주기가 어려운 측면이 있고 여기에 더해 잘못된 "과학주의의 오류"가 보태어진 데다 이론의 진위보다는 "예측력"에 의존하려는 태도 등이 나타나는 등 사회과학자들 사이에서 방법론적으로 명확하게 정리되지 못한 것도 사회과학분야에서의 이론의 선별이 어렵게 만드는 것 같다. 더 나아가 이론의 진위보다는 자신의 기득권 보호와 이득의 획득에 더 관심을 가진 이들로 넘쳐나기 때문인 것 같다. 이런 문제는 어떻게 극복될 수 있는지도 매우 어려운 주제 가운데 하나임에 틀림없다.

"순진한"(naive) 교육주의를 가지고 있으며, "국가권력의 문제"를 어떻게 직면할 것인지에 대해 많은 고민을 하지 않고 있다고 비판하고 있다. 이런 전략의 문제를 생략함으로써 사회변혁에서 자유주의자들이 지녀야 할 영향력이 반감되고 있지는 않은가? 그는 좌파는 이론을 다듬는데 10%를 투자하지만 전략을 가다듬는 데에는 90%의 노력을 기울이고 있다면서, 자유주의자들이 사회변화의 전략에도 각별히 유의할 필요가 있음을 역설하고 있는데 이런 문제의식은 현재 한국의 자유주의자에게도 유효하다고 생각된다.

이에 이 글에서는 로스바드의 논문에서 제시한 자유주의자들이 시도했던 4가지 유형에 대해 비교적 자세하게 소개하고, 이를 한국의 자유주의자들이 이 문제에 대해 생각해볼 재료로 삼고자 한다. 이 글의 구성은 다음과 같다. 2장에서 순진한 교육주의와 4가지 유형에 대해 논의한다. 그런 다음 3장에서 각 유형에 대한 로스바드의 논의를 소개한다. 4장에서 한국의 자유주의 지식인이 담당할 사회변화에서의 역할에 대한 시사점을 정리하고 5장에서 이 글을 맺을 것이다.

2. 순진한 교육주의와 4가지 유형의 전략

1) 순진한 교육주의

대부분의 자유주의자들은 로스바드가 순진한 교육주의라고 부르는 전략을 부지불식간에 채택하고 있는 경우가 많다.[4] 우리는 진리를 알게 되었는데, 대중들은 잘 모른다고 생각하고 자유주의 지식인

---

4) 새로운 "근본적, 급진적" 아이디어들은 극소수의 개인들로부터 시작된다는 점에서 새로운 근본적 아이디어의 파급 과정은 일정 정도 교육주의의 모습을 띠지 않을 수 없으며 이 점은 로스바드도 동의하고 있다.

들은 사회변화를 이루기 위해서 강의, 토론, 책, 팸플릿, 신문 등 여러 가능한 수단을 동원하여 이를 잘 모르고 있는 개인들을 계몽하여 정확한 자유주의의 견해를 가진 사람으로 개종시켜야 한다고 믿는다.

이런 암묵적 견해는 사실, 대부분의 학자들이 지니고 있다. 이런 점에서 미제스도 예외는 아니었다. 미제스는 그의 대작 『인간행동』(*Human Action*)에서 '진리는 스스로를 밝힌다'[5]는 스피노자의 말을 인용하면서 이에 대한 그의 신념을 보여준 바 있다. 로스바드가 현실변화에 대한 전략을 연구하라고 주문하고 있으나, 사실, 미제스는 이런 교육주의에 몰두하고 난 후『회고록』에서 다음과 같이 후회한 바 있다. "나는 나의 노력을 이미 수없이 잘못이 밝혀진 오류들을 또 한번 밝히는 데 쓴 것을 후회할 때가 있다. 나는 사이비 경제학과의 투쟁에 나의 한정된 능력을 너무 소모하였다."[6]

이 교육주의의 중요성에 대해 로스바드도 일정 부분 동의하고 있다. 다만 그는 이 교육주의가 국가권력의 문제를 어떻게 극복할 것인지에 대해 침묵하고 있다고 지적한다. 이 문제는 그 자체로 어쩌면 정치학의 중요한 주제일 수 있고, 정치학자, 혹은 사회학자들이 그 대답을 제시해야 할 문제이기도 하지만, 로스바드는 정치학의 이론을 제시하는 대신, 자유주의자들 가운데 현실의 변화를 시도했던 이들의 전략과 좌절을 설명하고 여러 가지 질문을 던짐으로써 그의

---

5) 스피노자의 말을 인용한 미제스의 태도는 옳은 사상의 중요성과 옳은 사상의 궁극적 승리에 대한 확신을 보여준다고 할 수 있다. 사상의 중요성은 심지어 비록 이론의 내용에 있어서는 정반대이지만 미제스나 하이에크와 같은 오스트리아학파와 케인즈가 서로 의견이 일치하는 부분이기도 하다. 케인즈는 『일반이론』에서 "신에게서 어떤 계시를 받은 것처럼 떠드는 미치광이 정치인도 옛날 어떤 경제학자가 갈겨놓은 것을 읽고 떠올리는 것에 불과하다"고 말하였었다. 이런 미제스의 태도가 전략의 중요성을 경시하는 것이라고 말하기는 어렵지만 스피노자의 말을 굳게 믿을수록 전략에 대한 고민은 상대적으로 덜 할 것임은 사실이다.

6) 미제스, 『회고록』(*Notes and Recollections*), p. 109.

논의를 전개하였다.

사실, 로스바드가 순진한 교육주의라고 이름붙인 것도 제대로 하기가 쉽지 않은 형편이다. 지금 우리나라 학계에서 가장 큰 영향력을 지니고 있는 학자들이 자유주의에 대해 제대로 알고 있는 동시에 이에 대한 강한 소신을 가지고 있는지 확신을 가지기 어려울 뿐 아니라 더 나아가 이들이 로스바드가 교육주의라고 명명한 것을 시도하고 있는지는 더욱더 의심스럽다. 케네, 튀르고, 밀 등의 예에서 보듯이, 그 전략이 어떤 것이었든, 가장 영향력이 있는 학자들이 자유주의를 위해 노력하고 힘을 합했을 때 비로소 사회변혁의 조짐을 기대할 수 있었다.

2) 4가지 유형의 전략

(1) 은거주의(retreatism)

로스바드가 제시한 자유주의(Laissez-faire) 지식인들이 취하였던 4가지 유형은 다음과 같다. 은거주의(retreatism), 시민 불복종운동, 왕의 개종, 제임스 밀의 레닌주의.

그는 노장자의 사상이 인류 최초의 자유주의라는 점을 높이 사고 있다.7) 로스바드는 노자의 무위(無爲)사상이 정부가 무위할수록 백성이 편하다는 최소정부론이며, 자생적 질서를 이해한 것으로 보았다. 아울러 그는 장자를 노자의 자생적 질서의 이론을 더 발전시켰을 뿐 아니라 최초의 개인주의적 무정부주의자(individualist anarchist)로 보았다. 장자는 최초로 국가를 "규모가 커진 도적떼"(the State as a brigand writ large)로 보았다는 점에서 아주 특별하다고 말하고 있다.8)

---

7) 우리나라에서 로스바드의 사상을 이어받아 노자와 장자의 이런 자유(지상)주의자적 측면을 부각시킨 글로는 전용덕, "노자와 장자는 세계 최초의 자유지상주의자였다,"(상·하) (2000)이 있다.

이처럼 그는 노장사상 그 자체는 높게 평가하지만, 현실세계로부터의 도피라는 은거주의의 전략은 사회변화의 전략이 되기는 어렵다고 본다. 다만 노장사상의 은거주의는 당시 상황으로서는 다른 방법을 찾지 못해서 나온 "절망적" 수단이었음을 강조하고 있다. 이런 점에서 볼 때, 현재의 노장사상이 여전히 현실도피의 성격을 가지면서 개인적 내부성찰의 함양 부분을 지나치게 강조하는 것은 노장사상의 "과격성"에 비추어 정당화되기 어렵다.

사실, 노장자의 사상은 한국에서의 자유주의를 위해서도 일정한 의미를 지니고 있다고 판단된다. 우선, 노자, 장자가 국가간섭에 대비된 개인의 자유, 자생적 질서, 작은 정부를 주장하였다는 점에서 이런 개념들이 단순히 서구적인 것만은 아니라는 예시로써 교육에 활용할 수 있을 것이다.9) 현재 한국에서도 일견 노·장자 사상은 무속사상, 불교사상 등과 합쳐져 탈속주의의 성격을 짙게 가지고 있는 것으로 추측된다. 로스바드 식으로 노자와 장자를 정치철학자로 이해하고 이를 현대적으로 계승하고 있는 분들이 있는지 알 수 없

---

8) 이런 근거로 그는 다음과 같은 노자와 장자의 글들을 인용하고 있다. 인용된 노자의 글로는, "황소의 털보다 더 많은 무수한 법과 규제를 지닌 정부는 개인의 억압자이자, 무서운 호랑이보다 더 두려운 존재이다"가 있으며; 노자가 부패와 도둑은 이런 규제가 많을수록 더 많아진다고 본 근거로는, "이 세상에 인위적 금기와 규제가 많을수록, 사람들은 곤궁해진다. 법과 규제가 더 두드러질수록, 더 많은 도둑과 강도가 있게 될 것이다"가 있다. 장자의 글로 인용된 것으로는: "일천의 금은 정말 큰 보상이고 장관의 자리는 높은 자리이지만, 그러나 그대는 국가의 신전에서 희생될 소에 대해 들어보았는가? 신전으로 인도될 때까지 몇 년간 잘 먹이고 수놓은 것을 입히고 보살핌을 받는다. 그 때가 오면, 그 소는 어떤 외로운 돼지와도 자리를 바꾸고 싶지 않겠는가? 나는 지배자가 내게 가하는 제약 아래 묶이느니 차라리 내 즐거움을 위해 진흙탕 속에 한가하게 구를 것이다. 나는 그 어떤 관직도 받아들이지 않을 것이다. 그렇게 해서 나는 내 목적들을 만족시키고자 할 것이다"
9) 이와 관련하여 강위석은 공자의 인(仁) 사상은 지배계급을 향해 이 仁을 실천하라고 하였던 것이며, 다른 사람이 나에게 하기를 싫어하는 것을 남에게 하지 말라는 것이 자유의 범위에 관한 위해(危害)원칙을 말한 것으로 해석하는 것은 흥미롭다. 이에 관해서는 강위석(2004) "자유란 무엇인가", 제5기 하이에크 아카데미 강의자료 참고.

다.

아울러 한국의 자유주의 학자들 가운데 일부도 혹시 탈속주의 성향을 지니고 있는 것은 아닌지 반성해볼 필요가 있다. 경제학자가 가치중립성을 지키면서 연구하여야 함은 분명하다. 그러나 경제학의 연구가 세상을 그 사람이 보기에 더 나은 방향으로 변화시키는 데 기여할 수 있다는 의식이 없이는 경제학 더 나아가 사회과학에 대한 열정이 지속되기 어렵다는 점 또한 분명해 보인다. 이런 점에서 어쩌면, 탈속주의 성향과 경제학에 대한 열정은 양립하기 어려운 측면이 있다.

전략으로서의 은거주의에 대한 논의는 이 정도로 그치고자 하며 나머지 3가지 전략에 대해 개관하고 각 전략의 구체적 내용에 대해서는 다음의 장에서 다루기로 한다.

(2) 대중불복종 운동

은거주의 이외에 로스바드가 논의하고 있는 남은 세 가지 전략은 시민 불복종운동, 왕의 개종, 제임스 밀의 레닌주의이다. 우선 이 가운데 가장 대비되는 시민불복종운동과 왕의 개종에 대해 그 관계를 간략하게 살펴보자.

대중불복종(Mass Disobedience) 운동의 이론적 기초는 대략 다음과 같다. 국가, 특히 국왕이 국민들에 대해 권력을 휘두르고 자의적 간섭을 하는 것은 국민(시민)이 동의하였기 때문이며 이런 자의적 권력을 종식시키기 위해 필요한 것은 물리적으로 국왕에 맞설 필요도 없으며 단지 동의를 철회하기만 하면 된다. 지식인들에게는 이런 시민 불복종 운동의 지도자로서의 역할이 기대되고 있다.

그러나 시민불복종운동에는 내재된 어려움이 있다. 다름 아니라 어떻게 "자발적으로" 복종하게 된[10] 시민을 다시 설득시켜 불복종

---

10) 자발적 복종에 대한 자세한 논의는 다음 장에서 살펴볼 것이다.

으로 이끌 것인가가 바로 그것이다. 특히 국가의 권력이 복종을 얻어내는 방법의 하나가 조세로 거둔 돈으로 각종 혜택을 부여함으로써 국민의 동의를 "사는" 것일 때, 이미 이런 혜택을 권력의 '선처'에 따라 얻는 데 익숙해진 사람들은 비록 그 돈이 직간접적으로 자신들의 호주머니에서 나오는 것이지만 누군가가 주는 것으로 착각하고 있을 때, 사람들을 이런 운동으로 이끄는 것은 자체가 쉽지 않을 것이다.

어쩌면 이것이 어렵기 때문에, 어떤 면에서는, 실질적으로 가능하고 효과적인 것은 불온해 보이는 "선동"일 수 있다. 그런 점에서 앞으로 살펴보게 될 라 보에티(La Boetie)는 선동적 요소가 매우 강한 글을 쓴 대표적 인물로 볼 수 있을 것이다.

(3) 왕의 개종 전략

이에 비해 왕을 개종시키는 방법은 설득을 해야 할 대상이 집권하고 있는 왕과 그 주변인물들이라는 점에서 그 수가 매우 적다는 장점을 지니며 동시에 권력과 충돌하는 문제를 우회할 수 있는 장점이 있다. 이 범주에는 왕, 혹은 그의 후계자를 자유주의 철학자-왕(philosopher-king)으로 변화시키려는 전략과 함께, 왕의 신임을 받아서 자유주의 정책을 펼치는 "왕의 대리인(장관)"이 되겠다는 전략을 포함한다. 실제로 튀르고(Turgot)가 그런 전략을 취한 바 있다.

그러나 이 전략은 왕의 변심, 사망, 혹은 불리한 정치적 여건에 직면하면 금방 사상누각처럼 사라질 가능성이 있을 뿐 아니라, 이 전략을 추구하던 사람 자신이 반자유주의자가 될 가능성마저 가지고 있다.11)

---

11) 이에 대해서는 아래의 튀르고에 관한 절에서 그의 변절한 친구 튀르댕의 경우를 참고할 수 있을 것이다.

비록 단순한 교육주의에 비해서는 나름대로 전략을 지니고 있다고 할 수 있으나, 시민불복종운동이나 왕의 개종전략도 모두 근본적으로는 교육주의의 변형으로 볼 수 있다. 시민불복종운동은 대중을 상대로 하고 있는 반면, 왕의 개종전략은 왕이나 권력자를 상대로 하고 있다는 점에서 교육대상이 다를 뿐 근본적으로는 교육주의라고 볼 수 있다. 다만, 이 두 가지 전략은 단순히 진리는 스스로를 밝힐 것을 믿고 묵묵히 그 원리를 설명하는 데 머물지 않고 실천적으로 구체적 대상을 두고 사회변화를 시도하고 있다는 점에서는 단순한 교육주의와 구별된다.

(4) 제임스 밀의 레닌주의

『경제학의 본질과 중요성』12)이란 경제학설사에 남을 명저를 저술하였으며, 존 스튜어트 밀(John Stuart Mill)의 아버지이기도 한, 제임스 밀(James Mill, 1773-1836)의 경우는 매우 특이하다. 그는 정치적 민주주의를 위해 철학적 급진파(Philosophic Radical)들을 이끌면서, 한편으로는 영향력이 컸던 제레미 벤담과 리카도를 전면에 내세우고 핵심적인 학자들을 이끄는 한편, 언론 등에 심지어 헛소문을 퍼뜨리며 자신이 생각한 자유주의(더 정확하게는 정치적 자유주의, 민주주의)를 실현시키기 위해 노력한다. 리카도를 국회로 보낸 것도 밀의 설득에 따른 것이었다고 하며, 아들 존 스튜어트 밀을 혹독하게 교육시킨 것도 자신을 물려받아 이 운동을 지속하도록 지도자로 키우기 위해서였다고 하니 놀라울 뿐이다.

여기에서 밀의 전략은 전방위적이라고 할 수 있다. 소규모 핵심적인 집단을 조직하여, 회원을 의회로 진출시키는 한편, 학계의 주도적 위치를 차지하도록 하고, 언론과도 연계를 해나갔다. 한 사람이

---

12) *Nature and Significance of Economic Science* (2nd ed. London: MacMillan & Co. 1938.

아니라 생각을 공유하는 집단을 만들고 이들이 사회변혁을 시도할 수 있는 핵심적 지위로 나아가도록 하는 동시에 법안들을 만들어 이를 통과시키기 위해 언론을 동원하였다. 밀은 학자답게 이런 헛소문을 퍼뜨리는 것을 정당화하는 이론을 펼치기도 하였다. 로스바드는 이런 밀의 전략을 "레닌주의"라고 이름붙이고 있다.

밀을 비롯한 철학적 급진파들은 정치적 민주주의를 성취하면, 자유시장이 거의 저절로 뒤따를 것으로 잘못 생각하였다. 이 정확하지 못한 이론으로 인해 철학적 급진파들은 반곡물법동맹(Anti-Corn Law League)과 연대하여 곡물법 폐지에 전념하기보다는 투표권의 확대에 전력을 기울였으며, 이에 따라 중요한 정치세력이 되지 못하고 곧 쇠퇴하고 말았다.

그러나 이들은 핵심적 교육대상을 일반대중이 아니라 영향력과 그 잠재력이 큰 뛰어난 인물들로 삼았으며, 회원들과 이렇게 교육을 시킨 이들이 사회 각 분야에서 핵심적 지위를 차지하도록 적극 지원하고 또 이들과 연대함으로써 사회변화를 이루어내려고 했다는 점은 주목할 만하다. 실제로 이런 전략은 주효하여 이들은 투표권의 확대를 통해 중산권의 투표권을 확립하는 데 성공하였다.

이 철학적 급진파들, 그 중에서도 특히 제임스 밀은 "목적을 위해 수단을 정당화하는" 등 자유주의자가 보기에 일정한 정도 의구심이 드는 부분을 지니고 있으나 우리는 철학적 급진파에 대해 이념적으로 정예화한 학자들과 사회개혁가들이 사회변혁을 위해 전략의 부분에 이르기까지 세심한 주의를 기울이며 온 힘을 바쳤다고 평가할 수 있다. 어떻게 보면, 이들은 비록 소수이지만 정책정당의 이념적으로 선명한 열성적인 핵심 브레인들의 모임13) 같은 성격을 띠었다.

---

13) 민경국 교수는, "독일경제학의 미국화와 한국경제학,"(2005)에서, 우리나라에도 씽크탱크(think-tank)산업이 발달해야 한다고 주장하였다. 대학교는 연구하고 가르치는 기능이 우선이고 정당은 투표수의 극대화에 주로 관심을 가진다고 볼 수 있

이들에게 권력은 획득 그 자체가 중요했던 것이 아니라 자신들이 생각하는 기존의 사회를 더 바람직한 모습으로 변혁시키기 위해 필요한 수단으로서 중요하였다고 할 수 있다.

이런 제임스 밀의 "레닌주의"는 제임스 밀과 같은 정력적이고도 치밀하고 심지어 "교활하기까지 한" 배후의 인물을 필요로 한다는 점에서 실제로 시도되기 어려운 측면이 있는 것은 사실이다. 그러나 "진리는 스스로를 밝힌다"며 위안하는 데 그치기를 거부하는 실천적 자유주의자들에게는 좋은 연구 대상이 될 수 있을 것으로 보인다. 이 전략 속에는 앞에서 언급했던 교육대상의 측면에서 본 교육주의와는 구별되는 또 다른 측면의 교육주의가 숨어있다. 즉, 핵심적 브레인들 간의 치열한 논의와 이념적 공통분모의 확보 과정이 그것이다.

철학적 급진파들이 일정한 세력을 얻게 된 데에는 당시 매우 영향력이 컸던 벤담이 대표적 인물로 이 운동에 참여하고 있었던 것도 커다란 기여를 하였다. 비록 왕은 아니지만 사회적 영향력이 매우 큰 사람이 그 운동에 힘을 실어주었다는 것은 분명하기 때문이다. 이런 점에서 밀의 "레닌주의" 속에는 일정 정도까지 왕을 개종시키는 전략도 숨어있음을 알 수 있다.

다음 장에서는 로스바드가 분류한 4가지 유형 가운데 은거주의를 제외한 나머지 전략에 대해 좀더 충실하게 다루고자 한다.

다. 대학교의 교수들로부터는 자유주의에 대한 엄밀한 연구를 기대할 수 있을 뿐 이를 넘어서는 정책이나 전략에 대한 깊은 연구를 기대하기는 어렵다. 이에 반해, 정당의 연구소들로부터 자유주의 사상 자체에 대해 깊이 있게 연구하고 이를 신념화하기를 기대하기는 어렵다. 따라서 미국의 헤리티지 재단, 케이토 등과 같은 think-tank가 대학과 정당이 남겨둔 공백을 메울 필요가 있으나 한국에서는 관변 연구소가 대종을 이루고 있을 뿐 이런 think-tank가 거의 없다.

3. 각 유형의 전략의 대표적 전개의 사례

1) 시민불복종운동의 지도자로서의 지식인

(1) 보에티(Boetie)의 사례

보에티14)는 시민불복종운동의 개념을 처음으로 제시한 인물이다. 그의 『자발적 복종』15)은 보에티가 오를레앙 법대에 다니던 학생 때 쓴 글로 바로 이 시민 불복종을 주장한 매우 "불온한" 내용을 지니고 있었다. 대학생 시절에 이 글을 썼으나 후일 그는 보르도 의회의 유명한 판사를 지냈고, 종교적 이단인 위그노를 탄압해야 한다고 주장하는 등 자신의 글과 전혀 다른 삶을 살았다.

보에티는 로크와 홉스보다 1세기 앞서 모든 개인의 자유에 대한 자연권을 주장하였으며 이를 주장하는데 논리적 추론의 원칙을 사용하였다. 그는 폭정의 의미를 "한 사람의 잘못된 통치"라는 고전적이고 중세적인 애매한 개념에서 벗어나 "개인의 자연권을 어기는 모든 국가의 행동"으로 그 개념을 확장하는 동시에 폭정을 행하는 주체도 왕으로부터 독재자에 봉사하고 국가통치의 특권을 공유하는 국가의 도구까지로 확장하였다. 아울러 그는 흄에 200년 앞서 모든 폭정은 장기적으로는 국민 대다수의 동의에 바탕을 두고 있다고 보았다.

그는 독재의 바탕은 대중의 동의에 근거를 두고 있으며, 이런 동의가 독재의 바탕이 되기 위해서 열성적일 필요는 없으며, 습관적 복종 혹은 무관심으로도 충분하다고 보았다.16) 국가가 일반대중의

---

14) Etienne de La Boetie, 1530-1563.
15) *The Politics of Obedience: The Discourse of Voluntary Servitude*, New York, Free Life Editions, 1975
16) 침묵은 동의를 의미하는 경우가 많다는 것을 상기하면 이 말의 의미가 더 두드러질 것이다.

동의를 얻기 위해 동원하는 방법으로는 첫째, 오랜 역사를 지닌 "서커스 보여주기,"17) 둘째, 독재자의 지배가 현명하며 모두에게 혜택을 주는 것이라는 "가짜 이데올로기 심어주기,"18) 셋째, 조세를 거두어 그 일부로 복지혜택을 주어 "동의를 구매하기," 넷째, 귀족이나 현대판 귀족인 관료들에게 특권을 주어 이들의 "동의를 특별 구매하기" 등이다. 보에티는 특히 일반대중과 관료들에 대한 "뇌물"이 중요하다고 보았다.

독재자들은 서커스 이외에도 물질적 혜택을 주어 이것이 독재의 혜택으로 여기게 만든다. 보에티에 의하면, "바보들은 (왕과 지배계급들에게 빼앗겼던) 그들 자신의 자산의 일부를 다시 되돌려 받고 있을 뿐이라는 것을 모른다. 그들로부터 먼저 수탈하여 받아가지 않고서는 그들의 지배자들이 그들이 받는 것을 줄 수 없다. 군중들은 이런 식으로 뇌물에 쉽게 걸려든다."

그는 안정적인 지배구조를 지닌 "충성스런" 귀족, 관료 등의 계급들에게 영구적이고 지속적인 특별 구매를 함으로써 이들의 지지를 얻는 것이 독재자의 지배의 발판이자 비밀이라고 보았다. 이제 사회의 상당히 큰 부분이 어쩌다 국가가 주는 선물이 아니라 규칙적이고 영구적이며 상당히 큰 독재의 수익의 일부를 얻게 된다. 따라서 이들은 선전이나 습관에 의해 속아서가 아니라 독재 아래에서 누릴 만한 정도로 상당히 큰 몫을 얻는다는 것을 알고 자발적으로 거대 독재자 아래에서 노획물을 나누는 참여하는 추장이 된다.

이런 식으로 사람들이 자발적으로 독재에 동의하고 있을 때, 보에티는 독재를 종식하기 위해서는 대중이 독재자와 직접 물리적 충돌

---

17) 국가가 지원하는 "스포츠"도 오락거리로써 고전적인 서커스 보여주기 전략에서 서커스가 지녔던 자리를 현대에 와서 차지하였다.
18) 이와 관련하여 보에티는 "현대에 와서 지배자들은 부당한 정책을 취할 경우 언제나 공공복지나 공동선을 앞세우지 않을 때가 없다"고 말하고 있다.

을 할 필요도 없으며, 그런 동의의 철회, 불복종으로 충분하다고 보았다. 그러나 로스바드는 이 전략에 의문을 제기한다. "비록 일반 대중의 동의의 철회"가 그 핵심이라고 하더라도 어떻게 습관, 선전, 특권 등에 의해 눈이 멀게 된 일반 대중이 대중 불복종 운동에 나서게 되는가?

이에 대해 보에티가 준비하고 있는 대답은 다음과 같다.

첫째, 엘리트의 존재이다. 모든 대중이 습관적 복종을 하는 것은 아니며 일부 눈을 뜬 엘리트들이 있다는 것이다. 둘째, 이 용감한 엘리트들의 교육과 선동에 의해 일반 대중이 자유의 축복을 이해하게 되고 국가에 의해 심어진 환상에 직면하게 될 것이라는 것이다. 셋째, 지배계급 가운데에도 일부 불만세력들이 있으므로 지배계급을 분리함으로써 대중불복종 운동에 참여하도록 만들 수 있다는 것이다. 그러나 이에 대해 로스바드는 실제 역사에서 대중불복종 운동이 성공한 사례는 인도의 간디 정도인데 이 경우에도 분파주의적 성격의 운동이었음을 강조하고 영웅적 소수가 실제로 대중을 설득해낼 수 있을 것인지에 대해 의구심을 보이고 있다.

다른 한편, 우리의 관심을 끄는 대목은 보에티의 논리전개 방식과 그 영향이다. 그는 자신의 논리전개를 구체적 역사에 적용하지 않았기에 당대에 미친 영향은 약했던 반면 오랜 기간 동안 영향을 미칠 수 있었다는 점이다. 자신의 추상적 논리전개 방식은 자신이 쉽게 자신의 근본주의를 버릴 수 있게 해준 반면, 후세대에게는 엄청난 영향을 미친 것이다.

16세기 급진적 위그노(radical Huguenot)에 의해 그의 저술은 "조심스럽게"19) 이용되었다. 보에티의 『자발적 복종』이 첫 출판된 것은

---

19) 래스키(Laski)에 의하면, 당시 급진적 위그노로서도 다윈의 진화론이 종교계에서 받아들이기에는 너무 과격하듯이 보에티의 글도 마찬가지로 너무 급진적이라고 생각하였다고 한다.

1574년 그 자신 혹은 그의 상속자에 의해서가 아니라 급진적 위그노에 의해서였다. 2년 뒤 제네바의 캘빈주의 목사 시몬 꿀라르(Simon Coulart)가 취합한 급진적 위그노의 논문집에 보에티의 이름을 달고 발간되었다. 아무튼 이들은 1575년 그의 대중불복종 운동을 받아들여 도시와 지방의 조세납부거부운동의 연합을 주장하기에 이른다.

그 후 보에티의 글은 17세기에는 별 영향을 미치지 못하였으며, 18세기에 몽테뉴의 수상록에 부록으로 실렸다. 19세기 프랑스혁명기에는 라메네(Abbe de Lamennais)가 자신의 과격한 서문을 보태어 이를 발간하였고 나폴레옹 3세의 쿠데타를 반격하기 위한 목적으로 1852년에도 발간되는 등 두 번이나 다시 발간되었다.

19세기에 와서는 톨스토이(Leo Tolstoy)의 비폭력 무정부주의운동에 영감을 주었다고 한다. 톨스토이는 보에티의 글을 아주 길게 인용하고 자신의 주장의 발전의 원천으로 삼았다. 아울러 힌두에 보낸 톨스토이의 편지가 간디의 생각을 형성하는 핵심적 역할을 하였다고 한다.

20세기 초 독일의 대표적 무정부주의자 란다우어(Gustav Landauer)는 보티에의 주장을 그의 『혁명』(*Die Revolution*, 1919)의 중심 논제로 삼고 있다. 그 외 20세기 네덜란드 평화주의-무정부주의자인 리트(Bartelemy de Ligt)도 『폭력의 정복』(*Conquest of Violence*)에 보에티의 『자발적 복종』을 논하였고 1933년 이를 네덜란드어로 번역하였다. 이처럼 비록 당대에는 영향을 별로 미치지 못했지만, 흥미롭게도, 로스바드의 표현을 빌리면, 오랜 시간을 두고 계속 "오를레앙의 법학과 학생의 사변적 원칙이 사후에 보르도의 존경받는 저명한 관료에 대해 복수를 하고 있다."[20]

---

20) 앞에서 언급했듯이 보에티는 오를레앙의 학생 때 「자발적 복종」을 썼고 후일 자신의 글과 정반대되게 보르도의 판사로서 말하자면 "왕의 특별구매"를 받아들이

(2) 시사점

보에티의 사례가 우리에게 주는 시사점은 무엇일까? 우선, 로스바드는 전략적으로 보에티가 영웅적인 지도자에 너무 의존하는 전략을 취하고 있음에 대해 아쉬워하고 있다. 아울러 그는 보에티의 저술이 추상성을 지니고 있었기에, 비록 미래에 지속적 영향을 주었지만, 당대에 영향을 미치기에는 구체적 메시지가 부족했다는 점을 지적한다.

이 점이 우리에게 시사하는 바는 비교적 분명해 보인다. 우선 연구에서 두 가지 방향을 동시에 진행할 필요성이다. 장기적이고도 지속적인 영향을 미치기 위해서는 추상적이며 논리적으로 잘 정립된 이론을 명쾌하고도 쉬운 언어로 써내는 작업이 필요하다. 이 점은 보에티의 저술이 심지어 인도의 간디에까지 영향을 미치고 있음을 보면 명확해진다.[21] 이와 동시에 이 추상적 원리를 현재 가장 뜨거운 이슈가 되고 있는 구체적 문제에 적용하여 상당히 "도발적으로"[22] 제시하는 작업을 해나가야 한다.

현재 우리나라에서도 수도이전 반대운동, 사학법개정 반대운동, 재산세 납부거부 움직임[23] 등 일부 대중불복종 운동적인 모습을 띠는 것들이 보이고 있는데, 다만 여기에서 보에티의 사례나 인도의 불복종운동에서 시사하는 바는 이 운동이 전반적 대중운동으로 나아가기 위해서는 분파적 성격을 띠거나 그렇게 보이지 않도록 주의

며 살았다.

21) 보에티의 글이 인도의 간디뿐 아니라 우리나라에서도 군사정권의 독재에 항거하는 민주화운동을 하는 사람들 사이에서 읽힌 책의 하나였다는 점은 매우 흥미롭다. 보에티의 한글 번역서(2004) 역자서문 참고.

22) 보에티의 글이 가진 파괴력은 그 문체에서도 드러난다. 대중을 "바보"로 부름으로써 대중의 분노를 야기하는 묘한 선동성을 지니고 있는 것 같다. 하이에크도 자유주의자는 선동가가 되어야 한다고 말했다고 한다. 이에 대해서는『기 소르망』(강위석 역), 2001 참고.

23) 재산세와 관련하여 벌어졌던 저항에 대해서는 김정호, 『땅은 사유재산이다』(특히 8장. 토지세 벌금이 아니다) pp. 275~8 참고

할 필요가 있다는 점이다. 아울러 이런 운동이 자유주의와 어떻게 연계되는지에 대한 확실한 천명을 하지 않을 경우에는 자칫 일부의 이익을 위한 운동으로 폄하되거나 대중들이 그렇게 인식할 가능성이 높다는 점에도 유의할 필요가 있다.

2) 왕의 개종자이자 위로부터의 혁명자로서의 지식인

(1) 역사적 및 이론적 배경

앞에서 언급한 것처럼 대중불복종운동과 여러 가지 점에서 대조를 이루는 것이 왕을 개종시키려는 전략이다. 이 전략은 대중을 제대로 설득해 내기는 매우 어렵기 때문에 왕을 자유주의 철학자-왕(philosopher-king)으로 변화시키는 것이 한결 더 현실적인 방법이라는 생각을 바탕에 깔고 있다.

이들이 볼 때에는 은거주의나 대중불복종운동은 자유주의 사회변혁을 위한 실질적 전략이 되기 어렵다. 이런 전략이 성장한 배경은 절대왕정의 성립과 궤를 같이 한다. 절대왕정의 확립은 루이 14세 때 절정을 이루는데, 1680년대에 절대왕정과 중상주의에 대한 반발이 자라났으며 이런 반발과 함께 정치적 체제에 극적 변화를 추구하지 않으면서 자유주의적인 사회변혁을 이루고자 하는 새로운 전략이 등장하였다.

왕의 개종 전략을 추진한 이들은 나름대로 이론적 배경을 가지고 왕을 설득하고자 하였다. 즉, 자유주의적 재산권의 보장이 국부를 증가시켜 국가 전체에 좋으며, 모든 이의 행복을 증진시키고, 이는 국부의 일부를 가져가는 왕의 이익에도 봉사하므로 왕이 이에 대해 반대할 이유가 별로 없다는 것이다.[24]

---

24) 노스(North)는 『서구세계의 성장』에서 네덜란드 항구도시에서 외국인에 대한 규제가 거의 전무하였던 것은 이런 규제를 배제하는 것과 통치자의 이해가 맞아떨

(2) 주요 인물들

이런 전략을 추진한 대표적 인물로 페넬론(Fenelon) 추기경(1651-1715)과 부르군디 서클(Burgundy Circle), 그리고 케네를 중심으로 한 중농주의자들과 튀르고를 들 수 있다.

<펠넬론 추기경과 부르군디 서클>

페넬론 추기경은 영향력을 행사하기 위해 의도적으로 루이 14세의 비(妃) 망트농25)의 종교적 고백을 듣는 자리를 얻는다. 그리고서 왕위를 이을 것으로 예상되는 루이 14세의 손자 부르군디 백작의 교사가 되어 루이 14세의 절대주의와 중상주의와는 달리 미래의 왕을 자유주의자로 만들기 위해 주변에 부르군디 서클을 형성시킨다. 특히 그는 지속되는 전쟁과 고율의 세금, 그리고 무역의 파괴에 대해 크게 분개하고 있었으며26) 부르군디 백작의 교육을 위해, 왕자 텔레마크에게 현자가 설명하는 방식으로 된27) 정치 소설, 『텔레마크의 모험』(Adventures de Tele-maque)를 써서 가르친다.28)

그러나 미래의 자유주의 왕으로 키운, 첫 번째 왕위 상속권을 지녔던 부르군디 백작이 1711년에 죽자 모든 꿈이 물거품이 된다.29)

어졌기 때문으로 설명하고 있다.

25) Marquise de Maintenon, 1635-1719.

26) 페넬론 추기경은 "전쟁과 이에 따른 과세가 특히 빈곤층을 더 어렵게 하고, 그들이 땀 흘려 얻은 빵을 빼앗는 것"이라는 내용의 편지를 망트농에게 보내기도 하였다고 한다.

27) 그 가운데 한 구절은 다음과 같다. "무엇보다도 무역을 당신의 견해에 맞추기 위해 절대로 간섭하려고 하지 말아야 한다. 왕은 방해할까 두려워서 무역에 관심을 두지 말아야 한다. 그는 모든 이윤을 그것을 번 신민들이 전부 다 취하도록 놔둬야 한다. 그렇지 않으면 신민들은 낙심할 것이기 때문이다."

28) 경제학적 소설은 경제학의 관점을 보여주거나 이를 다른 관점과 대비하는 효율성에 있어 경제학원론 책보다 오히려 더 우월할 수 있다. 이런 책으로는 러셀 로버츠의 『보이지 않는 마음』(2003)·『The Choice』(2004)와 같은 것이 있다. 로스바드가 거론한 페넬론, 보티에, 튀르고, 밀 등 자유주의자의 고뇌와 삶을 그린 소설책이 있으면, 그 자체로 흥미로울 것 같다. 이와 관련하여 복거일의 『보이지 않는 손』(2006)은 한 자유주의 지식인의 자전적 소설이라는 점에서 관심을 끈다.

로스바드가 지적하는 것처럼, 왕을 개종시키려는 노력 자체는 눈물 겨울 정도로 주도면밀 했지만, 그 왕이 언제나 변심할 수 있다는 점을 차지하고라도 그 사람의 운명이 어떻게 되느냐에 따라 너무 많은 것이 걸려있게 되는 문제가 발생하였다.

<케네와 중농주의자들>

페넬론의 시도가 있는지 약 50년 후, 케네[30]가 왕을 개종하고자 하는 시도를 한다. 케네는 의약과 자연과학 분야의 저명인사였으며 1750년에 루이 15세의 비(妃) 퐁파두르(the Madame de Pompadour)의 개인 주치의가 되고 곧 왕의 주치의가 된다. 1750년 60대 중반에 사회문제에 관심을 가지기 시작해서 케네는 중농학파운동을 조직한다. 여기에 젊은 미라보(Mirabeau, 1715-1789)가 가담하여 적극 활동을 펼치면서 저널을 발간하고, 화요일 저녁 정기 세미나를 미라보의 집에서 가지는 등, 중농학파는 곧 프랑스에서 가장 대표적인 영향력 있는 학파가 된다.

이들은 절대 왕정을 지지하고 절대왕정이 절대적 자연적 재산권을 확립하여 자유주의 경제체제를 만들기를 원하였으며 토지만이 생산적이라는 그들의 이론에 따라 농업에 대해 특별한 관심을 기울였다. 중농학파는 사회변혁의 희망을 튀르고(Turgot, 1727-1781)에 걸고 있었다.

<튀르고>

튀르고는 중농학파의 자유무역과 자유주의 정책에 동조하였으나 중농학파의 이론을 믿지 않았으며 토지를 유일하게 생산적인 요소

---

29) 부르군디 백작이 홍역으로 죽자 페넬론 추기경은 "사람은 교육으로 용기가 충만하고 지식으로 장식된 국민이 되고자 노력하지만 신이 와서 이 운명의 집을 파괴해버리는구나!"하고 탄식했다고 한다.
30) Francois Quesnay: 1694-1774.

로 보지도 않았다. 그는 오히려 창의적이고 뛰어난 오스트리아학파
의 선구자로 평가받는 학자이다.

튀르고의 이론은 중농학파와 아주 중요한 점에서 달랐지만 그는
이런 차이점을 공개적으로 드러내지 않았다. 그는 중농학파의 후원
아래 재무부장관이 되어 자유주의 개혁을 실현하고자 하였기 때문
이다. 그는 헌법에 바탕을 둔 공화정을 믿었다. 즉, 왕정이 아니라
재산을 가진 모든 사람들이 동등하게 입법에 참여하는 권리를 가진
입헌공화정이 자유주의 정책과 재산권의 보호에 가장 적합할 것이
라고 생각하였으나 왕정을 구태여 뒤엎고자 하지는 않았다.31) 친구
이자 수학자–철학자였던 콩도르세32)처럼 현재의 왕을 개종시키는
전략을 택하였다.

마침내 튀르고는 1774년 재무부장관이 되고 주변에 자신의 조력
자로 콩도르세 등을 모은 다음 자유주의 개혁정책을 실천한다. 그
첫 번째 개혁 실험은 국내외 모든 곡물무역의 자유를 선언하는
1774년 9월 13일의 칙령이었다.33) 그러나 곡물무역의 자유화정책은
관료, 무역제한주의자들, 그리고 가격통제가 빵의 부족을 야기했다
는 점을 이해하지 못하는 일반 대중의 강렬한 저항과 폭동을 초래
하였다.

이에 굴하지 않고 그는 이어 6칙령(Six Edicts)을 포고하는 등 자
유주의 정책을 계속 추진해 나간다. 6칙령은 국가 도로 건설에 강제

---

31) 친구에게 고백한 글에서 튀르고는 다음과 같이 적고 있다. "나는 신을 믿기에
백과사전학파도 아니며, 나는 차라리 왕을 두지 않을 것이므로 나는 중농학파도
아니다."

32) Condorcet, 1743-1794.

33) 대중의 교육을 목적으로 듀퐁(Dupont)이 쓴 칙령의 서문은 다음과 같다. "이
새로운 자유무역 정책이 고안된 목적은; 토지의 개발을 활성화하고 확장시키며, 아
울러 자유롭고 완전한 경쟁을 위해 사적 면허를 철폐하고, 독점을 제거하고, 서로
다른 국가들 사이에 남는 잉여 물품들을 필수품과 교환하는 것을 지속하는 데 있
다. 이렇게 하는 신의 섭리에 의해 확립된 질서에 부합하는 것이다."

노역의 동원을 금지하는 것을 포함하고 있었다. 그런데 뜻하지 않은 저항을 만나는데 바로 교량도로부(Department of Bridges and Roads) 장관 트뤼댕(Trudaine)이었다. 그는 튀르고의 친구이자 동료 자유주의 개혁가였으나 장관이 된 후 관료로서의 이해를 그의 신념에 앞세웠다. 강제징역은 도로예산에 얽매이지 않고 도로를 건설할 수 있는 길이었으므로 교량도로부 장관으로서 그는 강제징역의 금지에 반대하였다. 강제징역의 금지는 또한 조세부담의 증가를 우려한 상류층의 거센 저항을 받았다. 결국 튀르고를 중심으로 한 "철학의 지배"(reign of philosophy)는 1776년 5월 튀르고가 장관직을 사퇴함으로써 막을 내린다. 튀르고의 개혁 시도 이후에는 프랑스혁명이 발발할 때까지 더 이상의 개혁은 이루어지지 않게 되었다. 그 후 케네가 사회연구에 대한 흥미를 잃게 되면서 중농학파와 자유주의 개혁운동은 급속하게 쇠퇴하고 만다.34)

(3) 시사점들

로스바드는 이 왕의 개종 전략에는 치명적 결함이 있다고 지적한다. 우선, 그는 자신의 백성의 재산권과 자유를 보호하는 것이 정말 왕의 개인적 이해와 일치하는지에 대해 의구심을 제기한다. 명백히 단기적으로는, 어쩌면 장기적으로도, 백성으로부터 더 많이 가져오는 것이 왕에게 이득이 되는 것이 아닌가? 그는 결국 절대왕권을 가진 왕의 이타주의에 의존하는 것은 너무나 자유주의 사회변혁의

---

34) 튀르고의 개혁 감행 이전에 개혁가 그룹의 일원이었던 마드무아젤 레피나스 (Julie de Lespinasse)가 콩도르세에게 했던 다음의 말은 매우 인상적이다. "만약 튀르고가 성공하지 못하면, 우리는 예전보다 천 배 더 가련해질 것이다. 왜냐하면 우리는 비참한 사람들을 지탱해주고 있는 유일한 희망마저 잃어버릴 것이기 때문이다."
콩도르세는 튀르고의 퇴진 이후 학계로 돌아왔으나 좌절의 삶을 살았다. 그는 볼테르에게 종전처럼 경치를 음미할 여유도 없어졌으며, 그저 자신의 조그만 영광을 위해 살게 되었을 뿐 대의명분을 위해 살 수 없게 되었다고 탄식하였다고 한다.

기초로는 박약하다고 결론을 내린다. 오히려 위로부터의 개혁이 아니라, 밑으로부터의 개혁을 시도하는 더 어려운 길을 택했더라면, 프랑스 혁명을 좀더 자유주의에 부합하는 길로 이끌 수 있었지 않았을까 추측한다. 따라서 왕의 개종에 의존하려는 전략은 비록 장기적으로 대중을 설득하는 어려운 작업을 하지 않아도 되고 왕의 개종만 확보하면 최소한 단기적으로는 개혁을 시도해볼 수 있게 한다. 그러나 이런 단기적 개혁 시도가 대중의 광범한 지지가 없이는 개혁 자체의 성공과 정착으로 이어지기 어렵다는 것이 문제이다.

왕의 개종 전략이 좌절되는 역사적 경험을 통해 우리는 일반적으로 학자들이 가지고 있는 "소박한" 꿈, 즉, 고위 관료로 발탁되어 자신의 이론을 정책으로 펼쳐본다는 것이 생각처럼 실질적 성공으로까지 이어지기는 여간 어려운 일이 아니라는 것을 깨닫는다. 어쩌면 보에티의 전략을 기본으로 삼고 그 전략에 빠져있는 것들을 보충하는 것이 사회변혁을 이루어내는 데 더 현실적인 전략일 수 있다.

3) 대중을 이끄는 부대장으로서의 지식인: 제임스 밀의 "레닌주의"

(1) 제임스 밀

마지막으로 로스바드가 다루고 있는 자유주의 사회변혁의 전략이 제임스 밀35)의 "레닌주의"이다. 로스바드에 의하면, 밀은 사회사상에서 가장 저평가되고 있는 사람 가운데 한 사람이다. 그는 스코틀랜드 구두제화공의 아들로 태어나 에딘버러 대학에서 아담 스미스의 수제자 스튜어트(Duglad Stewart)에게서 배웠다. 목사직을 위해 교육받았으나 중년까지 직업을 얻지 못해 궁핍 속에 살았다고 한다. 런던에서 자유기고가로 활동하던 밀은 방대한 책 『인도의 역사』

---

35) James Mill, 1773-1836.

(*History of India*)를 쓰고 나서야 동인도회사의 중역 자리를 얻을 수 있었다.

밀은 3가지 핵심적 논제인 공리주의, 민주주의, 그리고 자유주의를 바탕으로 하여 철학, 심리학, 정치학, 역사, 교육 등 인간행동에 관련된 거의 모든 주제에 대해 책, 논문, 신문 기고 등을 썼으며, 동시에 주변의 모든 이들을 의회의 "철학적 급진파"(Philosophic Radicals)로 조직하였다. 그는 항상 제2인자로 남아 있었다. 전면에 마르크스주의의 마르크스에 해당하는 인물로는 철학에는 벤담, 경제학에는 리카도를 내세웠으며, 자신은 레닌의 역할을 담당하였다. 그러나 실제에 있어서는 벤담의 비서로서 벤담이 그의 공리주의의 정치철학적 귀결로 민주주의와 보편 투표권을 채택하도록 한 것은 바로 밀이었다고 한다. 은퇴한 증권브로커였던 리카도와의 관계에 있어서도 밀은 그의 스승이자 그에게 마셜의 경제학원론이 나오기 이전에 가장 유명한 경제학원론 책이었던『정치경제학과 과세의 기본원리』36)를 쓰도록 끊임없이 "괴롭히고" 리카도를 의회로 진출하도록 부추겼다고 한다.37)

밀은 매우 겸손하지만 유머가 없고 스스로에게 매우 엄격한 캘빈주의자38)였는데, 로스바드는 밀이 이인자를 자처한 것 자체가 성격에서 온 것이라기보다는 스코틀랜드 출신의 구두수선공 아들로서 취할 수 있는 하나의 전략으로 볼 수 있다는 의견을 제시한다. 아무튼 밀은 10-20명의 소규모이지만 매우 강력한 집단인 철학적 급진파를 이끄는 부대장 역할을 담당하였는데, 이들은 대부분 밀 자신에 의해 (밀의 방식으로 본) 자유주의자로 개종된 경우였다. 로스바드

---

36) *Principles of Political Economy and Taxation*, 1817.
37) 로스바드에 의하면 심지어 리카도 시스템, 특히 비교우위의 법칙의 상당부분은 밀의 것일 수 있다는 증거들이 나타나고 있다.
38) 후일 무신론자가 되었으나 엄격한 종교적 성격은 유지하였으며, 그래서 이런 분위기와 어울리지 않는 흄에 대해 밀은 호의적이지 않았다고 한다.

에 따르면, 심지어 아들에 대한 혹독한 교육은 흔히 알려져 있듯이 자신의 교육이론을 실험한 것이라기보다는 차세대 지도자로 키우려는 의도였다는 것이다. 이처럼 카리스마를 지녔고, 유머가 없으며, 설교적이었던 밀은 이런 성격의 장단점을 모두 가지고 있었다.39)

밀은 자유주의 계급이론과 이 이론에 따라 민주주의에 대한 열정을 지니고 있었다. 밀의 이론에 의하면, 사회는 지배계급과 피지배계급으로 구성된다. 지배계급(ruling class)은 국가권력을 획득한 계급을 말하며, 피지배 계급은 지배자에 의해 조세를 징수당하고, 규제를 받고, 통제를 받는 계급을 말한다. 자유시장과 자유사회 안에서는 모두가 조화롭지만, 국가권력을 누가 통제하며 누가 통제받느냐의 문제에서는 갈등이 벌어진다. 소수의 지배자들은 약탈하는 자이며 약탈당하는 다수가 피지배자이다. 정치는 이 두 계급 간의 투쟁이다. "이 약탈을 할 수 있게 하는 힘을 어떻게 배제하여 약탈을 그치게 할 것인가?" 밀은 이를 정부의 거대문제(the great problem of government)로 보고 이에 대한 해답으로 국민들이 감시인을 임명하여야 한다고 생각하였다. 그러면 "그 감시인을 누가 감시할 것인가?"라는 정치학의 고전적 문제에 대해 그는 "국민 대중 자신들"이라고 보았다. 그렇다면 "국민들이 어떻게 스스로 감시자가 될 수 있는가?" 그의 대답은 "모든 국민이 감시를 할 대표자를 자주 비밀선거를 통해 선발함으로써" 감시자의 역할을 할 수 있다고 보았다. 그래서 그는 정기적인 보통선거가 소수의 약탈을 종식시킬 것으로 기대하였고, 이를 무엇보다 먼저 쟁취해야할 정치적 이상으로 삼았다.40)

---

39)아들 존 스튜어트 밀의 친구 엘리스(William Ellis)는 "그(제임스 밀)는 나에게 어떻게 사고하고 무엇을 위해 살 것인지를 가르쳤다(He taught me how to think and what to live for)."고 증언하고 있다.
40) 이것이 철학적 급진파들이 반곡물법동맹과 결별하여 곡물법반대보다는 우선선거권의 확대를 위해 정치력을 모아야 한다고 본 이유이다.

밀은 이 의회의 대표자들이 귀족의 지배를 대신한다고 할 때 이들이 자유주의 정책을 펼칠지에 대해 어떻게 확신할 수 있었을까? 밀의 대답은 비교적 순진하다. 국민들의 공통적 이해(common interest)는 특권을 배제하는 데 있기 때문에 이렇게 뽑힌 이들은 귀족들과는 다를 것이라고 보았다.

(2) 자유주의 지식인의 역할과 전략

밀은 지식인의 역할을 일반 대중의 "잘못된 의식"(false consciousness), 즉 자신들의 이익이 어디에 있는지에 대해 무지한 것을 깨뜨리는 데 있다고 보았다. 대중들은 자유주의가 자신들에게 이득이 됨에도 불구하고 이를 지지하지 않고 소수의 약탈적 지배를 진정으로 지지하는 경우가 발생할 수 있는데 지식인의 역할은 바로 대중을 교육하고, 조직하여 그들의 의식이 정확하게 되도록 만드는 데 있다고 보았다.

이에 따라 밀은 최종적인 목표를 향한 중간경유지로 "선거권의 확대"를 쟁취하는 것을 전략으로 삼았으며 이에 따라 중산층까지 투표권을 확대하는 내용의 '1832년의 개혁안'(the Reform Bill of 1832)의 통과를 위해 주력한다. 밀에게는 전략적으로 보았을 때 자유주의 정책보다 민주주의의 확장이 더 중요하였다. 그는 민주주의가 확립되면, 거의 반자동적으로 자유주의정책이 수반될 것으로 보았기 때문이다. 그래서 그가 이끈 철학적 급진파들은 '1832년의 개혁안'의 통과에 전념하기 위해 반곡물법연맹(the Anti-Corn Law League)과의 동맹을 거부한다. 역설적이게도 이런 거부 이후 이 운동은 급속하게 쇠락하고 만다.

밀은 '1832년의 개혁안'을 통과시키기 위해, 휘그당 정부에, 이 법안이 통과되지 않으면, 폭동이 일어날 것이라는 공포를 심어주는 전략을 채택하고, 실제로 그런 일이 없었음에도 불구하고 주요 언론들에 이런 심증을 주는 사건들이 있는 것처럼 보도하도록 뒤에서 조정한다. 뢰벅(Roebuck)의 회고에 의하면, "대중들에게는 보이지 않았지만, 밀은 인형 쇼에서 인형 줄을 당겼다 죄었다 하는 인형술사(puppet master)였다."

민주주의 자체가 자유주의 정책의 보장자가 아니라는 점은 이제 너무나 잘 드러난 사실이고 이에 따라 이에 대한 믿음은 급속하게 시들었다. 더구나 자유 무역주의 운동에 동승하지 못함으로써, 철학적 급진파들은 곧 정치 무대에서 쇠락하는 운명을 맞게 되었다.

(3) 시사점

자유주의의 전략으로써 밀의 "레닌주의"는 우리에게 무엇을 시사하는가? 로스바드는 우선 밀의 전략이 앞에서 살펴본 다른 전략들에 비해 상대적으로 가장 희망을 걸만한 것이라고 본다. 그러나 그는 다음과 같은 점들이 유보되어야 한다고 지적한다. 우선 밀이 보이고 있는 과도한 민주주의에 대한 낙관주의의 오류이다. 즉, 밀의 전략은 올바른 이론의 바탕 위에 서 있지 못했던 것이다. 민주주의가 자유주의와 일으킬 수 있는 갈등에 대해 충분히 깨닫지 못했다는 문제가 있었다. 두 번째로 밀의 "레닌주의"는 자유주의 원칙이 사회에 조금이라도 더 확립되도록 만들기 위해 자유주의의 원칙 자체를 조금이라도 어겨도 되는지 심각하게 생각해보도록 한다.[41] 아울러 자유주의 (정치)지도자는 반곡물법동맹처럼 중요한 세력과 협력적 관계를 맺고 지나친 갈등은 피함으로써 그 추진력을 상실하지 않도록 하여야 한다는 것이다.[42]

---

41) 밀은 그의 신념을 사회의 변화에 접목시키기 위해 실제로 있지 않았던 사건도 마치 있는 것처럼 보도되도록 하는 등 수단 자체가 자유주의가 중시하는 가치와 반드시 일치해야 한다고 보지는 않았다.
42) 로스바드는 이런 협력적 관계의 지속을 위해 지도자는 엄숙함 이외에도 친화력과 같은 다른 자질을 아울러 갖출 필요가 있다고 지적하고 있다.

4. 한국 자유주의 지식인의 사회변화에 대한 역할

로스바드가 잘 지적하고 있듯이, 자유주의 운동은 비록 자유주의
자들이 믿고 있듯이 그것이 진리라는 점에서 중요한 힘을 얻고 있
다고 하더라도, 맑시즘이나 사회주의 운동, 혹은 그 변형에 비해 이
를 사회변혁 운동으로 삼을 때 나름대로 어려운 점들을 안고 있다.
우선 자유주의자들은 이들에 비해 전략에 대해 별로 투자를 하지
않고 있다. 이에 더해 자유주의는 마르크스주의의 노동자, 혹은 모
택동의 농민 등과 같이 즉각적으로 확인 가능한 특별히 선호하는
사회변혁의 주도계층을 가지고 있지 않다. 자유주의는 반직관적이라
는 지적도 있다. 국가권력을 제한함으로써 개인 각자의 자유의 영역
을 확보하고자 하므로 자유주의는 국가의 권력의 문제와도 부딪칠
수 있다.

이런 문제들을 어떻게 극복할 것이며, 자유주의 지식인, 특히 하
이에크 소사이어티는 어떻게 대응해 나가야 하는가? 우선 첫 번째
로 소위 전통적 의미에서의 "순진한" 교육주의의 차원에서도 반성
이 필요할 것으로 보인다. 최근 경제학계에서 정책에 대해 나오는
조언이나 발언은 자유주의에 기초한 정책보다는 "사회안전망의 강
화" 등과 같은 목소리가 먼저 들리고 더 많이 들리고 있으며 더 많
이 언론의 주목을 받고 있다. 이는 아직 자유주의 학자들이 학계에
서 리카도나 벤담이 차지하던 정도의 영향력을 확보하지 못했다는
뜻이다. 자유주의를 본격적으로 다루는 전문저널이 아직 확립되지
않아서 자유주의에 대한 학자들 사이의 치열한 내부논쟁을 이끌지
못하고 있다.

보에티에 대해 설명하면서 언급하였지만, 우리나라의 자유주의 연
구에 있어 장기간에 걸친 영향력과 단기적 관심의 집중을 위해 자
유주의를 다룸에 있어 추상성과 구체적 적용에 있어 적절한 균형을

취하고 있는지도 점검해 볼 내용이다.

먼저 이론의 측면에서 핵심적 개념을 재정립할 필요가 있다. 재정립하는 방법은 되도록이면 학계의 관심을 유발할 수 있도록 예를 들어 다음과 같은 물음에 대해 반대편 학자들에 대항해서 뿐 아니라 내부 학자들 사이에서 치열하게 논쟁하여야 한다. "시장실패와 정부실패를 모두 인정하면서 경우에 따라 정부가 행동하고 또 경우에 따라 시장에 맡겨야하는가?" "국가의 역할은 어디까지인가?" "자유주의자는 민주주의를 어디까지 받아들일 것인가?" "사회안전망이라는 개념을 수용할 것인가?" "수용한다면 어디까지 수용할 것인가?"

이런 노력과 병행하여 모든 사람들이 스스로를 "자유주의자"라고 부르기 때문에 이를 정확하게 차별화하여야 한다. 자유주의자들에 대한 잘못된 인식을 확실하게 불식시켜야한다. 예를 들자면, 자유주의자는 기득권 옹호자, 부패의 옹호자, 사회의 변화를 거부하는 자와 같은 잘못된 도식을 확실하게 불식시킬 필요가 있다. 이를 불식시키는 방법에 대해서도 생각해볼 필요가 있다. 단순히 그렇지 않다고 주장하거나 혹은 그 반대가 사실이라는 점을 보여주는 것도 한가지 방법이지만 다른 한편으로, 보아즈(Boaz)의 말처럼 자유주의가 "최첨단"(leading-edge) 이념이란 인식을 심어주는 것도 더 적극적인 방법이 될 수 있을 것이다.43)

이와 동시에 하이에크 소사이어티도 전략에 대해 고민해야 한다. 좌파 지식인들이 전략에 더 투자하고 있음은 거의 분명해 보인다.44)

---

43) Boaz, *Libertarianism, A Primer*, Free Press, 1997. 1장 참고.
44) 이런 증거들로는 다음과 같은 전략에 대한 좌파들의 글을 들 수 있을 것이다. "그람시는 부르주아의 헤게모니를 붕괴시키기 위한 노동계급의 대항 헤게모니를 제안한다. 그람시는 시민사회 내에서 대항 헤게모니를 형성하기 위해서 진지전과 유기적 지식인의 역할이라는 두 가지 실천전략을 제시한다. 진지전이란 사회의 다양한 곳에 진지를 파고 다양한 전술을 구사하면서 장기간에 걸쳐 부르주아의 헤게모니를 침식시켜나가는 과정이다. 진지전에서 가장 중요한 무기는 대중의 의식을

사회변혁의 실질적 영향력을 확보한다는 차원에서 권력획득 혹은
사회변혁 자체가 목적인 정당이나 기타 시민단체들과는 어떤 관계
가 바람직한지에 대해서도 생각해 보아야 한다.

　　세상을 변화시키기 위해 일반대중에게 매력적으로 보이게 함으로
써 정치적 대세를 얻으면서도 자유주의를 고수하는 것은 어디까지
가능하며, 무엇을 어떤 방식으로 주장하는 것이 바람직할까? 이런
전략을 만들어내기 위해 우선 이런 주장에 반하는 주장을 정확하게
집어내는 것이 필요하다. 싸워야 할 "지배적 도그마"가 무엇이며 어
떤 순서로 싸우는 것이 좋은지 연구해야 할 것이다.

5. 맺는 말

　　이 글은 자유주의자들도 전략에 대해 고민해보아야 한다는 취지
의 로스바드의 글이 중요하다고 판단하여 이를 소개하고 토론 자료
로 삼으려는 것이 주목적이었으며, 자유주의 사회로 나아가기 위한
전략과 여기에서 지식인이 담당할 바람직한 역할에 대해 많은 생각
을 하고 쓴 것은 아니다.

　　로스바드가 순진한 교육주의라고 이름붙인 것에 머물지 않고 실
제의 사회변혁의 주역이 되기 위해 자유주의자들이 할 일은 참으로

전환시키는 이데올로기 투쟁이다. 그러면 이 같은 이데올로기 투쟁의 선도적 역할
은 누가 담당할 것인가? 바로 지식인 집단이다. 대항 헤게모니의 사상체계를 수립
하는 지식인을 그람시는 피지배 계급의 유기적 지식인이라고 불렀다. 유기적 지식
인은 대외적으로 부르주아의 이익을 옹호하는 지식인을 상대로 이데올로기 투쟁을
전개하면서 내부적으로는 노동계급과 그 동맹세력들에게 끊임없이 이데올로기 교
육과 정치 교육을 실시한다." (김성국, 1995, 김인영 외 (2001) p. 21에서 재인용);
그 외 "시민적 활동의 영역에 민중적 입장을 갖는 진보적 시민기구들이 다양하게
만들어져야한다고 생각한다… 이러한 진보적 시민운동기구들은 기존의 '체제 내적
인' 시민운동과 연대하고 동시에 '체제 변혁적인' 민중운동과 연대하는 기구가 되
어야 할 것이다." (조희연, 1995, 김인영 외 (2001) p. 25에서 재인용).

많고도 어려운 것 같다.

진리를 밝히기 위해 노력하는 것이 지식인의 가장 중요하고도 기본적인 책무이겠지만, 사회과학자들에게는, 특히 자신의 연구가 세상에 도움이 된다는 것을 확신하고 싶은 이들에게는 튀르고의 경우가 좋은 반면교사가 될 것이다. 튀르고는 중농학파의 오류도 꿰뚫어 본 뛰어난 경제학자였을 뿐 아니라 개혁에 대한 열정도 누구 못지 않았지만, 결과적으로 자유주의 개혁을 성공해내지 못했고, 그가 이에 성공했더라면 프랑스혁명이 좀더 자유주의에 부합하는 방식으로 전개될 수 있었음을 상기할 필요가 있다. 비록 자유주의 개혁이 바른 방향이라고 하더라도, 전략에 대해 고민하지 않은 채 자유주의 개혁을 시도하게 되면, 자칫 실패로 끝날 수 있다. 더구나 튀르고의 실패는 자유주의자 튀르고 혼자만의 실패가 아니라 많은 다른 이들에게도 고통을 주는 실패가 될 수 있다.

다른 이들을 위해서가 아니라 자유주의자 자신들을 위해서도 전략에 대해 고민하여 실제로 현실의 변화를 이루는 데 성공할 필요가 있다. 자유주의자가 현실에 대한 탄식을 멈추고 왕성하게 활동하게 되는 것은 현실세계의 변화를 실제로 목격하고 이를 기대할 수 있을 때이다. 하이에크가 만년에 정력적인 집필을 할 수 있었던 것은 신(新)중상주의적 거시경제조정정책의 실패를 예견한 공로로 노벨경제학상이 주어지고 베를린 장벽이 무너지는 등 직접 자신의 예언이 적중하였음을 보게 되는 등 현실의 변화가 그를 고무시켰고 때문이다. 자유주의자들도 시간선호의 지배를 받으며, 따라서 지연된 희망은 자유주의자들도 멍들게 할 것이므로 전략에 대해 고민하지 않을 수 없다.

우리나라에서도 자유주의 지식인들도 전략의 문제에 대해 좀더 많은 연구와 고민이 필요하며 그런 점에서 이 글이 이런 고민의 필요성을 환기시키고 이 분야의 전문가들인 자유주의 정치학자들, 지식사회학자들로부터의 연구와 논의를 점화시키기를 기대한다.

<참고문헌>

Murry N. Rothbard, "Concept of the Role of Intellectuals in Social Change Toward Laissez Faire," *The Journal of Libertarian Studies*, Vol. IX, No. 2, Fall, 1990, pp. 43-67.
Boaz, David, *Libertarianism, A Primer*, Free Press, 1997.
Mises, Ludwig von, *Human Action*, Yale University Press, 1949.
Mises, Ludwig von, *Notes and Recollections*, Libertarian Press, 1978.
루드비히 폰 미제스 (이지순 역)『자유주의』, 한국경제연구원, 1988.
하이에크 (민경국 편역), "자유주의 이념의 전개과정,"『자본주의냐 사회주의냐』, 문예출판사, 1990.
보에티 (박설호 역)『자발적 복종』(*Discour de la Servitude Volontaire*), 울력, 2004.
기 소르망 (강위석 역),『20세기를 움직인 사상가들』, 2001, 한국경제신문사.
전용덕, "노자와 장자는 세계 최초의 자유지상주의자였다,"(상·하) 월간 에머지 새천년, 2000. 11. (통권 15호)·2000. 12. (통권16호).
강위석, "자유란 무엇인가", 제5기 하이에크 아카데미 강의자료, 2004. 6.
김인영 외,『시민운동 바로보기』, 21세기북스, 2001.
러셀 로버츠,『보이지 않는 마음』(*Invisible Heart*), 월드컴, 2003.
러셀 로버츠, *The Choice*, 생각의 나무, 2004.
복거일,『보이지 않는 손』, 문학과 지성사, 2006.
노스·토머스,『서구세계의 성장』, 자유기업원, 1999.
김정호,『땅은 사유재산이다』, 나남출판, 2006.
민경국, "독일경제학의 미국화와 한국 경제학," 김균·이헌창 편,『한국경제학의 발달과 고려대학교』, 고려대학교출판부, 2005.

잘못된 재정통계:
한국을 '가장 작은 정부'로 만들다[1]

박동운
(단국대학교 경제학부 교수)

1. 서론

한국의 '일반정부 총지출(General Government Total Outlays)' 관련 OECD 재정통계에 따르면, 한국은 OECD 국가들 가운데 '가장 작은 정부'를 이룩한 나라다. 사실이 그렇다면 얼마나 좋겠는가. 이는 지방정부, 일부 기금, 사회보장지출 등의 제외로 정부지출이 과소추정되어 나타난 결과다.

필자는 오래 전부터 이 문제를 지적해 왔다. 필자는 1998년 신문을 통해 한국에서 이 문제를 처음으로 지적했다.[2] 필자의 끈질긴 지적을 놓고, 재경부는 2001년 6월 3일 2003년부터는 지방재정이 포함된 재정통계를 국제기관에 보낼 계획이라고 밝혔다[3]. 그러나 그런 재정통계는 아직 찾아볼 수 없다. 참다 못해 필자는 또 2004년

---

1) 이 글은 단국대 범은정장학재단의 2006년도 연구비 지원으로 쓰여진 것임.
2) 「동아일보」, 1998. 11. 17.
3) 「동아일보」, 2001. 6. 4.

초 잘못된 재정통계를 언급한『대처리즘: 자유시장경제의 위대한 승리』가 출간되자마자 당시 이헌재 경제부총리 겸 재경부장관에게 책을 보내면서 주무장관으로서 이 문제를 해결해 달라고 간곡하게 부탁까지 했다.

한국의 재정통계는 IMF에는 재정경제부가, OECD에는 한국은행이 보내 발표된다. IMF 재정통계에서 한국의 지방정부 재정자료는 대부분의 나라들과는 달리 '빈 칸'으로 남아 있다. 재정경제부가 지방정부 재정자료 미비로 중앙정부 재정자료만 보내기 때문이다. OECD 재정통계에서 한국의 지방정부 지출은 대부분의 나라들과는 달리 과소추정되어 있다. 한국은행이 지방정부 재정자료가 제대로 마련되지 않은 상태에서 지방정부 지출을 과소추정하기 때문이다. 이 결과 한국은 OECD 회원국 가운데 GDP 대비 일반정부 총지출 비율이 가장 낮은 나라로 나타나 있다. 통계청이 지방정부 지출 재정통계를 발표해 오고 있으나 이는 기초자료로 사용되지 않고 있다. 행정자치부가 출범한 지 10년이 넘었는데도 한국은 신빙성 있는 지방정부 재정자료를 마련하지 못하고 있다. 한국은 국제표준에 맞는 재정통계 마련이 시급한 실정이다.

이 글은 한국은행이 OECD에 보내 발표된 한국의 일반정부 총지출 비율이 과소추정되어 있다는 것을 지적하고, 국제표준에 맞는 재정통계 마련이 시급하다는 것을 촉구하기 위해 쓴 것이다. 본 서론에 이어 Ⅱ절에서는 OECD의 일반정부 총지출 재정통계의 내용을 살펴보고, Ⅲ절에서는 한국은행의 일반정부 총지출 비율이 과소추정되어 있다는 것을 논의한다. 끝으로 4절에서는 한국의 재정지출 통계의 보완점을 제시한다.

2. OECD 국가들의 일반정부 총지출 비교

여기에서는 '일반정부'의 포괄범위를 살펴본 후 OECD의 GDP 대비 일반정부 총지출 비율을 바탕으로 한국과 몇몇 OECD 회원국들을 비교한다.

'일반정부'의 포괄범위

IMF는 재정통계에 관한 국제적인 공통기준(Government Finance Statistics Manual)을 마련하여 각 나라들이 이 기준에 따라 재정통계를 작성하도록 권고해 오고 있다. 따라서 일반정부의 포괄범위는 일반적으로 IMF 기준을 따른다. 일반정부에 관한 IMF 기준을 간략하게 소개하고, 참고를 목적으로 다른 세 기구의 기준도 곁들인다.

① IMF

IMF는 "일반정부 부문은 모든 정부 기관(units)과 정부 기관이 통제하면서 대부분의 재원을 공급하는 모든 비시장성 비이익기관(nonprofit institutions)으로 구성되어 있다"라고 정의하고, "일반정부는 중앙정부와 지방정부를 포함한다"라고 일반정부의 포괄범위를 명시하고 있다(IMF, 2001 Government Finance Statistics Manual).

② 재정경제부

재정경제부는 일반정부에 관한 IMF의 정의를 그대로 따른다. 재정경제부는 "한국은 1979년 이후 IMF의 『정부재정통계편람(A Manual on Government Finance Statistics)』에 따라 통합재정수지를 산출한다"라고 밝히고, 통합재정에서 일반정부 부문(Consolidated General Government)은 "정부가 (정부부문과) 정부부문 이외의 국민경제에서 강제적으로 조달한 재원으로 비시장성 서비스를 창출하고 공공정책 수행을 통해 소득이전 및 자원배분 등의 기능을 수행하는 활동이다"라고 명시하고 있다.

재정경제부에 따르면, 한국의 "일반정부 부문은 중앙정부와 지방정부를 모두 포괄하는 개념으로 중앙정부 부문에는 일반회계, 5개의 기업특별회계, 17개의 기타특별회계, 47개의 기금(외국환평형기금 제외) 및 세입세출외(세계잉여금 처리, 전대차관 등) 등이 포함"된다(재정경제부, 『한국통합재정수지』, 2004, p. 9). 그러나 『한국통합재정수지』 작성에서는 지방정부가 제외되고 있다(재정경제부, 『한국통합재정수지』, 2004, p. 10). 이는 지방정부 재정자료가 갖춰지지 않고 있다는 것을 의미하고, 실제로 재정경제부가 IMF에 보내 발표되는 Government Finance Statistics의 한국 관련 지방정부 재정자료는 완전히 빈 칸으로 남아있다.

③ OECD

OECD의 일반정부 정의는 크게 IMF와 다르지 않다. OECD는 "경상지출은 경상소비, 이전지출, 보조금, (이자지출을 포함하여) 지불된 재산소득의 합이다. 총지출은 경상지출과 자본지출로 구성되어 있다. 일반정부 총지출 자료는 중앙정부, 주정부, 지방정부에다 사회보장 계정을 통합한 것이다"라고 밝히고 있다(OECD, OECD Economic Outlook, Dec. 2005).

④ 한국은행

한국은행은 IMF의 정의를 그대로 따르고 있다. 한국은행은 "재정통계는 재정을 운영하는 기관 및 그 성격에 따라 중앙정부, 지방정부, 비금융공기업 3개 부문으로 나뉘어 집계되고 있다. 중앙정부에는 정부의 고유 업무 수행과 관련된 일반회계, 5개의 기업특별회계를 제외한 기타특별회계, 공공기금 등이 포함되며, 지방정부에는 지방자치단체의 일반회계, 교육비특별회계, 기타특별회계 등이 포함된다. …이상의 분류 중에서 중앙정부와 지방정부를 합하여 일반정부”
라고 정의하고 있다(한국은행,『알기 쉬운 경제지표해설』, 2004, pp.
117-9).

그런데 한국은행은 ‘일반정부’에는 중앙정부와 지방정부를 포함시
키고, ‘공공부문(public sector)’에는 일반정부에다 양곡관리 철도 등
5개 공기업을 포함시킨다. 이는 IMF의 기준에 따른 것이다. 그러나
재정경제부는 한국은행과는 다른 기준을 사용하고 있다. 즉, 재정경
제부는 ‘통합재정’ 작성에서 “비금융공기업의 경우에는 영업잉여 또
는 손실만을 중앙정부부문과 통합”함으로써 “결국 우리나라 통합재
정의 포괄범위는 일반회계, 기타특별회계(17), 기업특별회계(5), 기금
47개, 세입세출외(세계잉여금 처리, 전대차관 등)가 포함”된다고 명
시함으로써 기업특별회계(5)가 ‘일반정부’에 포함되고 있음을 알 수
있다(재정경제부,『한국통합재정수지』, 2004, p. 9-10).

재정규모의 국제 비교

한국에서 재정통계의 기초 자료는 재정경제부가 제공한다. 한국은
행은 재정통계 작성에서 재정경제부의 『한국통합재정수지』를 이용
한다.

재정경제부는 ‘공공부문’과 ‘중앙정부 및 공공부문 수지’ 항목으로
구분하여 자료를 발표한다(재정경제부,『한국통합재정수지』). 재정자
료가 ‘공공부문’ 항목에서는 ‘일반회계, 특별회계, 세입세출외, 기금,
기업특별회계’로, ‘중앙정부 및 공공부문 수지’ 항목에서는 ‘중앙정부
와 기업특별회계’로 발표되고 있다. 그런데 ‘공공부문’과 ‘중앙정부
및 공공부문 수지’ 항목의 수치는 똑같은데 형식만 다를 뿐이다. 중
요한 것은 앞에서 언급한 대로, 재정경제부는 ‘공공부문’을 ‘중앙정
부, 지방정부, 비금융공기업’이라는 IMF 정의를 따르면서도 통계에

서는 '공공부문'에서 '지방정부'는 제외한 채 '중앙정부'와 '공기업'만을 포함시키고 있다는 사실이다. 이는 곧 재정경제부가 '지방정부' 재정 자료를 갖추지 못했고, 지방정부 재정 자료를 갖추지 못한 재정경제부의 자료를 바탕으로 한국은행이 OECD에 보내 OECD가 발표하는 한국의 '일반정부 총지출'은 문제가 있다는 것을 시사한다.

이제 한국은행이 보내 OECD가 발표하는 한국의 GDP 대비 일반정부 총지출 비율을 OECD 국가들과 비교해 보자(<표 1> 참조). 비교를 위해 G7 국가들과 정부규모가 가장 큰 스웨덴, 정부규모가 가장 작은 아일랜드를 표에 포함시켰다.

<표 1> OECD 국가들의 GDP 대비 일반정부 총지출 비율 (단위: %)

	1993	1995	1998	2000	2001	2002	2003
미국	38.0	36.9	34.7	34.2	35.3	36.3	36.7
일본	34.3	35.8	36.2	38.3	37.8	38.3	37.6
독일	48.3	49.4	48.1	45.1	47.5	48.0	48.3
영국	46.1	45.0	40.2	37.5	41.0	41.7	43.3
프랑스	54.3	55.1	52.6	51.6	51.5	52.6	53.6
이태리	57.7	53.4	49.9	46.9	49.2	48.5	49.3
캐나다	52.2	48.5	44.8	41.1	42.0	41.3	40.9
OECD평균	42.9	42.3	40.2	39.1	40.1	40.7	41.3
스웨덴	73.0	67.6	60.7	57.4	57.0	58.4	58.7
아일랜드	44.7	41.5	34.4	31.5	33.2	33.4	33.5
한국	21.6	20.8	24.7	23.9	25.0	24.8	30.9

자료: OECD, OECD Economic Outlook, 2005.

2003년 한국의 일반정부 총지출 비율은 30.9%로, <표 1>에 나타
나 있는 국가들 가운데 가장 작다. 2003년 한국의 일반정부 총지출
비율은 OECD 평균치보다는 10.4%, 정부규모가 세계에서 가장 큰
스웨덴보다는 27.8%, 그리고 세계에서 정부규모가 가장 작은 아일
랜드보다는 2.6% 작다. G7 국가들에 비해서는 적게는 미국보다
5.8%, 많게는 프랑스보다 22.7% 작다. 이런 정도의 재정규모라면 한
국은 아마도 세계에서 가장 작은 정부를 이룩한 나라라고 할 수 있
을 것이다.

　IMF나 OECD의 재정통계 매뉴얼을 보면, 재정경제부의 한국통합
재정수지 작성에서도 언급되고 있듯이, IMF 매뉴얼을 따른다 할지
라도 재정통계 작성에서는 나라마다 차이점이 있기 마련이어서 재
정규모의 직접적인 비교는 쉽지 않을 것이다. 이 점을 감안하여 자
료 이용이 가능한 몇 나라를 대상으로 IMF와 OECD의 재정통계에
나타나 있는 GDP 대비 일반정부 총지출 비율을 <표 2>에 정리했
다.

<표 2> IMF와 OECD가 발표한 GDP 대비 일반정부 총지출 비율 (단위: %)

나라 (연도)	IMF	OECD
영국 (2002)	41.2	41.7
독일 (2002)	48.5	48.0
이태리 (2000)	46.4	46.9
스웨덴 (2001)	57.1	57.0

자료: IMF는 Government Finance Statistics, yearbook 2003.
OECD는 OECD Economic Outlook, Dec. 2005.

　표에서 보듯이, 몇 나라의 GDP 대비 일반정부 총지출 비율은
IMF와 OECD의 추계방법에서 약간의 차이가 있는데도 수치에서는

사실상 차이가 없다. 이와 같은 사실은 미국, 덴마크, 노르웨이, 프랑스, 캐나다, 일본, 호주 등에서도 찾아볼 수 있다. 이 점을 감안할 때 지방정부가 포함된 OECD 회원국들의 일반정부 총지출 비율은 신빙성이 있다고 보아야 할 것이다. 그렇다면 한국은행이 보내 OECD가 발표한 한국의 일반정부 총지출 비율도 신빙성이 있다고 보아야 할 것인가?

3. 한국은행의 '일반정부 총지출' 비율

이제 한국은행이 일반정부 총지출 비율을 어떻게 추계하는가를 살펴보고 그 문제점을 논의한다.

한국은행의 '중앙정부 지출' 비율

한국은행은 『알기 쉬운 경제지표해설』[4]에서 2001년 한국의 GDP 대비 중앙정부 총지출 비율이 19.6%라고 보여준다. 기초 자료는 재정경제부가 2002년에 발간한 『2001회계연도 한국통합재정수지』다.

재정경제부 자료는 결산기준으로 작성된 것이고, 중앙정부 지출은 OECD 기준대로 경상지출과 자본지출을 합한 것이다. 순융자는 제외되어 있다. 한국은행이 추계한 방법대로 재정경제부의 『한국통합재정수지』를 바탕으로 몇 개 연도에 걸쳐 한국의 GDP 대비 중앙정부 지출 비율을 계산했다(<표 3> 참조).

---

4) (2004년 판, p. 128)

<표 3> 한국의 GDP 대비 중앙정부 지출 비율 (단위: %)

	1993	1995	1997	1998	1999	2000	2001	2002	2003
한국은행의 중앙정부 (1)	15.4	15.5	16.3	18.8	19.1	18.5	19.6	19.1	22.0
OECD의 일반정부 (2)	21.6	20.8	22.4	24.7	23.9	23.9	25.0	24.8	30.9
(2)-(1): 지방정부?	6.2	5.3	6.1	5.9	4.8	5.4	5.4	5.7	8.9

자료: 재정경제부, 『한국통합재정수지』, 각 연도.
한국은행, 『알기 쉬운 경제지표해설』, 2004.
OECD, OECD Economic Outlook, Dec. 2005.

표에서 보듯이, 『한국통합재정수지』를 바탕으로 한국은행과 같은 방법으로 계산한 한국의 GDP 대비 중앙정부 지출 비율은 1993년 15.4%에서 해마다 증가하다가 2003년 22.0%를 나타냈다. 중앙정부 규모는 10년 동안 6.6% 증가했다.

그런데 한국은행이 재정경제부 자료를 바탕으로 추계한 중앙정부 지출 비율과 한국은행이 OECD로 보내 발표된 일반정부 총지출 비율 간의 차이는 2003년의 8.9%를 제외하고 대략 5.5% 안팎이다. 이 차이는 지방정부 총지출 비율로 볼 수 있을 것이다. 한국은행이 추계한 이 재정자료에는 OECD 회원국과는 달리 사회보장지출이 포함되어 있지 않기 때문이다. 그렇다면 한국의 GDP 대비 지방정부 지출 비율은 대략 5.5%가 될 것인가?

한국의 '지방정부 지출' 비율

이와 관련하여 먼저 통계청 재정통계를 보자(<표 4> 참조). 통계청은 해마다 중앙정부와 지방정부를 합한 GDP 대비 일반정부 총지출 비율을 발표해 오고 있다.

<표 4> 한국의 재정규모: 통계청과 OECD 자료
(단위: GDP 대비 비율, %)

구 분		1993	1995	1997	1998	1999	2000	2001	2002	2003
통계청	일반정부(1)	27.8	26.6	28.8	32.2	31.5	32.6	33.0	31.3	35.6
	중앙정부(2)	19.3	19.3	20.4	23.7	23.7	23.7	24.9	24.5	25.5
	지방정부(3)	8.5	7.3	7.9	7.8	7.8	7.8	8.1	6.9	10.1
OECD	일반정부(4)	21.6	20.8	22.4	24.7	23.9	23.8	25.0	24.9	30.9
한국은행	중앙정부(5)	15.4	15.5	16.3	18.8	19.1	18.5	19.6	19.1	22.0
	지방정부(6)	6.2	5.3	6.1	5.9	4.9	5.4	5.4	5.7	8.9
(1) - (4)		6.2	5.8	6.4	7.5	7.6	8.8	8.0	6.4	4.7
(2) - (5)		3.9	3.8	4.1	4.9	4.6	5.2	5.3	5.4	3.5
(3) - (6)		2.3	2.0	1.8	1.9	2.9	2.4	2.7	1.2	1.2

자료: 통계청, 『한국주요경제지표』, 2005. 한국은행, 『경제통계연보』, 2005.
OECD, OECD Economic Outlook, 2005.

통계청 자료에 따르면, 지방정부가 확실하게 포함되어 있는 통계
청의 일반정부 총지출 비율은 한국은행이 보내 역시 지방정부가 확
실하게 포함되어 있는 OECD의 일반정부 총지출 비율보다 훨씬 더
크다. 1993~2003년 간 통계청의 일반정부 총지출 비율은 OECD가
발표한 일반정부 총지출 비율보다 적게는 4.7%에서 많게는 8.8% 더
크다. 흥미로운 것은, 예를 들면, 2003년 통계청의 일반정부 총지출
비율은 35.6%로, 같은 해 OECD 30개 회원국 가운데 뉴질랜드
(34.2%), 아일랜드(34.4%) 다음으로 높다는 사실이다. 더욱 흥미로

운 것은, <표 3>에서 보듯이, 1995년 지자제 실시 이전이나 이후나 지방재정 규모는 사실상 변한 것이 없다는 점이다. 이는 과연 사실일까?

참고로 몇몇 국가들의 GDP 대비 지방정부 규모를 보면, 미국 8-9%, 영국 12%, 프랑스 9-10%, 독일 9-11% 정도다. 이로 보아 통계청의 지방재정규모는 선진국의 지방재정규모와 어느 정도 비슷하나 한국은행 자료는 턱없이 작은 편이다.

통계청의 일반정부 총지출 재정통계는 중앙정부에다 지방정부 총지출을 단순 합계하여 얻었지 않았는가 생각된다. 만일 통계청의 재정통계가 지방정부 재정자료를 상계처리하고 시차 등의 문제를 해결하여 발표된 것이라면 재정경제부나 한국은행이 기초 자료로 사용하지 않을 이유가 없을 것이다. 어떻든 통계청의 정부 총지출 비율은 한국은행에 비해 중앙정부의 경우 적게는 3.5%에서 많게는 5.4%가 크고, 지방정부의 경우(이는 <표 3>에서 '지방정부?'라는 항목과 비교한 것임) 적게는 1.2%에서 많게는 2.9%가 크고, 일반정부의 경우 4.7%에서 8.8%가 크다(<표 3>과 <표 4> 참조). 이는 한국은행이 OECD에 보내 OECD가 발표한 한국의 일반정부 총지출 비율이 과소추정되었다는 것을 보여주는 증거다.

참고로 공공경제학 교과서는 한국의 재정규모를 어떻게 나타내고 있는가를 보자.

이준구 교수는 "(중앙정부와 지방정부를 합친) 총재정규모를 국민총생산으로 나눈 비율이 1970년에는 25.1%였지만, 그 뒤 점차 상승해 1997년에는 35.0%의 수준에까지 이르게 되었다"고 쓰고 있다.5) 김동건 교수는 "우리나라 정부의 총재정규모는 1970~80년대를 통하여 국민경제의 25~29% 수준에 머물렀으나 1990년대에 들어서서

---

5) 이준구, 『재정학』 제2판, 2000, p. 47

30% 수준을 넘어서 40%에 육박하는 수준이 된 것이다. 여기에는 지방재정규모의 증가가 큰 역할을 했다고 하겠다"고 쓰고 있다.6)

　　재정규모를 가르치는 공공경제학 교과서가 한국의 재정규모에 관해 크기를 정확하게 제시하지 못하는 이유는 신뢰할 만한 지방정부 자료가 없기 때문이다.

일반정부 총지출의 과소추정 이유

　　그러면 왜 한국은행의 일반정부 총지출 비율은 과소 추정되었는가? 그 이유는 다음과 같이 정리할 수 있다.

　　첫째, 한국은 아직 지방정부 지출 재정자료가 마련되어 있지 않다. 재정경제부는 '예산 기준' 지출 자료는 마련되어 있다고 밝히고는 있지만 '결산 기준' 지출 자료가 마련되지 않고는 일반정부 총지출 비율을 계산할 수 없다. 재정경제부는 그동안『한국통합재정수지』에서 "지방정부는 예산편성 및 결산작성의 시차, 회계과목간의 상이 등으로 현재 통합재정에 포함시키지 못하고 있음"이라고 변명해 오다가7) 뒤늦게 이를 시정할 계획을 세우고, "지방정부의 경우 현재 예산상으로는 지방정부의 통합재정수지가 작성되었으며, 결산상으로도 2003년 결산 기준의 지방정부 통합재정수지 작성 예정(2005년 중)"이라고 밝혔다."8) 아무튼 반가운 일이다. 재정통계에서 예산기준 통합재정은 기획예산처가, 결산기준 통합재정은 재정경제부가 작성해 오고 있다.

　　둘째, 한국은행은 지방정부 총지출에 관한 기초 자료 없이 GDP 추계에서 '정부소비, 정부저축, 정부투자, 재고순 증가' 같은 정부부

---

6) 김동건,『현대재정학 제4판』, 2000, p. 17.
7) 재정경제부,『한국통합재정수지』, 1999, p. 9.
8) 재정경제부,『한국통합재정수지』, 2004, p. 9.

문의 '최종소비'를 바탕으로 일반정부 자료를 추계해 오고 있다. 이 결과 지방정부 총지출이 과소추정된 것이다.

셋째, 한국의 일반정부 총지출 관련 OECD 재정통계에서는 사회보장지출이 제외되어 있어 정부규모가 작게 나타난다. 한국은 2003년 GDP 대비 사회보장지출 비율이 2.9%다. 따라서 사회보장 지출이 한국 관련 OECD 일반정부 총지출에서 제외됨으로써 한국의 정부규모는 그만큼 과소추정될 수밖에 없다. 국제표준에 맞는 재정자료 마련이 시급하다.

넷째, 한국은 기금의 일부가 일반정부 총지출에서 제외되고 있다는 지적을 받고 있다. 앞에서 언급한 대로, IMF는 "일반정부 부문은 모든 정부 기관과 정부 기관이 통제하면서 대부분의 재원을 공급하는 모든 비시장성 비이익기관(nonprofit institutions)으로 구성되어 있다"고 정의하고 있는데 한국이 과연 기금에서 국제표준을 따르고 있는지 의심스럽다.

한국 재정통계의 문제점을 놓고 중앙일보 취재팀은 전문가그룹과 함께 2006년 4월 5일부터 10일까지 한국정부가 큰가 아니면 작은가를 심층 분석한 바 있다. 중앙일보는 GDP 대비 한국의 정부규모는 37.9%로 이는 스웨덴, 덴마크 같은 유럽 복지국가보다는 작지만 미국(36%), 일본(37%)과 같은 수준이라고 지적했다.[9] 그 근거로 중앙일보 조사팀은 국내 최초로 정부기관에 준하는 산하기관 316개를 선정하여 이들 기관의 지출을 포함시켰다. 이 결과 기획예산처와 관련 기관으로부터 거센 거부반응을 불러 일으켰다. 어떻든 중앙일보의 특별취재 결과는 한국의 재정통계에 문제점이 많다는 것을 밝혔다는 데 큰 의의가 있다.

중앙일보의 특별취재가 가져온 성과의 하나는 기금을 어떻게 포

---

9) 「중앙일보」, 2006. 4. 5.

함시켜야 하는가에 관한 지적이다. 중앙일보는 "변양균 기획예산처 장관은 2005년 대통령 업무보고서에 '중앙정부 재정 범위에 국회 심의 대상이 되는 모든 회계와 기금 포함. 종전에는 금융성기금(9개), 외평기금 등 10개 기금 제외'라고 적어놓았다. 국제기구에 내는 통계에 주요 기금이 10개나 빠져 있어 앞으로 포함하겠다고 대통령에게 보고한 것이다. 그러나 기획예산처는 아직도 중앙정부에 넣어야 할 10개 기금을 넣지 않고 있다. 기금 총계는 200조 원이 넘는다[10]"라고 기금 관련 문제점을 지적했다.

이와 관련하여 정부는 국제표준을 적용하여 일반정부에 포함되어야 할 기금을 정비해야 한다. IMF 기준대로라면, 정부가 통제하면서 대부분의 재원까지 제공하는 기금이 정부부문에서 제외된다면 정부규모는 작아질 수밖에 없다.

4. 시사점

한국의 재정통계 미비는 크게 두 가지 면에서 재정운용을 잘못된 방향으로 이끌게 되리라는 문제점을 안고 있다. 하나는 한국이 세계에서 '가장 작은 정부'를 이룩한 나라로 국제적으로 오해받을 수 있고, 다른 하나는 정책입안자들이 '작은 정부'를 내세워 정부지출을 방만하게 증가시키려고 한다는 점이다.

후자는 2006년 1월 18일 노무현 대통령의 신년연설 <책임 있는 자세로 미래를 대비하자>에서 잘 나타난다. 노무현 대통령은 신년연설에서 다음과 같이 말했다.

---

10) 「중앙일보」, 2006. 4. 10.

　　"우리나라의 재정규모는 GDP 대비 27.3%입니다. 미국 36%, 일
　본 37%, 영국 44%, 스웨덴 57%인데 비하면 턱없이 작은 규모라고
　할 것입니다. 복지예산의 비율은 더 적습니다. 앞의 나라들이 중앙
　정부 재정의 절반 이상을 복지에 쓰고 있는데 우리는 1/4밖에 되
　지 않습니다."

　인용은 노무현 대통령이 한국은 '작은 정부'이기 때문에 복지지출
을 증가시켜 '큰 정부'로 만들어 가겠다는 의지를 보여준다.

　한국은 국제적으로 통계가 비교적 잘 갖춰진 나라로 인정받고 있
다. 그런데도 지방지출 통계는 잘 갖춰져 있지 않다. 지방자치제를
실시하고, 이를 관리하는 행정자치부가 출범한 지도 10년이 넘고,
OECD 회원국이 된 지도 10여 년이 되어 가는데도 관련 통계 하나
제대로 작성하지 않고 있다는 것을 우리는 부끄럽게 생각해야 한다.

　재정경제부는 이미 밝힌 대로 서둘러 국제표준에 맞게 재정통계
를 바로 잡아야 한다. 첫째, 재정통계는 단순 계산으로 마련될 수
있는 것이 아니다. 중앙정부와 지방정부 간에 돈의 흐름은 상계(相
計)처리되어야 할 항목들이 적지 않다. 따라서 통계처리는 긴 시간
을 두고 이루어져야 한다. 둘째, 재정통계를 관료들이 다룬다는 것
은 잘못이다. 담당 관료들이 자리를 뜨면 자료는 일관성을 잃게 된
다. 전문기관이 담당하는 것이 바람직하다. 재정통계는 이전처럼 한
국은행이 담당해야 한다.

<참고문헌>

김동건, 『현대재정학 제4판』, 박영사, 2000.
동아일보, 「정부통계에 지자체 포함」, 2001. 6. 4.
박동운, 「통계자료 '국제표준' 적용을」, 「동아일보」, 1998. 11. 17.
-----, 「관료의 태만과 OECD의 잘못된 한국통계」, <이슈투데이>, 2000. 9. 17.
-----, 『대처리즘: 자유시장경제의 위대한 승리―구조개혁에 성공한 마거릿대
　　　처 전 영국 수상 이야기』, FKI미디어, 2004. 2.
이준구, 『재정학 제2판』, 다산출판사, 2000.
재정경제부, 『한국통합재정수지』, 각 연도,
중앙일보, 「탐사기획 대한민국 정부는 큰 정부? 작은 정부?」, 2006. 4. 5~10.
통계청, 『한국주요경제지표』, 각 연도.
한국은행, 『알기 쉬운 경제지표해설』, 2004.
------, 『경제통계연보』, 각 연도.
IMF, *International Finance Statistics*, June 2005.
---, *Government Finance Statistics Yearbook*, 2003.
---, *2001 Government Finance Statistics Manual*.
OECD, *OECD Economic Outlook*, 각 연도.

지식의 관점에서 본 NGO활동의 문제점과 개선방향

권혁철
(자유기업원 법경제실장)

1. 서언

1990년대 중반 이후 특히 2000년대 들어서면서 우리 사회에서 가장 주목을 받고 있는 것 중의 하나가 바로 시민단체(NGO) 및 그들의 활동이다. 2000년의 총선시민연대와 그 이후의 소액주주운동 등을 통해 일반 국민들의 전폭적인 지지와 호응을 얻기도 했던 시민단체는 엄청난 성장속도를 보이며 자신들의 영향력을 지속적으로 확대해 왔다. 그에 따라 유력 시민단체들은 정치, 사회, 경제적 쟁점사안들에 대해 빠짐없이 자신들의 의견을 개진하면서 많은 부분 자신들의 의사를 관철시켜 왔다. 새만금개발과 천성산터널 등의 사례에서 볼 수 있듯이 정부 또한 첨예한 쟁점사안에 대해서 자의든 타의든 시민단체들과의 협의와 조정을 요구받게 되었다. 오늘날 대한민국에서 시민단체는 입법, 사법, 행정, 언론에 이어 제5부로 불릴 정도로까지 성장했다.

한편 시민단체의 이러한 성장 및 영향력 확대와 더불어 이들에 대한 실망과 비판 여론도 만만치 않게 나타나고 있다. 유력 시민단체가 연루된 뇌물수수사건, 총선연대의 대변인을 맡았던 장원 교수의 성추행 사건 등으로 인해 시민단체가 생명으로 여기는 도덕성에 심각한 타격을 받기도 했다. 또 경제정의실천연합은 공기업으로부터 거액의 후원금을 요구한 사실이 드러났으며, 얼마 전에는 환경단체가 자신들이 만든 제품을 기업들에게 강매한 사실까지 밝혀지면서 시민운동 자체에 대한 곱지 않은 시선이 표면화되기도 했다.

긍정적이든 부정적이든 NGO가 한국사회 내에서 매우 중요한 행위자이면서 상당한 영향력을 행사하는 집단이 되었다는 점은 분명하다. 시민단체의 영향력이 지속적으로 확대되고 있는 현상은 한국만의 현상이 아니라 세계의 보편적인 현상이다. 이런 이유로 21세기를 NGO의 시대로 규정하는 학자들도 적지 않다.

그러나 시민단체들의 활동을 살펴보면 적지 않은 혼란과 문제점을 보이고 있다는 점도 부정할 수 없다. 특히 지식의 관점에서 볼 때 시민단체의 활동들 중 많은 부분이 구성주의적 합리주의의 오류를 보이고 있다. 많은 시민단체들이 인간 이성에 대한 무한한 신뢰를 갖고 명시적 지식만을 유일한 지식으로 이해하면서, 이를 바탕으로 인간사회에 대해 개입함으로써 많은 문제점을 드러내고 있다. 인간 이성의 한계를 인식하고 명시적 지식보다 암묵적 지식이 훨씬 더 광범위하고 풍부한 내용을 담고 있다는 것을 인정하는 진화론적 합리주의와는 정반대되는 입장이다.

이 글에서는 이러한 두 합리주의를 비교하면서 진화론적 합리주의의 지식관을 설명한 후 시민단체들의 구체적인 활동들을 지식의 관점, 특히 지식의 문제를 해결해 주는 자생적 질서인 시장경제의 관점에서 비판적으로 검토하고자 한다. 그리고 지식의 문제를 해결하기 위한 방안으로 시민단체들이 시장경제질서에 반하는 주장과 활동을 하기 보다는 진화론적 합리주의에 기반하여 시장을 어떻게 잘 활용해야 할 것인지에 대한 고민이 필요하다는 점을 지적한다.

2. 진화론적 합리주의의 지식관[1]

인간은 물론 만물의 존재방식인 질서에는 두 가지 종류가 있다. 즉 어떤 공동의 집단적인 목표를 달성하기 위해 인위적으로 만든 질서(=인위적 질서)와 어떠한 공동의 목표가 없이 각자가 자유로이 자신들의 관심을 충족시키는 과정에서 자생적으로 형성된 질서(=자생적 질서)가 곧 그것이다. 기업이나 이익단체, 정부조직, 정당 등과 같은 조직은 특정의 목표를 달성하기 위해 인위적으로 만든 조직인 반면, 시장경제를 비롯한 언어, 화폐 도덕 등은 자생적으로 생성된 질서이다.

데카르트를 시발로 하는 프랑스 계몽주의 전통에서 비롯된 구성주의적 합리주의는 중요한 두 가지 인식론적 오류에 기초하고 있다. 즉 그들은 인간이성에 대해 무한한 신뢰를 갖고 명시적 지식만을 유일한 지식으로 이해하고 있다. 이러한 오류에 근거하여 이들은 자발적 질서의 존재를 도외시하는 반면 인위적 질서의 중요성을 강조한다.

구성주의적 합리주의는 "이성만으로 다른 어떤 매개자 없이 우리의 욕망에 직접 봉사할 수 있고, 새로운 세계, 새로운 도덕, 새로운 법. 새롭고 순수한 언어까지 세울 수 있다"[2]고 주장한다. 오직 합리적으로 정당화 될 수 있고, 관찰적 실험에 의해 증명될 수 있으며, 경험될 수 있고, 검사될 수 있는 것만이 신념으로서 가치가 있다는

---

1) 이 부분에 대해서는 민경국(2000) 참조.
2) 하이에크(2004), p. 104.

입장이다. 이들의 주장에 따르면 다음과 같은 경우는 비이성적 행동이다.3)

　－ 과학적인 정당화를 부여할 수 없거나 관찰을 통해 증명할 수 없는 것을 따르는 것;
　－ 이해할 수 없는 것을 따르는 것;
　－ 만일 그것의 목적을 미리 충분하고 명확하게 말할 수 없다면, 어떤 특정한 진로를 따르는 것;
　－ 그것의 결과를 미리 알 수 없고, 충분히 관찰할 수 없고, 그리고 유용하지도 않은 행동을 하는 것.

　이러한 잘못된 인식론에 기반을 둔 구성주의적 합리주의가 자생적으로 형성된 제도의 중요성을 무시하고 목적의식적인 사회통제와 사회개혁을 강조하는 것은 너무도 당연한 귀결이라 하지 않을 수 없다.

　구성주의적 합리주의자들과는 달리 18세기 스코틀랜드 계몽주의자들로부터 시작된 진화론적 합리주의4)는 사회적 현상들 중에는 인간행위의 결과이기는 하지만 인간의 계획에 의하지 않은 것, 즉 자생적 질서가 존재하고 있다는 것을 인정하는 것에서 출발한다. 다른 말로 하자면 인간의 이성에 의해 계획적으로 만들어지지 않은 질서가 엄연히 존재하며, 인간의 이성에 한계가 있다는 것만이 유일한 불변의 진리라고 믿는다.

　인간이성의 한계에 대한 시각의 차이는 곧 사회와 질서를 바라보

---

3) 하이에크(2004), p. 125.
4) 자생적 질서관의 기원은 16세기 스콜라 학파이지만, 본격적인 발전은 스코틀랜드 계몽주의자들에 의해서 이루어진다. 스코틀랜드 계몽주의의 대표자들로는 데이비드 흄, 아담 스미스 및 아담 퍼거슨 등이 있다. 이들의 사상이 오스트리안 경제학파의 창시자인 칼 멩거와 하이에크의 진화사상에 결정적인 영향을 미쳤다.

는 눈도 달라지게 만든다. 인간 이성의 전지전능을 강조하는 구성주의적 합리주의자들은 인간 이성에 의해 자신들이 원하는 사회를 계획적으로 설계하고 만들 수 있다고 믿는다. 그리고 이렇게 만들어진 인위적 질서의 목적을 달성하기 위한 행동규칙으로 '~을 하라'는 명령형식의 행동규칙을 강조한다. 인위적 질서는 특정한 목적을 가지고 설립되며, 이 목적을 구현하려면 구성원들이 일정한 방향으로 행동하도록 유도해야만 하기 때문이다.

반면에 인간 이성의 한계를 인정하는 진화론적 합리주의는 사회를 이성을 사용하여 계획적으로 설계하고 만들 수 있다고 보지 않는다. 목적은 물론 결과도 미리 알 수 없고 과정을 이해할 수도 없는 자생적 질서는 각 개인들이 자유스럽게 행동할 수 있을 때 형성될 수 있으며, 따라서 여기서는 '~을 하지 말라'는 금지형식의 행동규칙이 중요성을 갖는다. 금지된 것 이외의 영역에서 개개인들이 자유롭게 행동하면서 자연스럽게 하나의 질서가 자생적으로 발생할 수 있기 때문이다. 이는 포퍼의 열린사회와 같다.

문제는 구성주의적 합리주의에 따라 사회를 기획하고 그에 따라 사회를 인위적으로 구성하기 위해서는 누가, 어느 정도 수준의 어떤 자원을 갖고 있으며, 누가 무엇을 얼마만큼 해야 하는지에 대한 정보와 지식이 필요하다는 점이며, 이를 해결할 수 있는 방법이 과연 있느냐 하는 점이다. 지식에는 언어로 표현될 수 있는 명시적 지식만이 아니라 알고는 있으나 언어로 표현할 수 없는 암묵적 지식으로 구성되어 있다. 더구나 이 암묵적 지식이 인간들이 알고 있는 지식의 대부분을 차지한다. 이성을 과신하고 명시적 자식만을 지식으로 여기는 구성주의적 합리주의에 따르자면 사회 각 구성원들에게 체화되어 있으면서 언어로 표현되지 못하는 이 암묵적 지식을 활용할 수 있는 방법이 없다. 커다란 지식의 사장(死藏)이라 하지 않을 수 없다.

따라서 사회적 문제와 경제적 문제를 지식의 문제에서 접근할 경우 어느 한 천재적인 기획자가 가지고 있는 지식을 훨씬 능가하는, 사회의 각처에 흩어져 있는 암묵적 지식을 개개인들 스스로 이용할 수 있게 하는 질서를 형성하는 것이 대단히 중요하다. 그리고 "바로 이 지식의 문제를 해결해 주는 것이 자생적 질서인 시장경제이다."5)

3. 시민단체들의 활동들

지식의 문제를 해결해 주는 것이 자생적 질서인 시장경제이다. 그런데 많은 시민단체의 활동들은 지식의 문제를 해결해 주는 자생적 질서인 시장경제를 보호하고 공고히 하는 것이 아니라 역으로 시장경제 질서 자체를 파괴하고 이것을 인위적 질서로 대체하고자 한다.

더구나 다음의 예에서 보듯이 시민단체의 활동 중에는 이들이 자신들의 활동을 통해 과연 무엇을 얻고자 하는지조차 가늠하기 힘든 것들도 있다.

1997년 7월 기아자동차 사태가 발생했을 때 한 유력 시민단체는 기아차가 우량기업으로서 일시적인 어려움을 겪는 것이라고 하면서 정부지원과 국민주 모집 등의 방식으로 기아차를 정상화시켜야만 한다고 주장했다.6) 그러던 이 시민단체가 1년 후인 1998년 12월 현대자동차가 기아 인수를 발표하고 현대중공업이 여기에 출자한다고 하자 부채가 상당하며 미래 수익성이 지극히 불투명하며 투자 전망

---

5) 민경국(1998), p. 202.
6) "기아는 유일하게 전문경영인에 의해 운영되고 주식분산이 잘 되어 있는 우량기업으로서…. 적극적으로 살려내야 할 기업이다. 정부는 채무보증 등과 같은 직접적인 재정지원으로 기아를 정상화시켜야 한다. 정부지원과 국민주 모집 등의 방식으로 기아를 정상화시키기 위한 최대한의 노력을 기울여야 하며, 이 과정에서 기아를 실질적인 국민기업으로 만들어 나가야 할 것이다." 참여연대(1997).

이 결코 밝지 않다면서 투자하지 말 것을 종용하고 나선다.7) 단 1
년 전만 해도 우량기업 운운하며 당연히 살려야 한다고 주장하던
시민단체가 완전히 정반대의 평가를 하면서 투자하지 말 것을 주장
하고 나선 것이다. 이 사이에 환경의 변화란 단 하나, 현대자동차가
인수자로 나섰다는 점이다. 과연 이들이 무엇을 원하고 있는지 의구
심이 가는 대목이다.

시민단체들이 무엇을 원하고 있는지 의구심이 가는 대목은 다음
의 예에서도 볼 수 있다. 2005년 3월 1일 정의선 씨가 기아자동차의
사장으로 임명되자 이 단체는 성명을 발표하면서 과도한 이사겸직
은 이사의 충실의무를 저해할 소지가 있으며, 이해상충의 문제를 낳
을 수도 있다며 이사겸직을 해서는 안 된다고 주장한다.8) 그러던
이 시민단체가 겨우 한 달 후인 2005년 4월 21일 여러 이사직을 겸
직하고 있던 이건희 회장이 등기이사직에서 사임하겠다고 발표하자
사임해서는 안 된다고 정반대의 주장을 하고 나선다.9)

이러한 예들을 보면 어쩌면 이들은 반대를 위한 반대를 하고 있
는 것 같다. 다시 말해 기업들 특히 재벌이라고 불리는 대기업들이
하는 일에 대해서는 무조건 반대를 하고 나선다는 느낌이다. 하지만
여기에도 구성주의적 합리주의의 오류가 들어 있다. 즉 기업들의 인
수·합병이나 투자결정, 이사직의 임면 등에 관해 해당 기업에 비해
자신들이 더 잘 알고 있다는 식의 발상을 하고 있다. 그러면서 그

---

7) "기아·아시아 자동차의 인수는 주식인수대금 이외에도 6조원에 달하는 부채를
떠안아야 하고, 앞으로 추가로 부채가 발생될 것으로 예상되며, 미래수익성이 지극
히 불투명하며 투자전망이 결코 밝지 않다." 참여연대(1998).
8) "기아자동차의 사장으로 임명된 정의선 씨의 경우 현재 현대자동차의 기획총괄
본부장과 기아자동차의 등기이사, 현대모비스의 기획·재경·정보기술 담당 부사
장과 등기이사이기도 하다. 이러한 과도한 겸직은 이사의 충실의무를 저해할 소지
가 있으며, 이해상충의 문제를 낳는다." 참여연대(2005a)
9) "이건희 회장의 등기이사 사임은 IMF 환란 이후 재벌개혁에 대한 사회적 합의
의 핵심인 '지배주주의 책임성 강화 원칙을 훼손하는 것일 뿐 아니라 참여정부의
재벌개혁 정책에 대한 공공연한 도전의 성격을 갖고 있다." 참여연대(2005b)

해법까지도 제시하고 나선다. 지식제일주의 또는 하이에크의 표현을 빌자면 지적오만의 위험에 빠져 있다. 결국 시장에서 자생적으로 생성되는 질서를 믿지 못하고 이것을 자신들이 생각하는 인위적 질서로 대체하고자 하는 것이다.

집중투표제 강행규정화의 문제

자생적 질서를 인위적 질서로 대체하고자 하는 시민단체들의 활동이 두드러진 예는 재벌개혁, 특히 기업의 지배구조 개혁 주장에서 찾아볼 수 있다.

시민단체들의 주장에 따르면 재벌의 지배체제는 소수 지분만을 가진 지배주주들이 전횡적인 경영권을 행사하며 부당 내부거래를 통해서 소액주주들을 착취함은 물론 독립적인 경쟁기업의 경쟁력을 제한하는 불공정거래를 자행함으로써 자신은 물론 경제 전체의 효율성을 감소시키고 부정부패를 초래하는 근본원인이 되고 있다고 비판한다. 따라서 경제민주화와 재벌개혁은 시대의 당면 목표이자 피할 수 없는 과제라고 한다.[10] 그리고 지배구조 개선을 위한 구체적 방안으로는 회사의 경영권을 지배주주인 총수의 손에서 전문경영인의 손으로 넘길 것, 노사 공동결정제 등을 통한 근로자의 경영참여, 의무적인 사외이사 비율의 확대 및 대주주에 독립된 사외이사 선임 및 시민단체들의 사외이사 추천권 확보, 집단소송제의 입법화 및 집중투표제의 의무화 등을 요구하고 있다.

집중투표제 강행규정화 주장을 중심으로 재벌개혁 주장의 문제점을 살펴보자.[11]

---

10) 장하성(2001), p. 208-209 및 김상조(2000) 참조.
11) 집중투표제는 주식회사의 이사를 선임하는 방식의 하나로써 단순투표제와 대비된다. 단순투표제 하에서 주주는 각 이사후보자에 대해 가부(可否)투표를 하도록

기업지배구조란 기업경영의 권한과 책임을 규정하는 시스템으로 광의로는 기업경영에 직·간접으로 관계된 주주·경영진·근로자 등 다양한 이해집단 간의 이해관계 및 지배권을 조정하고 규율하는 제도적 장치와 운영메커니즘을 말하며, 협의로는 기업경영을 책임지는 경영진의 선임과 경영진의 의사결정과정을 통제하는 체제를 말한다.

이러한 기업지배구조는 기업의 경쟁력, 다시 말해 기업의 경영혁신역량 및 경영성과 밀접한 관계가 있으며, 나아가 기업이 생산과 배분의 중추적 기능을 담당하는 만큼 국민경제의 건전성과 효율성과도 불가분의 관계를 갖는다. 이러한 이유 때문에 선진국에서는 일찍부터 기업의 지배구조 관련제도의 개선을 모색해 왔다. 반면 우리나라에서는 1995년 '세계화추진위원회'에서 '경영감시체제 세계화방안'을 검토하면서 기업의 지배구조에 대해 관심을 갖기 시작했으며, 실질적인 제도개혁은 IMF 외환위기와 더불어 강도 높게 추진되었다.

이때 허술하고 불투명한 기업지배구조로 인해 경영의 부실이 초래되었고 결국 외환위기까지 불러왔다는 인식 하에 지배구조 개혁을 위한 다양한 제도들이 도입되었다. 집중투표제가 도입된 배경에도 바로 이러한 기업지배구조에 대한 부정적 인식이 깔려있다. 지배주주가 소액주주들의 이익을 무시하고 전횡을 일삼는 것에 대해 소

되어 있어 최대 주주(또는 최대주주 연합)가 원하는 사람들만을 이사로 선출할 수 있다. 그러나 집중투표제는 여러 명의 이사를 단 한 번의 투표로 선출하는 제도로 주주는 1주마다 선임할 이사의 수와 동일한 수의 의결권을 가지며, 이 의결권을 이사후보자 1인 또는 수인(數人)에게 집중하여 투표하는 방법으로 행사할 수 있다. 투표 결과 최다수를 얻은 후보부터 순차적으로 이사로 선임된다(상법 제382조의 2). 집중투표제 하에서는 여러 명의 이사를 한 번의 투표로 선출하기 때문에 최대 주주는 여러 명의 후보에게 표를 분산시킬 수밖에 없고, 반면에 소액주주들은 일부의 후보에게 표를 몰아 줄 수 있어 자신들이 원하는 후보를 이사로 선출할 수 있게 된다. 집중투표제와 그 문제점들에 대해서는 김정호/박양균(1999) 및 권혁철 (2004) 참조.

액주주들은 이를 견제할 아무런 장치가 없었다는 것이다. 소액주주들에게 자신을 대표하는 사람을 이사로 선임할 수 있는 길을 열어줌으로써 대주주의 전횡을 막고 기업의 경영도 견실하게 할 수 있다는 것이 집중투표제 도입을 찬성하는 사람들의 주장이다.

우리나라에서 집중투표제는 1998년 12월 상법 제382조의 2가 신설되면서 도입되었지만, 이 제도가 강행규정이 아니라 주주총회의 특별결의가 있으면 배제가 가능하도록 되어 있기 때문에 실제로 택하고 있는 기업은 그리 많지 않다. 2003년 말 현재 전체 상장사 680개사 중 무려 85.3%에 달하는 기업들이 정관에 집중투표제 배제조항을 명시하고 있다. 이는 2002년 82.5%보다도 2.8% 높아진 수치이다.[12] 소액주주의 권익을 보호하고 대주주의 경영독재를 견제하기 위해서는 집중투표제를 배제할 수 없도록 하는 강행규정으로 만들어야 한다는 주장이 나오는 이유가 이 때문이다.

하지만 집중투표제 도입으로 인한 긍정적 효과와 부정적 효과 중 어느 것이 더 클 것인지를 보여주는 실증적인 자료를 아직은 찾아보기 어렵다.[13] 어느 효과가 더 클지 사전에 미리 알 수가 없다는 말이다. 그럼에도 불구하고 이를 강행, 규정화하여 모든 기업에 일률적으로 적용시키는 것이 곧 기업의 지배구조개혁이라고 주장하는 것은 지적 오만과 독선의 전형적인 모습이다.[14]

그 효과가 긍정적일지 아니면 부정적일지 판단하기 어려운 이런

---

12) 「한국경제신문」, 2004.1.20.

13) 다만 김정호/박양균(1999)이 우리나라 기업을 대상으로 한 실증분석 결과에 따르면 집중투표제의 부정적인 영향이 더 클 가능성이 높다.

14) 시민단체의 지적 오만과 독선에 대해 김영배(2001, p. 31)는 다음과 같이 꼬집고 있다. "몇 가지 곰곰이 생각해 볼 사례가 있다. 의보재정 파탄의 한 원인인 의약분업의 경우 시민단체는 전폭적인 지지를 나타내며 당위성을 강변했었다. 당시 의약분업에 반대했던 한 학자는 '기득권 세력의 대변자'라고 매도되었다가 요즘에야 명예회복이 됐다는 것이다. 한편 지난 총선 때 시민단체의 낙선운동의 부당성을 거론했던 학자는 매판교수라고 비판받았으며, 사회 일각에서는 시민단체에 매도될까 두려워 지식인들이 할 말을 못한다고까지 한다."

상황에서 집중투표제 도입을 의무화하는 것에는 신중을 기해야만 한다. 이런 상황에서 우리가 할 수 있는 최선의 방법은 실험을 통한 판별과 선택이며, 이를 통해 효율적인 해결방안이 도출되도록 하는 일이다. 실험이 가능하기 위해서는 실험을 할 수 있는 자유가 선행되어야만 한다. 다시 말해 집중투표제의 채택 여부를 기업의 자율에 맡기자는 것이다. 최종적인 판단은 시장에서의 경쟁을 통해 나타난 기업경영의 성과가 해 줄 것이다. 집중투표제를 채택한 기업이 좋은 경영성과를 나타내고 시장에서 살아남는다면 기업들은 집중투표제를 채택할 것이고, 그 반대의 경우에는 자연스레 집중투표제를 배제할 것이다.

하이에크의 의견을 따르자면 지배구조라고 하는 시장에서 여러 가지 다양한 지배구조들이 서로간의 경쟁을 통해 자생적으로 적절한 지배구조를 형성해 나가는 방법이 가장 효율적인 지배구조 개혁의 방안이다. 그렇지 않고 집중투표제를 강행규정화 하자고 주장하는 사람들은 자신들은 적절한 지배구조가 어떠해야 하는지 미리 알고 있으며, 또 그것을 달성하는 방법도 알고 있다는, 한 마디로 지식에 대해 자만하고 있는 것이다. 암묵적 차원의 지식을 무시하고 검증 가능한 명시적 지식만을 지식으로 여기는 구성주의적 합리주의에 따른 기획과 실행은 이미 실패가 예정되어 있다고 할 수 있다.

사회공헌활동 강요의 문제

얼마 전 '차라리 가르치지 않는 게 낫다'는 말이 나올 정도로 왜곡되고 잘못된 경제교과서의 내용이 발표되었다. 그 내용을 보면 시장경제질서를 열심히 노력하고 일해도 가난을 벗어나기 힘든 잘못된 경제질서처럼 묘사하고 있으며, 기업과 기업가는 오로지 이윤만을 추구하는 악의 화신처럼 비쳐진다. 그러면서 '자발적인 질서 유지에 익숙하지 못한 기업과 개인은 법률을 위반하면서까지 자신의 이익을 추구하고 있으며 이는 구성원 간 신뢰를 저해하고 공정 경쟁을 방해하고 있다'면서 '지나친 이윤 추구로 사회에 피해를 주어서는 안 되고, 번 돈을 사회에 환원할 줄도 알아야 한다'면서 훈계조의 결론을 내리고 있다.

이런 왜곡된 교과서를 갖고 배운 학생들과 국민들이 기업과 기업인, 시장경제질서에 대해 잘못된 견해를 갖는다는 것은 너무나 당연하다. 「한국경제신문」과 한국개발연구원(KDI) 경제정보센터가 전국(제주도 제외)의 만 20세 이상 일반국민 1천 4명을 대상으로 실시한 '기업의 목적이 무엇이라 생각하는가?'라는 설문조사 결과에 따르면 기업의 목적이 이윤창출이라고 답한 응답자는 전체의 겨우 9%에 불과하다. 반면에 이윤의 사회환원 이라는 응답자는 전체의 32%에 달한다.15)

이러한 잘못되고 왜곡된 분위기를 대변하듯 노동조합은 기업 순이익의 5%를 사회공헌기금으로 내어 놓으라 주장하고, 수많은 시민단체들은 기업의 사회적 책임 운운하며 사회공헌활동을 강화해야만 한다고 목소리를 높이고 있다.16) 시민단체들은 기업이 제품의 생산과 판매라는 일차적인 활동에서 벗어나 사회에 대한 사회적 책임과 공헌이 요구된다고 한다. 기업이 자신의 영리행위로 인해 발생되는 환경오염, 빈곤과 실업 문제 등에 대해 사회적 책임이 있으며, 사회공헌활동은 바로 이러한 사회적 책임에서 비롯된다는 것이다. 사회적 책임을 다하라는 차원에서만이 아니라 이들은 한 발 더 나아가 기업의 이미지 제고차원과 영리차원에서의 비영리마케팅의 일환으로 사회공헌활동을 할 수 있으므로 기업에게도 유리하다고 하면서

---

15) 「한국경제신문」, 2004. 5. 3.
16) 「한국경제신문」, 2004. 5. 21.

사회공헌활동을 독려하고 나선다. 심지어 전략적 제휴라는 명목으로 자신들이 하는 시민단체 활동과 이를 뒷받침하기 위한 센터 건립에도 마치 기업들이 당연히 기금을 내어놓아야 하는 것처럼 주장하고 있다.17)

먼저 우리나라 기업들의 사회공헌활동 현황을 살펴보면 한국 기업의 사회공헌활동이 시민단체들로부터 질타를 받을 정도로 저조하지 않다는 점을 알 수 있다.

국내기업들도 최근 사회공헌활동에 지대한 관심을 갖고 일방적인 자선의 차원을 넘어서 다양한 사회공헌활동에 적극적으로 참여하고 있다. 예를 들어 전경련은 1%클럽(경상이익의 1% 이상을 사회공헌활동으로 지출하는 기업들)을 만들고 사회공헌 전담부서를 설치하는 등 자원봉사활동을 일상적인 업무로 장려하는 방향으로 전개하고 있다. 전경련의 설문조사에 따르면 2002년 경상이익의 1% 이상을 지출한 기업은 응답기업의 50.3%에 달했으며, 지출액은 기업평균 약 53억 7,900만원으로 나타났다.18)

2002년 전체 기업의 사회공헌활동을 보면 아직까지는 기부에 집중되고 있으나, 점차 사회공헌 프로그램을 직접 운영하는 방향으로 나아가고 있다. 또 현금 및 현물지원을 통한 일회적인 사회공헌활동에서 지속적이고 장기적이며 체계적인 사회공헌활동으로 변화하는 추세에 있음도 알 수 있다.

우리나라 기업들은 2000년 192개 기업평균 매출액의 0.37%를 사회공헌활동으로 지출하여, 일본기업들의 0.1%보다 세배 이상 높은 것으로 조사됐다. 사회복지공동모금회의 기업 기부는 1998년 120억에서 2003년에는 640억 원으로 5배 이상 증가하는 등 기업들의 사회공헌활동은 점차 적극적이고 다양해지고 있다.

---

17) 시민사회발전위원회(2004) 참조.
18) 전경련(2004) 참조.

  물론 아직까지 기부행위가 주를 이루는 등 조직적이고 체계적인
활동은 부족한 상황이지만, 향후 국내기업의 사회공헌활동이 세계적
인 추세와 보조를 맞추면서 전략적이고 장기적인 차원에서 보다 효
과적으로 이루어질 전망이다.

  시민단체들이 주장하는 것은 사회적 책임을 다하기 위해 사회공
헌활동이 필요하다고 하지만, 기업의 입장에서 사회공헌활동이 증가
하고 있는 이유는 따로 있다고 보여진다. 즉 기업의 제1의 목적인
이윤창출과 관계된다면 기업들이 사회공헌활동에 소홀할 이유가 없
다.

  기업의 제1의 목적은 이윤창출이다. 그리고 이윤창출은 또한 기업
이 사회공헌활동을 하는 가장 기본적인 출발점이자 토대가 된다. 이
윤을 창출하지 못하는 부실한 기업이 사회공헌활동을 할 수 없다는
것은 너무나 자명하다. 우리나라에서는 기업의 목적을 이윤추구가
아닌 근로자의 복지향상이나 이윤의 사회환원이라고 보는 사람들이
대다수인데, 기업의 목적에 대한 이러한 오해는 많은 문제를 불러일
으킨다.

  기업이 설립되기 위해서는 그 기업에 출자하는 출자자가 존재해
야만 한다. 한 기업에 출자한 출자자는 이 자금을 다른 곳에 사용할
수도 있었지만 그것 대신에 해당 기업에 출자한 것이고, 따라서 다
른 것을 포기한 것에 대한 대가, 즉 기회비용에 대한 상쇄가 있어야
만 한다. 나아가 출자자의 경우에는 기업이 망할 수도 있는 상황을
가정하지 않을 수 없으며, 따라서 출자자에 대해서는 기회비용에 더
해 위험 프리미엄까지 보상을 해주어야만 한다. 이를 위해 기업은
이윤을 창출해야만 하며, 이러한 보상이 없을 경우 출자는 이루어지
지 않는다.

  기업도 계속 생존하기를 꾀한다. 기업이 시장에서 살아남고 생존
해 가기 위해서는 끊임없이 재투자 및 신규사업에의 투자가 이루어

져야만 하며, 연구개발에도 게을리해서는 안 된다. 이러한 비용은 모두 이윤창출로부터 나온다. 나아가 기업이 국가에 납부하는 세금도 이윤의 일부이다. 또한 이윤이 창출되고 지속적인 생존이 유지되어야 일자리도 창출되고 유지되어 나갈 수 있다.

기업이 이윤을 극대화하여 투자를 확대하고 지속적인 성장을 통해 일자리를 창출하며, 국가의 조세수입에도 기여함으로써 사회복지에 기여하는 것이 일차적이고도 가장 중요한 임무이다. 이에 따라 한편에서는 '비즈니스의 사회적 책임은 이윤을 증대시키는 일이다'는 말을 한다.

한편으로 이윤창출에 노력하면서도 기업들은 이전에 비해 자신들을 윤리적으로나 사회적으로 보다 책임감 있는 존재로 인식하고, 그러한 방향으로의 활동을 모색하면서 적극적인 활동을 펼치고 있다. 특히 최근에 와서 기업의 사회공헌활동이 기업의 명성과 영향력 등 정서적인 요소와 깊게 관련되어 있으며, 이는 결코 무시할 수 없는 것으로 기업들이 인식하기 시작했다는 것도 사실이다.

기업들로 하여금 이러한 변화를 가져온 원인들은 여러 가지가 있다.

세계화와 IT혁명은 소비자들이 기업에 관한 정보를 더 많이 접하게 됨에 따라 기업의 이미지에 대한 소비자의 인식이 구매행태에도 많은 영향을 미치고 있다. 사회공헌활동을 통해 좋은 기업 이미지를 구축한 기업에 대한 소비자의 신뢰가 커지고, 반대로 기업 이미지 훼손은 기업의 수익에도 부정적인 영향을 준다.

예를 들어 1991년 페놀유출사건으로 100년 역사의 두산그룹 이미지가 한순간에 무너지면서 70%에 이르던 OB맥주 시장점유율은 55%까지 떨어지는 등 경영상 큰 타격을 입혔다. 이후 두산은 1991년을 '환경경영' 원년으로 선포하고 그룹 내 전 사업장에 걸쳐 환경감시 제도를 실시하는 등 대표적인 환경친화적 기업으로의 변신에 각고의 노력을 경주하고 있다. 세계적으로 유명한 투자자인 워렌 버핏(Warren Buffett)은 "명성을 구축하는 데는 20년이 걸리고 이를 파괴하는 데는 5분이 걸린다"고 했다. 즉 단지 판매량의 감소만이 이유가 아니라 실추된 명예를 회복하는 데 드는 엄청난 비용과 연쇄효과 때문에 소비자들에 대한 기업의 이미지 훼손은 기업이 가장 두려워하는 것 중의 하나가 되었다.[19]

엔론사태 이후 윤리경영의 필요성을 절감한 미국과 OECD 등 국제기구들도 윤리규정을 모든 국제상거래에 확대, 적용하는 추세이다. 이와 더불어 엔론사태에서 보듯이 자본시장의 투자자들은 기업의 신뢰성에 문제가 생기면 냉혹하게 투자를 회수하고 파산에 이르게 만들 정도의 영향력을 행사한다. 나아가 시장에서는 기업의 사회적 책임을 강조하는 펀드들(예: 다우존스 지속가능 개발 그룹 지수)이 등장하여 소위 '윤리적·도덕적' 기업들만을 펀드에 편입시키고 있다.

또 피고용자들의 기업에 대한 선호도 역시 기업들로 하여금 사회적 책임에 적극 나서도록 하는 압력으로 작용한다. 여론조사를 보면 피고용자들은 높은 사회, 도덕, 환경적 기준을 제시하는 기업에서 일하기를 선호한다는 점과, 사람들이 일할 회사를 결정할 때 봉급이나 사회복지 혜택보다도 점점 더 회사의 명성을 중요하게 여긴다는 점이 나타난다. 능력 있는 직원을 고용하고 그들에게 동기부여를 하

---

19) 1995년 기름채취시설 '브렌트 스파'의 해체를 둘러싸고 벌어졌던 세계적인 환경단체인 그린피스와 쉘 정유회사의 공방전에서 쉘 정유회사는 그린피스의 조직적인 공격과 환경오염 기업이라는 이미지 실추를 우려하여 결국 환경단체가 원하는 방식으로의 해체를 실시했다. 나중에 밝혀진 사실이지만 쉘 정유회사가 당초 계획했던 방식이 그린피스가 강요했던 방식에 비해 훨씬 환경친화적이었다. 이에 대해 그린피스는 자신들의 실책에 대해 사과했지만, 이는 모든 상황이 종료되고 쉘 정유회사의 명성에 한참 금이 간 이후에나 이루어지게 된다. 이에 대해서는 권혁철(2001) 참조.

는 것이 대부분 기업의 중요한 목표이며 이를 달성하기 위한 유력한 수단의 하나가 곧 기업의 사회적 책임 실현이라는 것이다.

하지만 여기서 한 가지 강조해서 언급되어야 할 것은 기업이 사회공헌활동에 나설 수밖에 없게 된 상황을 과도하게 해석하고 오해해서는 안 되며, 보다 현실성 있는 해석을 해야 한다는 점이다. 그래야만 기업의 사회공헌활동에 대한 보다 현실적이고 효과적인 전략이 나올 수 있다.

시민단체 일부에서는 '사회공헌활동을 하는 것이 결과적으로 기업에도 유리하다'고 강조하면서 기업들에게 좋은 것이니 반드시 실행해야 한다고 반강제적으로 기업들을 내몰려고 하고 있는데, 이는 잘못된 일이다. 만일 사회적 책임이 의무적이고 획일적인 규정을 따르는데 그친다면, 기업들은 창의력을 발휘할 여지가 사라진다. 또 정부가 마련한 최소한의 의무사항 이상의 무언가를 시도할 동기도 부여할 수 없을 것이다. 이는 시민사회나 기업 모두에게 불행한 일이다.

편견이든 아니든 대부분의 시민단체들이 인정하고 있듯이 기업의 제1의 목표는 여전히 이윤극대화이다. '자본은 이익이 보이는 곳으로 이동한다.' 따라서 기업들의 사회공헌활동이 증가하고 있는 것은 기업들이 더 많은 이윤을 남기기 위해, 혹은 이윤창출의 기회를 잃지 않기 위한 태도의 변화라고 보는 것이 보다 현실적이며 진실에 가깝다. "기업의 사회적 책임은 단순한 자선 차원이 아니라 기업 자신의 이익 제고를 위한 것"이라고 한 제임스 울펀슨 세계은행 총재의 발언은 바로 이와 같은 상황을 적절하게 표현해 준다. 사회공헌활동이 기업이미지 개선은 물론 소비자의 윤리적 브랜드에 대한 호감을 심어주고 지역사회의 신뢰를 받는 등 기업이익에 실질적인 도움을 주기 때문이다. 소극적으로 표현하면 기업들은 리스크 관리의 일환으로 사회공헌활동을 펼치고 있다고 보는 것이 옳다. 여기에 속하는 리스크로는 소송에 대한 두려움, 명성의 손실에 대한 두려움, 사회투자펀드에서 제외될 것에 대한 두려움, 법과 규제를 따라야 하는 두려움 등등이다.

그런데 시장에서의 이런 두려움이야말로 도덕적, 윤리적 경영의 이점을 강조하면서 반강제적으로 시행되는 사회공헌활동보다 훨씬 더 큰 효과를 발휘한다. 이윤추구라고 하는 시장의 논리를 훼손하지 않으면서도 기업의 사회공헌이라는 결과를 보다 자발적이고도 효과적으로 접목시킬 수 있는 장점이 있다. 기업은 이윤을 위해서라면 실제로 사회적 책임을 질 것이다. 그리고 사회적 책임의 실천이 이윤추구라고 하는 기업의 제1의 목표와 긴밀히 연계되면 연계될수록 기업의 사회공헌활동이 보다 진지하고 지속적으로 유지될 가능성은 커진다.

1980년대 말까지 우리나라에서의 기업의 사회공헌활동은 매우 부진했다. 이는 시대별로 기업의 이미지가 변해왔고, 그 이미지에 맞게 기업이 행동해왔던 것의 반영이다. 50~60년대에는 제품을 값싸게 공급하는 기업이 각광을 받았고, 70년대에는 수출을 많이 하는 기업이 국민경제에 가장 크게 기여했다. 80년대에는 민주화의 영향으로 소득격차와 부 축적의 정당성이 제기되면서 사회적 비판이 대두되기 시작했으며, 90년대에 들어서 비로소 기업의 사회적 책임이 등장하면서 본격적인 사회공헌활동이 펼쳐지기 시작했다.

그러나 이제까지의 우리나라 기업들의 사회공헌활동에는 몇 가지 문제점이 발견된다. 매출액의 0.37%를 사회공헌기금으로 지출하여, 일본기업들의 0.1%보다 세 배 이상 높은 비율을 지출하고 있지만 국민들의 기업호감도에 미치는 효과는 거의 없는 것으로 나타난다. 잘 알려진 바대로 우리나라의 반 기업정서는 세계에서 가장 극심하다. 기업들이 나름대로 많은 비용을 지불하고 또 적극적으로 활동하고 있음에도 불구하고 기업에 대한 이미지가 개선되지 않고 있다는

것은 우리나라 기업들의 사회공헌활동에 문제가 많다는 의미가 된
다.

우리나라 기업들의 사회공헌활동에는 방법론의 비효율성과 전략
의 부재가 문제점으로 지적될 수 있다. 외국기업들의 사례를 보면
기업의 명성과 사업영역에 맞추어 대상을 선정하고 지역, 사업부문
등을 체계적으로 설정하여 운영하고 있다. 또 다른 문제점은 자선
적, 정치적 동기의 기부에 치중하여 체계적인 사회공헌 프로그램이
부재하고, 오너 이미지 개선 위주의 기부 등에 치중하여 지속성이
결여되어 있다는 점이다.

결국 장기적인 측면에서 계획되고 진행될 필요가 있으며, 체계적
인 비즈니스 계획 하에 회사의 이미지 제고, 마케팅 전략과의 연계,
근로자의 애사심 및 유대감 조성, 주주와 투자자들의 투자 창출 등
에 기여할 수 있는 전략적인 사회공헌활동이 필요하다. 사회공헌활
동이 기업의 전반적인 목적과 통합되어 효과적인 사회공헌의 목적
달성으로 연결되는 것이 전략적 사회공헌활동이다. 따라서 기업이
다른 사업을 기획하고 추진할 때와 마찬가지로 사회공헌활동도 전
략적으로 기획하고 관리해야만 한다. 또 그렇게 할 때에 기업들의
사회공헌활동의 적극성이 두드러지고 본업연관성도 높아져 목적달
성에도 유리한 여건이 조성된다.

기업이 사회공헌활동을 효과적으로 수행하기 위해서는 각종 제도
의 정비와 보완 등도 필요하지만, 시민단체들과의 전략적 제휴의 형
태로 활동을 수행하는 것도 중요하다. 기업으로서는 경영 노하우,
기술력, 인력, 자원을 이용하여 기업의 사업 성격, 사업 영역과 연관
이 될 수 있는 사회공헌활동의 개발이 필요하다. 이때 사업의 성격
에 따라 비전과 미션이 같은 기업과 시민사회단체가 파트너십의 형
태로 연계되어 공동으로 활동함으로써 기업은 시민사회단체가 가지
고 지역사회에 대한 상세한 정보, 사회공헌 수요에 관한 정보, 자선

활동에 관한 노하우 등을 공유하면서, 한편으로는 시민사회가 필요로 하는 새로운 수익원을 창출해 줄 수가 있다.

이러한 기업과 시민사회단체의 전략적 제휴의 대표적인 활동이 공익연계마케팅의 활용이다. 다시 말해 판매촉진 마케팅을 사회적 대의에 유익하도록 이용하는 것이다. 예를 들어 1980년대에 시작된 아메리칸 익스프레스 카드사와 자유의 여신상 보수기금 사이의 협력을 들 수 있다. 소비자들이 아메리칸 익스프레스 카드를 이용할 때마다 일정비율의 돈이 자유의 여신상 보수기금에 기부된다. 아메리칸 익스프레스의 경쟁사인 비자는 자신만의 방식을 개발했다. 책 읽어주기 캠페인을 통해 비자 고객은 신용카드를 쓸 때마다 문맹퇴치기구에 기부할 수 있었다.

시민단체들은 기업들에게 이윤추구행위를 중지하고 사회적 책임을 완수하는 사회사업가가 되라고 주장하고 강요해서는 안 된다. 기업에는 이윤창출 이외에도 사회적 목적을 추구하는 데 충분히 활용될 수 있는 특별한 자원과 기술이 많이 있다. 시민단체들은 기업의 이윤추구 동기를 이해하면서 상호간 비전과 미션을 공유하는 프로그램을 개발하고 이를 통해 기업과 전략적 제휴를 함으로써 상호간 윈-윈 할 수 있을 것이다.

3. 결론

시민단체의 한 인사는 시민단체의 활동을 "오늘날 사회의 각 부문이 새로운 의제(Agenda)와 일감을 시작할 때 또는 지난 일을 반추할 때 그것의 의미를 찾아내는 본원적 잣대"라고 한다. 시민단체만이 모든 답을 갖고 있고 시민단체의 생각에 동의하지 않는 사람은 바보나 악마라고 생각하는 독선적이고 위험한 발상을 하고 있는 것이다. 이러한 식의 지적 오만은 구성주의적 합리주의에서 나타나는 전형적인 모습이다. 이러한 오만과 독선적 행태에서 나타나는 더욱 더 심각한 일은 시민단체가 판단해서 강요한 일이 잘못되었을 경우에 자신들은 아무런 책임을 지지 않는다는 점이다.[20]

기업의 활동과 시장에 대한 견제와 감시는 일차적으로 국가와 법률의 몫이다. 국가는 우선적으로 시장에서 제대로 된 경쟁이 가능하도록 제도적인 틀을 마련하고, 그 틀 내에서 합법적으로 이루어지는 경제주체들의 제반행위에 대해서는 가능한 간섭과 통제를 자제해야만 한다. 경제주체들의 행위에 대한 국가의 통제와 간섭이 심할수록 시장은 역동성을 잃고 경제는 무기력해지기 때문이다.

또 간섭과 통제가 반드시 필요한 경우에도 자의적이고 정치적인 방법이 아닌 법률에 근거한 간섭과 통제, 다시 말해 법치의 원칙에 따른 통제가 이루어져야만 한다. 간섭과 통제가 법률에 근거하지 않고 정치인과 관료의 자의에 의해 이루어진다면, 경제주체들은 행위의 준칙을 상실하고 미래에 대한 예견을 하기 어려워 비용은 높아지고 효율은 낮아지는 고비용-저효율의 경제구조를 만든다. 또한 자의에 의한 간섭은 기업으로 하여금 정치인과 고급관료와의 결탁을 통한 이권추구현상을 부추기는 부정부패의 온상이 되기 때문이다.

나아가 국가는 경제주체들이 합법적 틀을 벗어나 불법적인 행위를 하는 것에 대해서는 법률에 의거하여 단호하고도 공정한 심판자의 역할을 해야만 한다. 기업의 불법적인 이윤추구행위나 불공정한 거래, 정치자금 제공 등 기업의 잘못된 운영은 올바른 시장경제에도

---

20) 김영배(2001, p. 39-40)는 이러한 시민단체의 오만과 독선적 행태에 대해 다음과 같이 비판한다. "어느 누가 권한을 위임하지도 않고, 그 구성이나 자격을 검증받지도 않은 시민단체가 사회정의를 재단하고 있다는 것이다. 시민단체의 주장은 선(善)이고 개혁이며, 이에 반대되는 의견은 반개혁 내지는 수구세력으로 몰리는 분위기인 것이다. 물론 이러한 부작용은… 일시적 현상이라고 볼 수도 있겠지만, 사회 구성원의 다양한 의견을 묵살하고 일방의 독선만 내세우는 폐단을 진지하게 반성해야 한다."

장애가 될 뿐만 아니라, 국가경제에도 해가 되기 때문이다. 이러한 행위에 대해 국가가 공정한 심판자로서의 역할을 제대로 할 때 기업들의 이권추구행위나 정치자금 제공 등의 불법행위가 제거될 것이다.

시민단체의 시장에 대한 견제와 감시도 물론 필요하다. 기업의 불법적 이윤추구 행위나 불공정한 거래, 정치자금 제공 등에 대한 견제는 앞서 밝혔듯이 일차적으로 국가와 법률의 영역이지만, 국가가 이러한 역할을 제대로 수행하고 있는지 감시하고 이행을 촉구할 수 있는 것이 시민사회다. 이는 시장과 경제주체들에 대한 공정한 심판자로서의 국가의 역할에 대한 직접적인 감시와 견제를 통해 간접적으로 시장을 감시하고 견제하는 역할이다. 또한 기업의 부정하고 불법적인 행위에 대해서는 국가에 고발하고 고소하거나 불매운동을 펼치는 등 직접적인 영향력을 행사할 수 있다.

시장에서의 공정한 거래와 경쟁의 규칙을 만들 것을 요구하는 것도 시민사회의 역할이다. 하지만 여기서 한 가지 간과해서는 안 되는 것이 있다. 즉 시장의 논리에 역행하는 규칙이나 시장의 진화적 발전을 가로막는 제도를 도입하도록 종용해서는 곤란하다. 예를 들어 이동통신사업자의 원가공개나 가격인하 요구, 아파트 건설업자들의 분양원가 공개 등은 시장에서의 자율성과 경쟁원리를 무시하고 국가의 계획과 통제를 요구하는 것으로써 지양되어야만 한다.

시민사회는 시장에 대한 감시와 견제의 역할도 중요하지만, 시장과 협력하여 시장에 대한 국가의 부당한 압력이나 간섭에 대해서도 감시하고 견제할 필요가 있다. 시장경제질서의 확립과 활성화를 위해 시민단체의 활동은 다방면에서 요구되고 있다. 한 가지 예를 들자면 세계적으로 유명한 독일 연방은행의 독립성과 통화가치 안정과 관련된 시민사회의 역할이다. 독일 연방은행의 독립성과 통화가치 안정에는 독일 연방은행에 관한 법과 규정도 물론 중요한 역할을 했지만, 더욱 중요한 것은 연방은행에 대한 정부의 부단한 개입과 압력을 통화안정을 바라는 국민들의 절대적인 지지를 바탕으로 부단히 거부해 나가는 과정에서 독일 연방은행의 독립이 비로소 확고하게 정착되었던 것이다. 이는 시민단체에게 시사하는 바가 크다. 시장경제의 확립과 활성화를 위해서는 정권과 정치인 및 관료들의 당리당략과 단견적인 사고에서 기인한 국가의 시장과 시장경제질서의 근본을 어지럽게 하는 부당한 간섭과 규제에 대해 시민사회가 단호하게 감시하고 견제해야만 한다.

시민사회는 시장자체를 거부하지는 않지만 사회를 경쟁과 이윤추구의 논리로 환원시킬 수 없다는 윤리적 입장을 지니고 있다고 한다. 또한 시민사회는 시장경제의 논리가 사회를 지배하면서 복지가 대규모로 축소되고, 자원의 무분별한 개발과 남용으로 인한 자연환경의 파괴, 빈부격차 등의 공공영역의 축소와 파괴라는 문제가 발생했다고 보고 있다. 하지만 사실을 보면 그렇지 않다는 것이 분명하다. 선진복지국가치고 시장경제가 활성화되지 않은 나라를 찾아보기 어렵다. 오히려 반대로 시장경제가 아닌 통제경제를 실시한 나라에서 복지국가를 실현한 예를 찾아볼 수 없다는 말이 옳다. 또 동·서독이 통일되고 동구 사회주의 국가들이 무너진 이후 드러난 것은 서구 자본주의 국가들에서보다 동구 사회주의 국가들에서 환경파괴가 극심했었다는 사실이다. 빈부격차 또한 마찬가지이다. 우리나라의 예만 보더라도 경제가 지속적인 성장을 하던 지난 40년간 빈부격차는 꾸준히 축소되어 왔다. 전 세계적으로 통계를 보더라도 시장경제가 시행되고 있는 나라들의 소득격차 정도와 그렇지 않은 나라들의 소득격차 정도는 후자에서 훨씬 심각하다는 것을 알 수 있다.

시민사회는 자기 자신만이 옳다는 오만과 독선적 행태를 버리고 시장경제의 논리를 인정하고 존중하면서 상호간 이익이 되는 부분이 무엇인지를 찾고 개발해야 할 것이다. 다시 말해 시장에서의 경쟁과 이윤추구의 논리를 억제하고 시장영역을 쇠퇴시키고 이를 인위적 질서로 대체하려고 하기보다는 시민단체가 생각하는 보다 나은 사회를 달성하기 위해서라도 이윤추구와 경쟁의 논리로 움직이는 자생적인 시장영역을 어떻게 잘 보호하고 활용할 것인가에 관심을 기울이는 것이 바람직할 것이다.

<참고문헌>

권혁철, 「외국의 시민운동」, 『시민운동바로보기』, 김인영 외, 21세기북스, 2001.
권혁철, 「집중투표제 강행규정화의 문제점과 대안」, 한독경상학회- 한국경제연구원 주최 2004년도 춘계학술대회 주제발표문, 2004.
김상조, 「늦출 수 없는 재벌개혁」, 「한겨레신문」, 2000.4.13.
김영배, 「시민운동의 정치참여」, 시민사회포럼 워크샵 발제문, 「중앙일보」 시민사회연구소, 2001.
김정호/박양균, 집중투표제의 경제학, 자유기업센터, 1999.
민경국, 「경제학의 사회철학적 재구성을 위하여」, 『철학과 현실』 36권, 철학문화연구소, 1998, pp. 196-214.
민경국, 「구성주의적 합리주의와 진화론적 합리주의」, 『과학철학』 5, 2000, pp. 131-156.
시민사회발전위원회, 『한국시민사회 발전을 위한 청사진』, 국무총리자문시민사회발전위원회, 2004.
장하성, 「시장개혁과 NGO」, 『NGO 가이드』, 조희연 외, 「한겨레신문사」, 2001.
전경련, 「2003 기업 및 기업재단 사회공헌 백서」, 전국경제인연합회, 2004.
참여연대, 「정부는 기아에 대한 적극적인 지원에 나서야 한다 -기아사태에 대한 성명」, 1997.7.28
참여연대, 「현대중공업의 기아 인수 참여에 관한 입장」, 1998.12.3.
참여연대, 「현대자동차 그룹의 '친족경영' 강화에 대한 우려」, 2005(a).3.1.
참여연대, 「이건희 회장의 등기이사 사임은 '지배주주의 책임경영 강화'라는 「5+3」 원칙에 대한 도전」, 2005(b).4.21.
하이에크, F. A.(신중섭 역), 『치명적 자만』, 2판, 자유기업원, 2004.
「한국경제신문」, 해당호.

제3부 자유주의와 경제

지식의 문제와 통화제도

안재욱
(경희대학교 경제학부 교수)

1. 서론

　인플레이션으로 인한 화폐가치의 불안정은 시장의 기능을 파괴한다. 그것은 가격을 왜곡시켜 지식전달기능을 훼손하기 때문이다. 시장이 파괴될 경우 거래와 교환이 이루어지지 않는다. 교환은 상호이익의 증진을 통해서 경제성장을 촉진 한다. 인플레이션으로 인해 교환이 잘 일어나지 않으면 경제발전은 방해를 받게 된다. 이러한 측면에서 화폐가치를 안정시킬 수 있는 통화제도에 관한 연구는 필수적이다.

　정부가 화폐에 대한 지배력을 가진 이후 각 국에서 통화가치는 지속적으로 하락하였다. 화폐 발행에 대한 독점권을 갖는 정부는 화폐창출을 하려고 하는 유혹과 유인을 갖기 때문이다. 통화 증가로 인한 화폐 가치의 하락은 정부에게 이익을 준다. 또한 정부의 화폐 발행에 대한 지배력은 정부의 서비스와 기능을 끊임없이 키우려고 하는 의도의 원천이 된다. 그러한 일을 하고 싶을 때 정부는 인기 없는 조세를 통해 재정수입을 증가시키는 방법에 의하지 않고 화폐

발행을 이용하고자 하는 유혹을 받는 것이다.

이러한 점에서 정부가 화폐발행의 독점권을 갖고 있는 중앙은행제도를 점검해볼 필요가 있다. 중앙은행제도의 문제점이 무엇이고, 그 문제점의 근원이 무엇인지를 밝힐 필요가 있다. 그리고 그에 대한 대안으로써 어떤 통화제도가 바람직한지를 모색할 필요가 있다. 본 논문은 하이에크가 주장한 지식의 문제와 시장과정의 측면에서 중앙은행의 문제점과 그 근원을 밝히는 데 초점을 둘 것이다. 그리고 그 대안으로 민간화폐제도를 제안할 것이다.

본 논문은 다음과 같이 구성되어 있다. 제 Ⅰ절 서론에 이어 제 Ⅱ절에서 지식의 문제와 화폐불균형에 관한 주제를 다룬다. 여기에서는 시장과정에서의 가격과 지식의 역할을 논하고, 그것을 경제계산과 화폐계산문제와 관련하여 인플레이션에 의한 화폐불균형이 어떻게 상대가격의 변화를 일으켜 시장을 교란시키는지를 분석한다. 제 Ⅲ절에서는 제 Ⅱ절의 내용을 바탕으로 중앙은행제도와 민간화폐제도를 비교 분석하여 어느 것이 더 우월한지를 평가한다. 그리고 제 Ⅳ절에서 요약 및 결론을 맺는다.

2. 지식의 문제와 화폐불균형

가격, 지식, 그리고 시장과정

사람들은 완전한 지식을 가지고 있지 못하다.[1] 그것은 현실이 불확실성의 세계이기 때문이다. 사람들은 부분적이고 불완전한 지식을 바탕으로 미래의 상황에 대해 예상하고 주관적으로 각각의 계획을

---

1) 지식은 정보와 다르다. 지식은 정보를 가지고 그것을 판단할 수 있는 능력을 포함한다.

세운다. 사람들의 선호, 특성, 성향 등이 각각 다르기 때문에 각 개인의 미래에 대한 예상도 다르고 미래에 가치가 있을 것이라고 생각하는 것도 다르다. 따라서 개개인의 계획 역시 각각 다르다.

시장은 이러한 수많은 개인들의 계획들이 교차하는 곳이다. 시장에서 서로 교환으로부터 발견하고 얻은 이익을 통해 자신의 처지를 개선한다. 사람들은 고립된 자급자족 상태에서보다 시장에서 욕구를 더 충족시킬 수 있어 더 큰 만족을 발견한다. 이 과정에서 가격이 발생한다. 이러한 점에서 가격은 시장참가자들의 가치와 평가들이 결집된 것이다. 다시 말하면 시장가격은 불완전한 지식을 바탕에 의한 각개인의 주관적인 선택행위로부터 나온 자생적질서(spontaneous order)의 결과이다.

보다 구체적으로 살펴보면, 가격은 시장참가자들의 상호작용에서 발생하는 것이다. 시장참가자들은 값을 매기거나 부르기 시작하고 경쟁적으로 가격을 올리거나 내린다. 수요자와 공급자 간의 균형은 경쟁자들보다 더 나은 조건을 제시하면서 교역상대자를 유인하려고 하는 노력을 유발한다. 그러나 이러한 시장경쟁으로부터 결과하는 최종균형가격은 일종의 개념적인 것에 불과하다. 실제 시장에서 형성된 가격은 정체된 균형가격이 아니고 균형가격을 향해 계속 진행되는 불균형 가격이다.[2] 이러한 점에서 시장은 사전에(ex ante) 설명될 수 없는 학습과 발견의 동태적 과정(dynamic process)이며, 시장을 구성하고 있는 사람들이 배우고, 성장하고, 변함에 따라 진화하고 발전한다.

경쟁적 시장과정은 지식을 창조하고, 발견하고, 그리고 의사소통

---

2) 개인의 행위들이 균형이 되기 위해서는 그 행위들이 모두 동일한 시점에서 그리고 개인이 보유한 특정 지식들을 가지고 결정되어야 한다. 한 참가자의 지식이 변하면(즉 미래의 기대가 틀렸다는 것을 발견하면) 그러한 행위들은 더 이상 서로서로와 '균형'에 있다고 할 수 없다(Hayek 1937, 36쪽).

하는 능력에 의해 움직인다. 어떤 특정 상품의 가격을 근거로 활동하는 시장의 힘은 기회를 발견하고 성취하는 경향이 있다. 그리하여 생산자와 소비자에게 모두 가치가 있는 물량이 생산 판매되고 구매된다. 예를 들면, 상품의 현재 생산이 너무 적으면 잠재적 소비자가 지불하려고 하는 가장 높은 가격 이하에서 생산되고 있어 추가 단위가 생산될 기회가 있음을 의미한다. 즉 추가 생산될 가치가 있다. 기업가적 생산자들은 그러한 기회를 발견하고 생산을 늘리는 경향이 있다. 반면에 현재 생산이 너무 많다면, 잠재적 소비자들이 지불하려고 하는 가장 높은 가격 이상에서 생산되고 있음을 의미한다. 이러한 단위는 기업가의 실수의 결과로 생산된 것이다. 기업가적 생산자는 이 손실을 발견하고 생산을 줄이는 경향이 있다.

그리하여 어떤 한 상품에 대한 시장에서 작용하는 기업가적 힘은 지속적으로 그 시장이 시장청산점으로 향해 가도록 촉진시킨다. 시장과정은 보통 배움(learning)의 견지에서 이해될 수 있다. 시장이 정확한 수량, 정확한 가격을 생성하는 과정은 시장참가자들이 잘못된 생산 및 잘못된 구매 결정의 기초가 되었던 이전의 정보의 갭 혹은 오류를 점차 발견해 가는 일련의 단계로 볼 수 있다. 판매자의 의도를 과대평가한 구매자들은 높은 가격을 지불하지 않으려고 하는 잘못을 저지를 것이다. 판매자의 의도를 과소평가한 구매자들은 높은 가격을 제시하는 잘못을 저지를 것이다.

시장과정에서 지식전달과정이 실제로 발생하게 하는 데 중요한 역할을 하는 것이 기업가(entrepreneurs)이다(Kirzner 1973). 시장경제의 발견과정을 움직이게 하는 것은 기업가의 적극적인 선택이다. 기업가는 불균형을 인지하고 그것을 시정하려고 한다. 예를 들어, 현재의 투입재들을 구입하여 투입재의 비용(시간의 암묵적 비용을 포함한 비용) 이상의 가격으로 미래에 판매할 제품을 생산하는 것이 가능하다고 하자. 이것을 발견한 기업가는 이윤을 얻을 수 있을 것이고 이러한 상태는 주의 깊은 기업가에 의해 발견되어지기를 기다리는 불균형 상태이다.

성공적인 기업가는 다른 시장참가자들이 미처 보지 못하는 것을 "본다." 그 기업가는 싼 가격에 사서 비싼 가격에 팔 기회를 본다. 그러한 기회를 보는 것은 전형적으로 탁월한 상상력과 비전 그리고 창의성에 기인한다. 동태적으로 변하는 세계에서 새로운 이윤 기회는 계속 일어나고 그러한 출현을 계속 발견하고 성취하려고 하는 인센티브가 있다. 우리 주변에서 우리가 관찰하는 시장과정을 형성하는 것은 바로 기업가의 이윤에 대한 끊임없는 재창조와 발견이다.

어떤 재화의 가격을 유도하는 최초의 시장활동은 사람들의 선호, 이용 가능한 자원, 그리고 가능한 기술 등과 같은 근원변수(underlying variable)에 대한 지식의 결과일 것이다. 그러나 그 재화를 사용하는 그 다음의 경제적 활동은 현재의 가격, 근원변수의 변화, 그리고 미래의 가격변화를 예측에 의해 이루어질 것이다. 따라서 가격은 보다 정확하게 예측하는 데(그리하여 균형에 더 가깝게 접근하게 하는) 필요한 지식이 전달되게 하는 중심 역할을 한다. 만약 가격이 통제된다면 기업가의 예측성을 높이는 데 필요한 지식전달과정이 방해받고, 그리하여 균형점에 도달하는 것을 막을 것이다.

시장과정과 화폐계산(monetary calculation)

시장과정은 경제적 계산을 기반으로 한다. 사람들의 지식수준과 이해의 역량이 각각 다르기 때문에 미래에 대한 예측 역시 다양하다. 그러한 예측은 경제적 계산 과정의 결과로써 선택되는 행동 형태를 띠게 된다. 기업가는 구입하는 투입재들의 가격, 미래 산출물의 가격, 생산기간 동안에 포기되는 이자 등을 추정한다. 이러한 요인들이 예상치 못하게 바람직스럽지 않은 방향으로 변화하면 예측된 이윤이 손실로 바뀔 수 있다. 기업가 정신에 의한 모든 행동은 이러한 위험에 직면해 있다. 불확실성을 극복하고 투입재들의 비용과 비교해서 자신의 제품의 가치가 미래에 어떠할 것인가를 정확하게 추정하는 것이 경제적 계산의 과정이다.3) 미래 가격들을 평가하는데 가장 중요한 요인이 현재 가격들이다. 따라서 이러한 기업가의 평가 행위에 정보를 제공할 수 있는 화폐가격의 존재가 아주 중요하다. 화폐가격이 없으면 기업가가 계획을 세우고 그 결과를 인식할 기초가 없게 된다.4)

합리적인 경제적 계산은 시장가격이 화폐로 구성되어 있는 화폐 사용 경제에서만 발생할 수 있다(Mises 1912). 교환의 매개체로서 화폐는 다른 모든 재화의 거래에서 공통분모 역할을 하며, 그로 인해 발생하는 모든 재화의 화폐가격은 계산과정을 용이하게 한다. 물물교환 경제에서 공통분모가 존재하지 않고 그로 인해 재화 간 가치 비교가 어렵기 때문에 계산이 매우 어렵다. 화폐가 없는 경우에 한 재화가 어떤 다른 용도로 사용되는 것이 더 나은지를 평가할 방법이 거의 없다. 자원의 희소성에 직면하여 선택해야만 하는 인간 사회에서 화폐는 절대적인 것이다.

통화제도가 안정적이지 못하면 가격들이 왜곡되어 화폐계산의 신

---

3) 만약 모든 자본재가 완전히 특정한 용도로만 사용되거나, 모든 자본재가 완전 대체적이라면 계산의 문제는 발생하지 않을 것이다. 전자의 경우에 각 자본재가 단 하나의 용도로만 사용되기 때문에 계산이 불필요할 것이다. 그리고 후자의 경우에는 모든 재화가 어떠한 생산과정에서도 상용될 수 있어서 선택할 필요가 없기 때문에 계산이 불필요하다.
4) 화폐계산은 균형의 조건에서는 의미가 없다. 왜냐하면 정체적 균형 조건 하에서는 풀어야 할 경제계산 문제가 더 이상 존재하지 않기 때문이다. 균형에서는 행동을 통하여 이윤을 얻을 수 있는 기회가 없으므로 풀어야할 경제적 계산 문제가 없다. 경제계산의 핵심적 기능은 이미 가설에 의해 실행된다. 풀어야 할 문제가 단순히 존재하지 않기 때문에 균형의 세계에서 화폐와 화폐가격이 필요하지 않다. 그래서 화폐가격과 경제계산 간의 관계는 근본적으로 불균형 현상이다.

뢰성이 떨어진다. 가격의 신뢰성이 떨어지게 되면 기업가의 경제행
위는 어려움을 겪게 되고 결과적으로 시장질서가 훼손된다. 다시 말
하면 거시경제적 교란이 화폐의 신뢰성을 훼손하면 그것은 화폐계
산과 기업가 정신을 훼손하고 시장질서에 의해 생성되는 질서를 파
괴한다.

화폐제도와 화폐계산

1) 화폐불균형

화폐는 다른 재화와는 다른 독특한 특성을 가지고 있다. 화폐는
그 자신의 시장을 가지고 있지 않다. 따라서 그 자신의 가격을 가지
고 있지 않다. 화폐 공급이 그 수요를 초과하면 초과공급을 제거하
는 데 적응할 수 있는 단 하나의 가격이 없다. 초과화폐수요가 있을
경우에도 마찬가지다. 화폐공급의 과잉과 부족은 화폐로 교환되는
모든 재화와 서비스의 가격 변화를 통해 알 수 있을 뿐이다. 화폐는
모든 시장에서 거래되고 그에 대한 단 하나의 가격이 없기 때문에
화폐 수요와 공급의 불균형의 결과는 범위가 매우 넓다. 화폐공급이
사람들이 보유하고자 하는 양 이상으로 증가했다고 하자. 이 초과공
급으로 사람들은 자신들이 원하는 양보다 더 많이 보유하고 있다고
느낀다. 화폐수요의 변화가 없다고 가정할 때 이 초과 공급된 통화
량은 재화, 서비스, 금융자산에 지출되고 그에 따라 그것들의 가격
이 상승한다.

초과공급으로 인한 물가수준의 상승은 개별 재화 가격들의 상승
을 반영한 것이다. 개별가격들의 상승률은 가격 상승을 유도한 통화
공급의 증가율과 정확히 같지 않을 것이다. 개별 가격들의 변동은
각각의 독특한 요인들에 의존하기 때문이다. 물가 상승률은 통화 공

급의 증가율보다 더 높거나 낮을 수 있겠지만 각각의 모든 가격이 동일한 증가율을 보인다고 할 수는 없다.

화폐불균형은 새로운 균형이 도달될 수 있는 과정(물가변화)을 내포하는 단기 현상이다. 충분한 시간이 주어지면 어떤 명목화폐공급도 균형실질공급이 된다. 통화량이 중요하지 않다는 것, 즉 어떤 화폐공급량도 최적이라는 것은 이러한 의미에서다. 화폐공급의 한 점에서 다른 점으로 이동하는 것이 비용이 들지 않는다면 화폐공급이 어떠하든 문제가 되지 않는다. 화폐공급의 증가 혹은 감소가 물가변화에 의해 비용 없이 적응되기 때문이다. 그러나 새로운 화폐공급에 적응하는 것은 비용이 드는 것이며, 물가와 같은 명목변수의 변화를 통해서만 해결되어지는 것이 아니다. 화폐공급변화가 개별가격에 다른 효과를 야기한다는 사실은 한 균형에서 다른 균형으로 가는 경로를 조사할 필요가 있고, 단순히 그 경로의 시작과 끝만을 비교하는 것은 문제가 있다.

2) 화폐불균형과 통화정책

인플레이션적인 화폐불균형은 통화공급이 현재 물가수준에서 통화를 보유하려는 수요보다 큰 경우다. 대부시장에 대한 초과화폐공급의 시사점은 매우 분명하다. 초과공급이 통화당국에 의한 의도적인 정책 조치로 발생한다고 가정하자. 즉, 초과화폐공급이 중앙은행이 공개시장조작을 통해 은행지준금의 유입에 의해 발생했다고 하자. 결과적으로 은행은 대출할 초과지준을 보유하게 된다. 그리하여 앞에서 설명한 바와 같이 추가적인 차입자를 유인하기 위해서 대출에 부과하는 이자율을 낮춘다.

낮은 이자율에서 차입자는 차입하는 데 보다 관심을 갖고 특히 장기적인 투자가 새로운 이자율에서 보다 더 매력적이 될 것이다.

그러나 소비자의 시간선호는 변하지 않았기 때문에 사전적 저축이 변하지 않았다. 따라서 발생하는 추가 차입은 대중의 자발적인 저축에 의해 자금 지원된 것이 아니다. 그러한 시점 간 불일치는 인플레이션 기간 동안에 생성된다. 대중이 그 결과를 원하지 않아도 추가적인 투자가 실제로 발생하므로 사전적 저축과 사전적 투자가 일치하지 않는다. 그러나 사후적 투자는 사후적 저축과 같아야만 하기 때문에 새로 발생한 투자를 조달하기 위해 어디에선가 포기되는 저축이 나와야 한다. 이렇게 사후적 저축양이 대중이 자발적으로 원하는 양보다 큰 경우 그 차이를 강제저축(forced saving)이라고 한다.5)

강제저축자들은 현재의 화폐보유자들이다. 소비할 능력이 초과화폐공급으로 인해 손상된다. 예를 들어 총 통화량이 1,000원이라고 하자. 10사람이 100원씩 보유하고 있다고 하자. 이제 중앙은행이 통화 공급량을 500원을 늘렸다고 하자. 그리고 이 500원이 10사람 중 한 사람에게 전부 대출되었다고 하자. 이 화폐공급 증가로 이익을 보는 사람과 손해 보는 사람이 발생한다. 이익을 보는 사람은 분명하다. 전부대출 받아 초과된 화폐를 갖게 된 사람은 총 1,500원의 화폐공급량 중 600원을 보유하게 된다. 그는 전에는 총구매력의 10분의 1을 보유했지만, 이제는 15분의 6으로 6/15-1/10=3/10만큼의 이익을 얻었다. 이 3/10의 이익은 다른 사람들의 손실로 나타난다. 왜냐하면 초과화폐수요의 창출은 추가재화를 창출하지 못하고 기존의 공급된 재화에 추가적인 청구만을 야기하기 때문이다. 여기에서 손해 보는 사람은 나머지 아홉 사람의 화폐보유자다. 중앙은행이 화폐를 주입하기 전에는 각각은 총 구매력의 1/10을 보유하고 있었지

---

5) 강제저축 용어는 경제의 어떤 행위자들이 추가적인 대부자금을 받은 사람에게 제공되는 자원의 추가적인 청구권을 지원하기 위해서 자신의 의지에 반하여 구매력이 감소하는 것을 느끼는 것이다.

만 이제는 1/15에 불과하다. 1인당 1/30만큼의 구매력이 상실되었다. 총 손실은 3/10이다. 초과화폐공급을 받은 자의 3/10의 이익은 정확히 초과공급의 비수혜자의 총 손해와 같다. 인플레이션 통화공급 증가에 의한 화폐불균형으로 인해 초과공급의 비수혜자가 강제로 '저축'하면서, 즉 소비할 능력이 감소되면서 구매력의 비자발적 이전이 초래된다.

3) 상대적 가격 효과와 화폐계산

이와 같은 상대적 가격효과는 경제를 불균형 상태로 만들기 때문에 비용을 수반한다. 통화공급의 증가가 공개시장조작을 통해 이루어지면 중앙은행에 증권을 파는 은행 혹은 중앙은행과 거래에 참여하는 증권딜러의 계좌를 가지고 있는 은행에 새로운 지준금이 유입된다. 특정은행들이 새로운 화폐를 먼저 입수하게 된다. 그 은행들이 대출결정을 하고 그 대출을 받은 사람들의 지출결정은 상대적 가격효과의 가장 가까운 제1차 효과를 낳는다. 초과화폐의 제1차 수령인은 특정재화에 그것을 지출하기 때문에 그 특정 재화의 가격은 제1차로 오른다. 그 재화를 파는 사람들은 자신의 화폐보유가 증가한다는 것을 인지하게 된다. 그리고 다른 재화에 지출하면 그 재화의 가격이 오른다. 상대적 가격효과는 통화공급의 인플레이션적 증가가 일어나는 바로 제도적 과정에 내재되어 있다.[6] 화폐의 초과공급이 시장을 통해 확산됨에 따라 가격들은 예측할 수 없는 방향으로 영향을 받는다. 그 과정이 끝나는 시점에서 상대적 가격들의 전체 집합은 인플레이션 이전에 있던 것들과는 다를 것이다. 그리고 인플레이션이 일어나지 않았을 경우의 결과와도 다를 것이다.

---

6) 이것은 Lucas (1981)가 말하는 일반물가 상승을 상대적 물가상승으로 혼동하거나 물가변화에 따른 비용의 결과로 나타나는 상대적 효과가 아니다.

이 점은 인플레이션의 이면의 정치적 동기를 보면 더욱 분명해진다. 화폐를 발행하는 정부는 직접적인 조세보다는 인플레이션을 정치적으로 선호한다. 왜냐하면 화폐발행차익, 즉 시뇨리지를 창출할 수 있기 때문이다. 그러나 정치가는 인플레이션을 이용하여 시뇨리지 창출이상의 것을 할 수 있다.

정치적 행위는 원하는 가격구조의 변화를 성취하는 데 관심이 있을 수 있다. 통화창출을 통하여 상대가격을 변화시킴으로써 정치가들은 지지가 필요한 유권자들에게 수혜를 부여할 수 있다. 인플레이션을 통해 단순히 모든 가격을 동일하게 인상하려고 하는 것은 시뇨리지의 일반적인 이익을 가져오지만, 다른 그룹에 대한 차별적 효과로부터 얻을 수 있는 잠재적인 이익을 잃어버리게 된다. 헬리콥터에서 통화를 떨어뜨리는 식의 통화정책으로 결과하는 총지출의 비차별적 증가는 일반 유권자들에게는 이익을 부여할 수 있지만, 이러한 식의 정책으로 얻는 정치적 지지는 상대가격의 구조를 조작하여 얻는 것보다 적다. 왜냐하면 상대가격 구조를 조작하는 정책은 다음 선거에 한계 유권자에게 이익을 집중할 수 있기 때문이다.

정치가들은 경제를 통해 초과화폐공급이 파급되어 가는 경로를 정확하게 통제할 수는 없다. 그러나 새로운 통화가 들어와 은행의 지준금이 증가해 이자율을 낮춤으로써 보다 많은 부채가 있는 유권자, 예를 들어, 농업이나 기업의 차입자 등에 도움을 줄 수 있다. 게다가 인플레이션이 재정적자를 보전하는 방법으로 사용된다면 정치가들은 특정이익집단, 혹은 유권자들에게 추가지출을 지시할 수 있다. 상대적 가격효과가 정치적으로 중립적인 화폐공급과정에 내재되어 있을 뿐만 아니라, 인플레이션으로부터 얻는 정치적 이익이 존재하기 때문에 상대가격에 영향을 미치는 방법으로 화폐를 공급할 추가적인 유인이 존재한다.

인플레이션과 연관된 상대적 가격은 여러 가지 방법으로 화폐계산에 영향을 미친다. 인플레이션의 상대가격 효과는 첫째, 가격의 사전적 정보 역할이 약화된다. 가격이 갖는 미래 행위에 관한 정보적 신호로서의 신뢰성이 하락한다. 둘째, 과거 행위의 지표로서의 효과성도 상실한다. 이 문제는 인플레이션 동안 회계사들이 직면한 어려움에서 찾을 수 있다. 투입재가 역사적 비용으로 가격이 매겨지고, 산출물이 현재 인플레이션에 영향을 받은 가격으로 팔린다면 기업의 이윤은 과대평가된다. 기업가가 다음 기간의 의사결정을 위해 그 회계 데이터에 의존하는 경우 거기에 내재되어 있는 오류를 유지할 것이다. 더욱이 가격이 기본변수와의 연계성이 떨어짐에 따라 기업가들의 발견기능이 바람직스럽지 않은 방향으로 행사될 것이다. 시장참가자들은 현존하는 시장가격의 신뢰성에 보다 의문을 가질 것이다.

인플레이션의 또 다른 문제는 지식의 역량문제와 연결되어 있다. 인플레이션이 있을 경우 기업가들은 무엇보다도 인플레이션이 없을 경우보다 더 많은 지식을 얻고 가공해야만 한다. 역사적으로 우리가 인플레이션 없는 경제에 있다고 가정하자. 기업가는 미래의 가격들의 기대를 형성할 수 있게 하는 수년간 상황에 맞는 시장경험을 쌓아왔다. 어쩌면 그들은 지식습득과정을 촉진하는 인적자본의 형태에 투자를 많이 했을 수도 있다. 이러한 경제에 이제 어떤 인플레이션이 발생한다고 하자. 가격들을 예측하기 위해 이제 자신들이 이미 가지고 있는 지식에다가 통화당국의 가능한 행위와 그 정책의 가능한 효과에 대한 새로운 종류의 지식이 필요하다. 그러한 종류의 지식은 사실 쉽게 얻어지는 것이 아니다. 이윤을 얻을 수 있는 생산과정을 선택하는 데 필요한 지식종류의 이동 때문에 화폐계산이 훼손될 것이다. 분명히 시장참가자들은 새로운 종류의 지식을 보다 많이 얻기 위해 투자할 것이다. 물론 이러한 투자 증가는 인플레이션이 없는 경제에서는 불필요하다는 점에서 낭비된 자원이다.

인플레이션에 유도된 상대적 가격의 왜곡과 그로 인해 결과하는 화폐계산의 신빙성의 감소는 화폐초과공급과 관련된 가장 중요한 '비용'이다. 경제적 협동은 근본적으로 가격제도를 이용하는 것이다. 인플레이션은 가격이 보내는 신호를 방해하고, 시장발견이 덜 일어나게 하고, 기업가정신을 훼손하며, 그리하여 시장 협동을 파괴한다. 특정 가격이 균형으로부터 괴리되는 것이 아니고 사회제도로서의 가격제도가 인플레이션 동안 그 신뢰성을 상실한다는 것이다.

4) 화폐불균형, 대부자금, 그리고 이자율

경제에 화폐공급을 책임지는 것은 은행제도다. 은행은 대부자금의 형태로 시점 간 시장(intertemporal market)을 중개한다. 사람들은 은행부채(요구불 예금)를 포함한 저축의 형태로 대부자금을 공급하는 의사를 결정할 뿐만 아니라, 은행제도와 다른 대출자로부터 대부자금을 수요하는 의사결정의 어떤 시간선호의 집합을 가지고 있다. 일반적으로 대부자금(저축)의 공급량은 이자율에 따라 직접적으로 변할 것이다. 이때 이자율은 그 공급의 수익으로서 작용한다. 대부자금의 수요량(투자)은 이자율에 따라 역으로 변하며, 이때의 이자율은 자금을 얻는 비용을 반영한다.

화폐불균형의 효과를 이해하기 위해 시장이자율과 자연이자율을 구분할 필요가 있다. 시장이자율은 은행들이 대부자금시장에서 실제로 변화시키는 이자율로 정의된다. 반대로 자연이자율은 저축자와 차입자의 시간선호에 상응하는 이자율로 정의된다. 재화가 시간을 통해 자연적으로 이동된다면 시장이자율과 자연이자율 간의 차이가 없다. 차입자가 단순히 그가 원하는 자본재를 궁극적인 저축자로부터 직접 얻으면 시점 간 조화문제(intertemporal coordination pro-blem)는 실질적으로 사라진다. 그러나 불확실성과 쌍방욕구의 일치라는 문제 때문에 자본재를 궁극적인 저축자로부터 직접 얻을 수 없다. 자본재의 시점 간 거래(intertemporal transaction)는 은행제도와 은행제도가 창출한 수단을 통해 이루어져야 한다. 이때 통화제도가 시간선호를 근간으로 하는 것들을 정확하게 반영할 수 없으면 은행제도의 활동으로 나타나는 실제 결과가 저축자와 차입자의 사전적 시점 간 선호(ex ante intertemporal preference)와 일치하지 않게 된다. 예를 들어 최초에 대부자금시장이 균형에 있었는데, 초과화폐공급이 발생했다고 하자. 은행은 사람들이 기본 시간선호에 의해 실제로 저축하고자 하는 것으로부터 나온 양보다 더 많은 대부자금을 생성할 수 있다. 은행들이 초과화폐공급을 가지고 새로운 차입자를 유인하려고 하기 때문에 결과적으로 시장이자율은 하락한다. 그러나 대부자금의 추가적인 공급이 대중으로부터 자발적으로 나오지 않기 때문에 자연이자율은 움직이지 않을 것이다. 따라서 시장의 시점 간 불일치 문제가 발생한다.

5) 화폐불균형과 경기변동

정부에 의한 인위적인 인플레이션적인 화폐불균형은 경기변동을 야기한다. 화폐의 초과공급으로 인해 시장이자율이 하락하게 된다. 이러한 인위적인 시장이자율의 하락은 생산수단의 소유자들로 하여금 잘못된 투자를 하도록 유도한다. 시장이자율이 하락할 경우 일반적으로 투자로 인한 이윤이 증가할 것처럼 보이게 한다. 특히 장기 프로젝트가 그렇게 보인다. 그러므로 장기 투자가 증가하게 된다. 장기 투자가 증가함에 따라 생산 구조가 길어지게 된다. 생산구조가 길어진다는 말은 원자재, 중간재, 그리고 최종재의 생산으로 이어지는 생산과정의 단계가 더 많아지는 것을 의미한다. 결국 원자재로부터 최종재에 이르는 생산과정에 이르는 시간이 길어진다. 이것은 시점 간 조화 측면에서 보면 시장이자율 하락이 최종재에 대한 일반 대중의 대기 의사가 증가하였음을 신호하면서 최종재를 생산하는 데 드는 시간 증가를 용인한다는 것을 의미한다. 그러나 문제는 통화공급 증가에 의한 인위적인 시장이자율의 하락이 일반 대중의 저축의 증가를 반영한 것이 아니라는 점이다. 따라서 생산자의 시점 간 결정이 소비자의 시점 간 결정과 조화되지 않기 때문에 길어진 생산구조는 유지될 수 없다.

낮은 시장이자율에서 새로운 자본 프로젝트가 시작되고 그것들을 생산하기 위해 추가 노동이 고용된다. 경기가 상승국면에 들어간다. 현존하는 사용으로부터 새로운 프로젝트로 노동이 이동함에 따라 임금이 오른다. 화폐의 초과공급이 투입재의 지출에 사용됨에 따라 투입재의 가격이 오른다. 유휴 노동과 자본이 사용된다. 그로 인해 경기가 좋아지는 것처럼 보인다. 문제는 소비자들의 시간선호가 변하지 않았다는 사실이다. 소비자는 시장이자율의 하락 이전의 시점 간 배분을 계속할 것이다. 그리하여 소비자들은 최종재의 과거 수요를 계속할 것이다. 그렇게 되면 생산자는 최종적으로 자신들이 생산요소를 잘못 배분하였다는 것을 발견하게 된다. 많은 자본이 중간재 생산에 사용되어 최종재의 공급이 적은 대신 최종재에 대한 변하지 않는 수요 때문에 최종재의 가격은 올라간다. 그리고 낮은 이자율로부터 생산자들이 예상한 장기 수요가 없을 것이기 때문에 생산자는 최근에 시작한 장기 프로젝트가 성공한 것으로 보지 않는다. 일단 생산자들이 장기프로젝트가 잘못된 것이라는 것을 깨달으면 그것에 투여된 노동은 방출될 것이고 그 프로젝트를 위해 임대하고 구입한 자본재는 유휴화 된다. 경기가 불황에 접어들면서 임금과 재화의 가격은 하락하게 된다. 최종적으로 실수에 의해 투자된 자본재는 가능한 정도까지 유동화될 것이고 더 이상의 통화개입이 없다고 가정하면 경제는 시점 간 선호와 일치하는 시장률로 되돌아 갈 것이다.

3. 통화제도

　화폐생산의 불균형은 가격이 지식대용물로서의 역할을 하는 능력을 훼손하면서 경제의 모든 개별시장에 부작용을 일으킬 뿐만 아니라 불필요한 경기변동을 야기한다. 인플레이션과 디플레이션은 물가와 같은 총량변화의 '거시경제' 효과 때문이 아니라 미시경제적 결과, 즉 화폐가격의 인식에 관한 기능을 훼손하기 때문에 회피되어야 한다. 그렇다면 어떤 통화제도가 그것을 가장 성공적으로 수행할 수 있는가에 대한 질문이 자연스럽게 나온다. 이러한 질문에 답하기 위해 중앙은행제도와 자유은행제도를 비교 검토할 필요가 있다.

중앙은행제도

　중앙은행제도의 가장 중요한 특징은 정부가 화폐발행권을 독점하고 있다는 점이다. 그리고 시장의 통화량을 조절하기 위해 통화정책을 수행한다. 통화정책을 수행하는 방법에는 재량적 정책과 준칙적 정책이 있다. 재량적 통화정책은 통화당국의 통제 안에서 지준금 수준 혹은 다음 목표를 조절하는 것으로 그 목표와 그것을 성취하는 방법을 정하고 상황에 따라 임의로 변경할 수 있는 것을 말한다. 반면 준칙제도는 통화당국이 상당기간 동안 정해진 준칙 혹은 피드백 과정에 의해 결정된 어떤 목표를 성취하는 것으로 그 목적과 수단은 통화 당국의 통제 밖에 있다. 대표적인 것이 프리드먼의 통화공급의 k%준칙이다.

　재량정책 옹호자들은 화폐의 유통속도와 다른 거시변수들이 변화하면 화폐공급이 그러한 것들의 변화를 상쇄하는 방향으로 조정되어야 한다고 주장한다. 순환적 행태나 다른 거시경제목표를 안정화하기 위해 그러한 변화를 상쇄하는 조치를 취해야 한다는 것이다. 화폐공급의 이러한 의도적인 조정이 없으면 유통속도의 변화는 명목소득변화를 야기하게 되고, 유통속도가 상당한 정도로 불안정한데 이에 대한 아무런 정책을 쓰지 않는 것은 통화당국의 무책임한 행위라고 인식하는 것이다. 그러므로 유통속도 변화가 명목소득을 변화시켜 후생을 감소하는 쪽으로 움직이기 때문에 통화당국이 무엇인가를 해야 한다는 것이다.

반면에 준칙정책은 유통속도가 사실상 불안정하지 않고 시간에 걸쳐 상당히 예측할 수 있는 방향으로 움직인다는 주장에 근거한다. 결과적으로 재량적인 정책이 필요 없고 유통속도의 예측될 수 있는 변화에 연계된 화폐공급 준칙은 화폐균형 혹은 안정된 물가수준을 유지할 것이라고 한다. 통화준칙의 옹호자들은 재량적 정책에 대한 대표적인 비판은 통화정책 과정이 길고 시차 때문에 그 효과성이 의문시된다는 것이다. 준칙이 재량에 비해 장점이 많지만 화폐공급 준칙은 하나의 중요한 결점을 갖고 있다. 그것은 유통속도의 변화를 상쇄할 시도를 포기하고 있다는 점이다.

민간화폐제도

민간화폐제도는 일반 은행들이 화폐를 발행하는 것이다.7) 민간화폐제도가 의미하는 것은 은행이 다른 기업들과 다르게 취급되지 않는 통화제도이다. 즉, 식당 혹은 백화점이 지리적 위치에 아무런 제한도 없고, 그들이 팔 수 있는 제품의 종류에 대한 제한이 없는 것과 마찬가지로 은행들이 자유롭게 그들의 고객에게 정치적 개입이 아닌 시장 수요에 의해 유도되는 제품과 서비스를 제공한다. 이러한

---

7) 현재 스코틀랜드, 북아일랜드, 홍콩 등에서 민간화폐제도가 실행되고 있다.

제도의 가장 중요한 점은 고객에게 그들이 사용할 수 있는 화폐(현금)를 공급하는 것이다.

그러한 화폐는 요구불예금과 마찬가지로 그것을 뒷받침하는 어떤 지준매개체가 필요하다. 그 지준매개체는 금과 같은 상품일수 있고, 여러 재화로 구성된 바스켓일 수 있으며, 일정량으로 동결된 중앙은행권일 수 있다. 어떤 것이 지분매개체로 사용되느냐는 것은 별도의 문제이고 중요한 것은 자유은행제도하의 화폐는 예금과 같이 은행 재무제표 상에서 동일한 역할을 한다는 점이다. 다시 말하면 그것은 개별은행의 부채이며 은행은 그에 대한 지준을 보유할 필요가 있다.

이러한 민간화폐제도에서 은행들은 자유롭게 자신들이 적당하다고 생각하는 지준보유량을 결정한다. 은행의 지준금은 은행 간 결제소(clearing house)에 보유된 예치금뿐만 아니라 상환매개체(redeemable medium)의 시재금 보유를 포함한다. 결제소는 은행이 다른 은행의 부채, 즉 다른 은행이 발행한 화폐를 지준금과 거래하는 방법이 된다. 이러한 예금 잔고의 조정이 은행간 채무가 청산되는 방법이라면 결제소 예금은 지준금으로서의 역할을 한다. 명문화된 최저지준금이 없이 개별은행들은 자유롭게 자신들이 생각하기에 안전한 지준수준을 보유한다. 지준보유 결정의 기본 원리는 적은 지준금을 보유할 때의 위험과 고객에게 대출해주기보다는 지준으로 묶어 놓을 경우 포기되는 이자 간의 트레이드 오프(Trade-off)다. 은행들은 지준금의 가장 경제적 수준을 발견하기 위하여 이러한 유동성 비용과 포기되는 이자 비용을 최소화하려고 한다.

원하는 지준률을 선택한 은행들은 그에 따라 대출/예금비율을 정한다. 그것은 은행의 부채(현금과 요구불예금)를 보유하려고 하는 대중의 수요와 동일한 양의 예금과 화폐를 생산한다는 것을 의미한다. 예를 들어, 한 은행이 발행한 부채의 5%를 지준으로 보유하고자 한다고 하자. 그 은행의 부채 총공급이 100억 원이면, 5억 원을 지준금으로 보유한다. 시장은 신속하게 이 비율이 대중이 그 은행의 부채를 보유하고자 하는 양과 일치하는지에 대한 정보를 은행에게 준다.

어떤 은행의 화폐의 공급이 사람들이 보유하고자 하는 양보다 너무 많으면 대중은 그것들을 상환과정을 통해 그 은행에게 보낼 것이다. 왜냐하면 원하지 않는 양이기 때문에 그것을 지출하게 되고 사람들이 지출한 현금은 결제소를 통해 은행으로 되돌아가기 때문이다. 그로 인해 발행 은행의 지준은 감소하기 시작할 것이다. 그 감소로 지준율은 은행이 선호하는 수준 이하로 떨어질 것이다. 그리하여 은행은 선호하는 그 이전의 비율이 유지될 수 있는 것인지를 고려할 것이다.

한 은행이 충분히 화폐를 공급하지 못했다면 고객이 보다 더 많이 얻으려고 하기 때문에 다른 은행의 화폐에 비하여 상대적으로 자신의 화폐의 상환이 적다는 것을 발견할 것이다. 그에 따라 지준금이 증가하게 됨을 알게 될 것이다. 지준금이 이전의 원하는 수준 이상으로 증가할 것이다. 그 은행은 이전에 생각했던 것보다 더 많은 것을 대출할 수 있을 것이다. 은행이 대중이 보유하고자 하는 것과 동일한 예금과 화폐를 생산할 때만 은행의 지준금의 변화가 없을 것이다.

은행이 화폐를 과잉발행하면 그 초과화폐잔고를 쓰고 싶어하는 사람들에게 몇 가지 선택이 있다. 가장 분명한 것은 발행은행에 직접 가서 그것을 기초화폐로 상환하는 것이다. 발행은행은 기초화폐의 스톡이 줄어들기 때문에 직접적인 유동성 비용을 치른다. 두 번째 선택 방법은 발행자가 아닌 다른 은행에 그 화폐를 예금하는 것이다. 이 경우에 그 예금을 받은 은행은 결제소의 예치금이 증가하는 것을 발견하게 되는 한편, 발행은행은 그 예치금이 하락하는 것을 알게 된다. 이로 인해 발행은행이 선호하는 유동성 포지션이 위협받는다. 끝으로 화폐보유자가 초과잔고를 지출하는 것이다. 이 경우에 지출자에게 물건을 팔고 그 화폐를 받은 사람이 직면하는 선택방법은 처음 화폐보유자가 직면한 것과 동일하다. 대부분의 기업들이 은행제도를 통해 운영하기 때문에 이러한 지출은 판매자의 은행계좌로 들어가게 될 것이고, 직접 예치되는 경우와 동일한 은행간 청산과정을 야기할 것이다. 화폐가 주입되었을 때 대중이 그것을 보유하고 싶지 않으면 지준공급으로 가는 중앙은행제도와는 달리 민간화폐제도에서 화폐의 초과공급은 지준에 대한 수요로서 발행자에게 돌아간다.

민간화폐제도 하에서 화폐공급과 화폐수요가 균형을 이루는 것은 과잉 발행한 은행이 직면하는 역청산이다. 경쟁자와 비교하여 과잉공급한 은행은 다른 은행 것들을 되돌려 보낸 것보다 자신의 부채가 더 많이 되돌아오는 것을 알게 될 것이다. 이 과정이 잘 작동하지 않는 단 하나의 경우가 있는데 그것은 모든 은행들이 동시에 현금공급을 확대하는 경우다. 그 경우에는 각 은행의 상대적 부채공급이 변하지 않을 것이기 때문에 마치 어느 은행도 역청산에 직면하지 않는 것처럼 보인다.

그러나 이러한 일은 발생하기 어렵다. 은행들은 자신들이 필요로 하는 평균지준 수준과 매일 매일 청산의 변화에 기초하여 지준보유의 수준을 정한다. 총보유지준 중에는 어떤 날의 청산이 그 평균으로부터 상당히 괴리될지 모른다는 사실에 대비하여 준비되어 있는 양이 포함되어 있다. 그러한 점에서 총보유지준의 일부는 예비적(precautionary) 지분보유다. 그러므로 모든 은행이 한꺼번에 확대하면 각 은행의 평균 일일 순 청산금액은 다르지 않을지 모르지만 총청산의 증가는 그 평균 분산의 증가를 나타내며, 추가적인 예비적 지준금에 대한 필요성이 대두된다. 모든 은행이 한꺼번에 확장을 시도할 경우 자신들이 원하는 지준비율을 유지하고 유동성위험을 회피하기 위해서 추가적인 지준을 청산과정에 내놓아야 할 필요성을 발견할 것이다. 이와 같은 문제로 은행들은 한꺼번에 화폐를 확대하는 일이 발생하지 않는다(Selgin 1988).

민간화폐제도와 중앙은행제도의 비교

민간화폐제도 하에서 은행들이 유동성과 이자 비용을 최소화하려고 하는 이윤극대화 결정으로 의도하지는 않지만 현재의 물가수준에서 보유하고 싶어하는 대중들의 의사에 부합하는 은행부채의 양을 창출한다. 즉 화폐균형을 유지한다. 근본적으로 화폐균형을 유지하는 데 있어서 민간화폐제도가 중앙은행제도보다 우위에 있는 것은 화폐의 적절한 공급을 생성하기 위해 정보의 중앙집중화가 필요없다는 점이다. 민간화폐제도에서 화폐의 정확한 양이 공급되는 것은 앞에서 언급한 바와 같이 개별은행에 의한 의도적인 정책으로서가 아니라 오히려 적절한 제도적 틀 안에서 이윤을 극대하고자 하는 의도하지 않은 은행들의 결과이다. 자유은행제도는 화폐생산을 '보이지 않는 손'에 의존한다는 의미다. 이러한 점에서 민간화폐제도 하의 통화공급은 자생적 질서의 연장이다.

화폐수요를 추적하는 재량적 정책은 여러 가지 정보문제로 인해 그것의 성공적인 수행이 어렵다. 재량적 중앙은행과 민간화폐제도 하의 은행이 화폐수요에 대한 정보를 얻는 방법을 비교해보자. 중앙은행이 정보를 얻기 위해서는 반드시 데이터 수집과정이 필요하다. 반면 민간화폐제도 하의 은행은 이러한 방법으로 데이터를 수집할 필요가 전혀 없다. 오히려 지준금 현황의 움직임을 관찰하고, 지준금 변화를 자신의 부채에 대한 수요의 변화를 반영하는 것으로 해석한다. 예를 들면, 한 자유은행이 3%의 지준률을 원한다고 하자.

어떤 날에 은행의 지준률이 원하는 수준 이하로 떨어진 것을 안다면 그 은행은 다른 은행의 부채를 되돌린 것보다 자신의 부채가 더 많이 되돌아 온 것을 발견하게 된다. 그리하여 자유은행이 대중이 원하는 것보다 더 많이 부채를 발행한 것임을 깨닫게 된다. 부채발행의 지준금 보유에 대한 즉각적인 효과가 은행이 화폐를 발행하는 데 필요한 중요한 정보다.

또한 이 신호는 거의 즉각적이다. 은행은 자신의 외부화폐 보유를 아주 쉽게 모니터할 수 있고 결제소 계좌의 현재 잔고의 컴퓨터기록에 접근할 수 있다. 부분지준은행제도에서 유동성을 유지하기 위해서는 지준보유를 세심하게 관찰할 필요가 있다. 이것은 공개시장조작, 할인율, 혹은 법정불환지폐의 발행을 통해 유동성을 제공할 수 있는 최후 보루의 대여자가 없는 민간화폐제도 하에서 훨씬 중요하다. 중앙은행제도에서는 과잉발행에 대한 즉각적인 피드백 과정은 없다. 중앙은행이 통화가 과잉공급 되었는지를 알 수 있는 유일한 방법은 물가수준이 오른 이후다. 대중이 원하는 것 이상으로 중앙은행이 통화를 발행하면 사람들은 재화와 서비스에 그것을 지출하여 물가를 상승시킨다. 또 은행에 예금하는 경우 은행의 지준보유량이 증가하여 그것으로 인하여 새로운 대출과 예금이 창출된다. 결국 이것 역시 물가수준을 끌어 올리게 된다. 어떤 과정이든 시간이 걸리고 물가수준에 관한 데이터가 수집되는 경우에 새로운 화폐발행과 물가수준의 변화를 통하여 인지하는 데는 많은 시차가 존재한다. 또한 물가라는 것이 비화폐요인에 의해 변동할 수 있기 때문에 물가변동이 화폐요인에 의한 것인지에 대한 분명한 신호를 갖기가 어렵다.8)

---

8) 중앙은행 통화가 금과 같은 어떤 상품으로 상환될 수 있는 경우 이러한 정보문제가 약간 완화될 수는 있다. 대중이 중앙은행에 가져와 원하지 않은 통화를 직접적으로 상환하는 것을 선택할 수 있기 때문이다. 이 경우 중앙은행은 과잉발행의

중앙은행제도 하에서 대중이 소비를 감소하고 보다 많은 화폐를 보유함으로써 저축을 선택한다면 은행제도와 투자자들은 시간선호가 하락했다는 신호를 받지 못한다. 실제로는 그 신호가 정확하게 반대로 나타난다. 그 증가한 현금보유는 은행지준을 감소시키고 시장이자율을 상승하게 하고 총대출활동을 감소하게 한다. 민간화폐제도에서는 은행화폐로서 현금의 역할은 현금보유 증가(저축의 형태로서)는 은행에게 정확한 신호를 보내고, 그리하여 은행은 이자율과 대출을 적절한 방향으로 조정한다.

중앙은행이 직면한 또 다른 문제는 총지준금 수준을 완전히 통제할 수 없다는 것과 정확한 통화승수 값을 잘못 추측할 수 있다는 점이다. 결과적으로 적극적인 통화정책의 좋은 의도는 뒤틀어지고, 모든 외부변화의 효과를 상쇄하기 위해 방어를 해야 하는 처지에 놓이게 된다. 여기에 관련 있는 데이터를 얻는데 직면하는 지식의 문제가 더해지면 중앙은행은 더욱 어려움에 직면하게 된다. 중앙은행은 일반적으로 회피하고 싶은 것, 즉 물가수준의 상승이나 실업이 발생하는 것을 발견하게 될 때 가서야 실수했다는 것을 알게 된다. 또한 화폐수요 등에 관한 데이터를 신속 정확하게 입수한다고 하더라도 시뇨리지 인센티브로 인해 중앙은행이 화폐균형을 유지하기 위해 발표했던 정책을 고집할 유인이 있는지에 대한 의문은 여전히 남는다. 이 인센티브 문제로 인해 데이터 문제에 직면한 중앙은행이 인플레이션 경향 (inflationary bias) 통화 정책을 쓸 가능성이 높다.

이러한 점에서 민간화폐제도 하의 은행은 경쟁(보다 상세하게 말하면 경쟁적 청산과정을 통해 지준금의 유입과 유출로)에 의하여

신호를 상당히 신속하게 얻을 수 있다. 그러나 대중이 그러한 직접적인 상환이 아닌 다른 방법을 선택한다면, 즉 원하지 않는 통화를 지출하거나 은행에 예금한다면, 상환될 수 있는 독점화폐가 은행제도로 들어가 피드백 과정이 멈출 수 있다. 개별은행들이 고객을 위해 사용하기 위해 예금된 통화를 시재금고에 넣어 둘 수 있기 때문이다.

생성된 지식 신호를 이용하고, 그러한 정보를 정확하게 이용할 이윤 인센티브를 제공하기 때문에 확실히 우위에 있다. 은행의 경영자들은 중앙은행이 필요로 하는 데이터를 수집할 필요가 없고, 중앙은행의 어려움인 인식시차(recognizing lag)에 직면하지 않는다. 게다가 은행경영자가 지준에 즉각적으로 접근할 수 있는 데이터에 기초하여 매일매일 혹은 매시간대출에 대한 결정을 할 수 있기 때문에 중앙은행이 직면하는 이행시차(implementation lag)도 없다. 자유은행들이 공개시장과 같은 우회적 경로를 통하지 않고 화폐를 수요하는 사람들의 손에 직접 화폐공급을 하기 때문에 효과시차(effectiveness lag)가 중앙은행 제도하에서보다 민간화폐제도 하에서 더 짧다.

한편 재량적인 중앙은행제도와 달리 민간화폐제도는 정치적 개입의 가능성을 제거할 수 있다. 은행제도를 정부개입과 완전히 분리함으로써 은행은 통화공급 결정에서 정치적 결정을 배제할 수 있다. 그렇게 함으로써 정부가 은행제도를 수입의 원천으로 사용할 능력을 무력화할 수 있다. 정부부채를 늘리고 그것을 화폐화 할 능력이 없다면 적자를 운영하고 부채를 늘리는 정부의 능력은 제한받게 될 것이다. 결과적으로 자유은행제도는 정부의 지출 지향 성향을 제어할 수 있는 효과적인 제도일 수 있다. 통화공급과정에서 정치적 영향을 제거할 수 있는 점에서 자유은행제도가 재량적인 중앙은행 보다 훨씬 우위에 있다.9)

중앙은행제도는 화폐분야에서 가격의 신호기능을 완전히 수행하지 못하게 한다. 그것은 화폐의 생산이 중앙은행에 의해 독점화되어 있기 때문이다. 보다 구체적으로 말하면, 공개시장조작을 통한 은행

---

9) Dwyer(1996)는 미국의 자유금융시기를 다시 연구한 결과 그 당시의 금융제도가 불안정하다는 증거가 없다는 결론을 내리며 민간화폐제도의 우위성을 주장하고 있다. 18세기에서 19세기 초까지의 스코틀랜드 금융제도는 통화정책과 중앙은행이 없었고 은행산업에 거의 법적인 규제를 받지 않았지만 매우 안정적이었음을 역사는 보여 주고 있다(White, 1995).

지준금 수준을 조절하는 힘은 중앙은행에게 시장의 신호와 인센티브를 무시하는 방법을 부여한다. 지준변화에 따른 총화폐공급량이 양(+)의 지준률 때문에 무한대로 증가할 수 없을지라도 공개시장조작으로 은행의 요구불예금이 창출될 수 있다. 채권보유자가 중앙은행에 팔고 그 돈을 한 은행에 예금하면 그 은행은 새롭게 창출된 지준금을 대출해줄 인센티브를 갖는다. 그 지준금의 대출결정은 시장 힘에 의해 제어되겠지만, 지준금이 증가한 사실은 시장결정과는 무관한 중앙은행에 의한 결과이다. 공개시장조작에 의한 지준금 증가는 시장 신호에 대한 반응이 아닌 것이다. 화폐불균형의 결과가 빈번하게 나타는 것은 당연하다. 중앙은행은 정확한 화폐량을 생산하는데 도움을 줄 수 있는 시장신호와 인센티브가 부족하다.

이 점은 중앙은행이 프리드먼의 k% 준칙에 의해 제한된다 해도 마찬가지다. 이 경우에 은행은 매 기간마다 지준금을 변화시키지는 않을 것이다. 그러나 준칙은 기본시장 데이터와 연관성이 아주 미약하다. 얼마나 많은 화폐량이 수요되는가를 결정하는 데에는 많은 기초 지식이 필요하다. 그런데 준칙적인 중앙은행제도는 이러한 많은 지식을 무시하고 있다. 게다가 준칙의 제도에는 여전히 독점화된 통화와 스스로 부채를 창출하는 중앙은행에 의해 지준금 수준을 조절하는 능력이 존재한다. 두 경우에 본원통화의 공급은 시장 힘에 제약을 받지 않고 요구불예금 뿐만 아니라 통용되는 현금의 공급 역시 마찬가지다. 통화 준칙이 이러한 재량에 의해 창출된 왜곡의 일부를 막을 수 있을지 몰라도 작동하게 할 수 있는 시장 힘을 여전히 무시하는 것이다.

통화준칙제도와는 달리 자유은행제도에서는 유통속도가 유발하는 화폐불균형의 가능성은 없다. 통화준칙은 보통 화폐의 소득속도가 시간에 걸쳐 안정적이라는 이론적 경험적 가정 하에 세워진 것이다. 유통속도의 변화를 정확히 추적하는 통화준칙 혹은 공식을 창안하는 경우 그러한 제도는 화폐균형을 효과적으로 유지할 수 있다. 문제는 그러한 준칙과 공식을 고안하고 중앙은행이 그것을 실행할 유인을 만든 것이 불가능할 수 있다는 점이다. 유통속도가 장기추세 주변에서 변동한다고 해서 화폐수요가 매우 불안정하다고 믿을 필요는 없을 것이다. 그러나 그러한 변동이 의미가 있는 것이라면 화폐공급이 경직적인 증가율로 고정될 경우 화폐불균형이 초래될 것이다.

통화공급의 고정증가율을 지지하는 사람들은 유통속도의 단기적 변동이 일반적인 장기추세만큼 중요하지 않다고 주장한다. 유통속도가 단기에 변동하지만 그러한 변화를 상쇄하기 위한 시도는 시차 때문에 아주 비생산적이라는 것이다. 그래서 유통속도의 장기추세를 보고 그에 따라서 통화공급 준칙을 고수해야 한다고 한다. 이러한 준칙적인 중앙은행제도는 재량적인 중앙은행제도보다 우위에 있을 수 있다. 그러나 준칙적인 중앙은행제도는 앞에서 언급한 바와 같이 유통속도의 단기적인 변동에 의해 화폐의 불균형이 초래된다는 점은 피할 수 없는 문제점을 갖고 있다. 이와는 달리 민간화폐제도의 장점은 시차와 관련된 역결과를 겪지 않고 단기 변화에 실제로 반응할 수 있다는 점이다. 따라서 장기 유통속도를 목표로 하는 프리드먼 선택은 차선의 해법일 뿐이다.

4. 요약 및 결론

시장과정에서 가격은 시장참가자들이 활용하는 지식의 집합체다. 시장참가자들이 현재의 가격들을 보고 과거의 실수를 발견하고 미래를 예측하여 의사결정을 한다. 달리 말하면 가격은 시장참가자들로 하여금 미래를 보다 더 정확하게 예측하여 불균형 상태를 균형 상태로 더 가깝게 접근하는 데 필요한 지식을 전달하는 역할을 한다. 이러한 시장과정은 경제적 계산을 기반으로 하는데, 여기에서 중요한 것이 화폐적 계산이다. 따라서 화폐적 계산에 문제가 있으면 시장질서가 파괴된다.

화폐계산을 왜곡시키는 화폐불균형은 통화정책과 밀접하게 관련이 되어 있다. 화폐발행의 독점권을 가지고 있는 정부 또는 중앙은행이 화폐공급을 대중이 원하는 것 이상으로 증가시키면 은행이 대출에 부과하는 시장이자율과 소비자의 시간선호에 의해 발생하는 자연이자율 간에 괴리가 발생한다. 이러한 괴리는 시점 간 거래의 불일치를 발생시켜 모든 재화와 서비스 가격들의 상대가격의 변화를 일으키며 개별시장에 부작용을 일으키며 불필요한 경기변동을 야기한다.

이와 같은 문제의 원천은 중앙은행제도에 있으므로 이에 대안으로 민간화폐제도가 바람직하다. 민간화폐제도는 중앙은행제도에 비하여 다음과 같은 장점이 있다. 첫째, 정보의 중앙집중화가 필요치 않아 중앙은행제도에서 발생하는 통화정책의 시차문제가 발생하지 않고, 화폐수요의 변동이 발생했을 경우 즉각적으로 대응되어 항상 화폐균형을 이룰 수 있다. 둘째, 은행제도를 정부개입과 분리하여 화폐공급 결정에서 정치적 결정을 배제할 수 있다. 이러한 장점으로 인하여 민간화폐제도는 중앙은행제도가 항상 모든 시장의 왜곡을 초래하는 것을 막을 수 있다. 그러므로 시장질서를 파괴하지 않는 통화제도는 민간화폐제도라 할 수 있다.

<참고문헌>

Dowd, Kevin. (1993) *Laissez-faire Banking*, London and New York: Routlege.

Hayek, F. A. (1937) 'Economics and Knowledge', in *F. A. Hayek, Individualism and Economic Order*, Chicago: University of Chicago Press.

Kirzner, I. M. (1973) *Competition and Entrepreneurship*, Chicago: University of Chicago Press.

Lucas, R. E. (1981) 'Understanding Business Cycles', reprinted in *Studies in Business Cycle Theory*, Cambridge, MA: MIT Press.

Selgin, G. A. (1988) *The Theory of Free Banking: Money Supply Under Competitive Note Issue*, Totowa, NJ: Rowman and Littlefield.

White, L. H. (1995) *Free Banking in Britain: Theory, Experience, and Debate, 1800-1845 Second Edition(Revised and Extended)*, London: The Institute of Economic Affairs.

노동시장과 민주화 유공자

전용덕
(대구대학교 무역학과 교수)

1. 시작하는 말

아래의 글은 인터넷 신문과 같은 '온라인' 매체에 발표한 것을 정리한 것이다. 먼저 양심적 병역거부와 징병제를 다루었다. 근래에 논란이 되고 있는 징병제는 징병제 그 자체가 가지는 의의도 크지만 그것이 노동시장에 미치는 영향도 작지 않다. 그러므로 징병제는 노동시장과 관련이 있고 비로 그 이유 때문에 이 글에 포함하였다. 다음으로 노동시장의 일부인 노동조합 문제와 관련한 글들을 포함했다. 특히 전태일과 민주화유공자보상법은 노동조합 이론을 응용할 때만이 전모를 정확히 파악할 수 있다. 마지막으로 남파간첩을 민주화유공자로 인정하자는 일부의 주장을 반박한 글을 포함했다.

사실 노동시장과 민주화유공자는 외양적으로는 별개의 사안인 것처럼 보인다. 그러나 민주화유공자 가운데는 노동조합 운동자도 포함되게 되어 있다. 그러므로 노동조합을 포함하는 노동시장과 민주화유공자가 관련을 가지게 되었고 그 결과로 아래의 글들을 한 곳에 묶었다. 그러나 주제의 성격상 각 글들이 느슨하게 연관되어 있음을 부인할 수는 없다.

2. 양심적 병역거부와 징병제[1]

지난 달 15일(2004년 7월) 대법원이 양심적 병역거부에 대해 다수의견으로 유죄를 선고했다. 한 대법관은 이와는 반대로 "양심의 자유와 국방의 의무가 충돌할 때는 양심의 자유가 좀더 존중되고 보장되어야 한다"는 반대의견을 냈다. 그는 이와 함께 입법자들이 소위 대체복무제 도입과 관련된 문제들을 검토하고 논의할 것을 촉구했다.

양심적 병역거부 판결에서 법관들은 징병제 자체는 암묵적이지만 주어진 것으로 간주했다. 그러나 양심적 병역거부는 징병제와 관련하여 일어나고 있는 문제이기 때문에 징병제 자체를 논의하지 않을 수 없다. 만약 그렇게 하지 않는다면 문제의 핵심과 대체복무제보다 더 좋은 해법을 모두 놓칠 수밖에 없다.

내·외부의 적으로부터 생명과 재산을 지키기 위하여 치안과 국방 서비스가 필요하다. 현재 국방 서비스는 국가가 독점으로 생산하고 있다. 그러나 국가가 국방 서비스를 독점 생산해야 할 이유가 없지만 글의 목적상 이 부분은 생략한다. 그리고 국방 서비스에 필요한 생산요소, 특히 군인은 징병제나 모병제에 의하여 충원한다. 우리나라는 국가의 강제에 의한 징집 제도를 채택하고 있고 그것 때문에 양심적 병역거부 문제가 발생한다. 즉, 양심적 병역거부 문제는 징병제와 구조적으로 연결되어 있는 것이다.

---

1) 이 글은 2004년 8월 2일자로 인터넷 신문 「데일리언」에 게재한 것이다.

징병제는 강제노동 제도와 독점특혜 제도

　징병제는 국가가 군인에게 시장 임금보다 매우 낮은 제한주의적 임금(restrictionist wage rate)을 강요하고 일부 노동자에게 독점특혜(monopolistic privilege)를 수여하는 제도라는 사실을 아는 사람은 드물다. 먼저 전자부터 보기로 한다. 징병제로 입대한 군인이 받는 임금은 자신들이 군대에 강제로 입대하지 않았다면 받았을 임금과 비교해야 한다. 군대에 강제로 입대하지 않았다면 받았을 임금이란 모병제 아래에서의 군인이 받을 임금을 말한다. 징병제 하에서의 임금과 모병제 하에서의 임금의 차이는 실로 엄청나다. 징병제 하에서 사병은 조악한 상태의 숙식과 여가시설과 연간 100만 원 이내의 현금(이 금액은 필자가 어림잡은 것으로 정확하지는 않지만 매우 적은 것은 사실이다)을 받는다. 현재 대기업에 취업한 고졸 초임이 1900여만 원이고 전문대졸 초임이 2100여만 원인데 이 금액이 모병제 하에서의 군인이 받을 임금의 근사치가 될 수 있다. 두 종류의 초임을 근사치라고 한 것은 현재 모병제를 실시하지 않아 정확한 금액을 알 수 없기 때문이다. 대학을 졸업하고 입대하는 경우는 근사치가 대졸초임으로 2600여만 원이다. 입대하는 사병은 매우 낮은 제한주의적 임금을 받음으로써 국가에 의해 개인적으로 엄청난 희생을 감수 당하고 있다(군대에 복무하는 것은 실질적으로 강제노동(compulsory labor)이기 때문에 '희생을 감수 당한다'는 표현이 적절하다).

　징병제가 누구에게 독점특혜를 제공하는가? 군대에 입대하는 사병은 국가의 강제에 의해 노동시장에서 제거되는 것이기 때문에 징병제는 그 사병이 입대하지 않았다면 참가했을 노동시장에 남아 있는 노동자의 임금을 올린다. 이 임금의 상승분이 독점특혜이고 입대하지 않았다면 그와 경쟁했을 입대하지 않은 노동자에게 돌아간다. 이 금액이 얼마나 될지는 정교한 분석이 요구되기 때문에 현재로서는 그 크기를 정확히 알 수는 없다. 그러나 결코 작은 것은 아니리라 짐작된다.

징병제가 전체 경제에 미치는 영향은 무엇인가? 징병과정에서 아무런 문제가 발생하지 않는다 하더라도 경제의 일반적인 생산성은 하락한다. 물론 일부에서 생산성은 증가하겠지만 전체 경제의 생산성은 하락한다. 국가는 낮은 임금을 주고 강제로 징집할 수 있기 때문에 불필요하게 많은 인력이 군인이 된다. 얼마나 많은 불필요한 인력을 징집하는가는 수요곡선의 탄력성에 달려있다. 그리고 불필요한 인력으로 인한 낮은 자본장비, 즉 화기와 각종 기기와 장치로 인하여 군인의 생산성은 낮을 수밖에 없다. 형편없이 낮은 제한주의적 임금과 큰 독점특혜로 사람들은 가능하다면 입대하는 것을 기피한다. 이 과정에서 많은 부정과 부패가 생겨난다는 점은 이미 잘 알고 있는 사실이다. 입영을 안 할 수만 있다면 그 대가로 모병제 하에서의 임금과 현재의 사병의 임금의 차액에서 복무기간을 곱한 총금액을 지불하고자 한다. 특기자라는 이유로 입영 면제, 기업체 근무, 방위 산업체 근무 등의 특혜는 차별의 문제를 야기한다. 선수 생활, 학업의 중단 등으로 그들의 생산성도 크게 떨어진다. 양심적 병역거부와 같은 문제도 제도적으로 출구를 찾을 수 없다. 대체 복무제를 통해 양심적 병역거부 문제 자체는 해결하겠지만 강제징집의 문제점은 여전히 해결할 수 없다.

시장경제와 조화로운 징집제도는 모병제

국가가 국방의 생산을 독점하더라도 국민에게 강제노동을 강요하고 경제의 생산성을 떨어뜨리는 징병제를 유지하는 것은 어리석다.

자유시장과 조화로운 징집제도는 모병제이다. 모병제에 의해 국방 서비스를 생산한다면 앞에서 제기된 징병제의 모든 문제점들이 해결될 것이다. 강제노동과 독점특혜가 없어지고 그 결과 군인의 사기와 전투력은 크게 올라갈 것이고 양심적 병역거부 문제도 발생하지 않을 것이며 경제의 생산성은 크게 증가할 것이다. 또, 징집과 관련한 각종 부정과 부패가 없어질 것이고 차별도 사라질 것이다. 한 마디로, 모병제는 징병제에서 발생하는 모든 문제점을 해결하고도 군대의 전투력은 증강된다.

한 가지 우려되는 점은 군인의 수가 줄어들지만 그것보다 임금이 더 크게 오를 것이기 때문에 국방비는 증가할 것이라는 것이다. 구체적으로 얼마나 증가할지는 군인 수요의 탄력성에 달려 있다. 그러나 사회 전체적으로 볼 때 입영하지 않기 위하여 각 개인이 쓰는 금액과 뇌물과 노력을 모두 합한 개념의 국방비는 결코 증가하지 않을 것이다. 오히려 감소할 것이다. 여기에 추가하여, 군인의 전투력 향상, 많은 수의 군인이 노동자로 환원됨에 따른 임금의 하락으로 인한 생산비용의 감소, 경제의 생산성의 향상 등은 비록 계량화하기 어렵지만 긍정적인 점이다.

미국은 징병제로 충원한 군인으로 베트남전에서 패배했다. 이후 미국은 논의와 검토를 거쳐 징병제보다 더 나은 제도인 모병제를 채택하여 걸프전과 이라크전에서 승리했다. 양심적 병역거부 문제가 사법부에 제출되었다는 사실은 현행 징병제의 억압성과 문제점을 적나라하게 보여준다. 시장경제와 조화로운 징집제도는 모병제이지 징병제가 아니다.

3. '귀족노조' 라는 표현에 숨겨진 독소[2]

근래에 LG칼텍스정유 노조, 기아차 노조, 아시아나 항공 조종사 노조 등이 높은 요구조건을 내걸고 파업을 하자, 일반인과 언론은 일제히 '귀족노조'라는 듣기에는 그럴 듯하지만 매우 '이상한' 용어를 사용해서 그들을 강하게 비난해 왔다.

시중에서 귀족노조라는 말은 대략 세 가지 조건이 만족된 경우에 사용하는 것처럼 보인다. 노조의 평균임금을 포함한 복지수준이 다른 노동자에 비해 상당히 높고, 현재의 경제 여건이 저성장, 고실업 등으로 매우 어려운 상태에서 각종 높은 요구를 하며, 앞의 두 가지 조건을 만족하는 경우는 대기업 노조인 만큼 대기업 노조일 것 등이다. 세 번째 조건을 특히 중시한 어떤 언론사는 '대기업 귀족노조'라는 말을 쓰기도 했다.

그러나 귀족노조라는 말은 노조에 대한 잘못된 생각을 은연중에 내포하고 있기 때문에 그런 용어의 사용은 계량할 수는 없지만 장기적으로 사회와 경제에 미치는 부정적인 영향이 적지 않을 것으로 여겨진다. 부정적인 영향에 대한 분석은 먼저 노조에 대한 정확한 이해를 필수로 한다.

노조는 개별협상이 아닌 단체협상을 통해 시장에서 결정되는 임금보다 높은 임금(여기에서 임금이라는 말을 노동자의 복지수준을 통칭하는 말로 사용)을 요구하고 또 관철한다. 시장에서 결정되는 임금보다 높은 임금은 노조가 없을 때보다 노동수요를 줄이는 결과를 필연적으로 초래한다. 노조가 있는 기업에서 줄어지는 일자리의 수(또는 일자리가 늘어나야 하는 경우에 늘어나지 않는 일자리의 수)는 그 기업의 노동수요의 탄력성에 달려 있다.

---

2) 이 글은 2005년 9월 6일자로 인터넷신문 「데일리언」에 게재한 것이다.

노조가 있는 기업에서의 노동수요 감소는 노조가 없는 기업의 임금을 압박하게 된다. 왜냐하면 노조가 있는 기업에서 일자리를 구하지 못한(또는 밀려난) 노동자는 노조가 없는 기업으로 갈 것이기 때문이다.

그러므로 눈에 보이지는 않지만 노조-엄밀히 말하면 노조에 속한 노동자-는 노조가 있는 기업의 비노조원과 노조가 없는 기업의 노동자를 '약탈하는' 조직이다. 물론 노동자 간의 약탈이 노조 기능에서 가장 중요하지만 다른 경제주체, 예를 들어 자본가로부터도 약탈이 일어난다. 그런 약탈이 제도적으로 이루어지고 있기 때문에 잘 알 수 없을 뿐만 아니라 국가가 노조를 제도적으로 보호하기 때문에 정당한 것으로 간주하게 된다. 그러나 노조 행위의 법적 정당성 등과 관계없이 그것은 명백히 약탈이다.

노조의 기능에 대한 이러한 진실은 소위 귀족노조 뿐만 아니라 노조라는 이름을 가진 모든 노조에 해당한다. 작금에 소위 귀족노조가 이 어려운 경제 여건에서도 파업을 할 수 있는 것은 그들의 구체적인 여건이 다른 노조에 비해 매우 좋기 때문일 것이고 다른 노조는 자신이 처한 현실이 전혀 그렇지 못하기 때문에 파업을 못하는 것이다. 노조의 기능이 귀족노조와 기타 노조가 다르기 때문에 다른 행동을 하고 있는 것이 분명히 아니라는 것이다. 귀족노조에 대한 분석에서는 이 점이 가장 중요하다.

귀족노조와 비귀족노조가 다른 행동을 하는 것이 노조의 기능 때문이기 보다는 노조가 처한 현실임에도 불구하고 일반인과 언론이 귀족노조라고 비난하는 데는 비록 암묵적이지만 귀족노조가 아닌 노조는 '좋고 옳다는' 생각을 전제로 하고 있는 것으로 여겨진다. 그렇게 구분하기 위해 귀족노조라는 말을 조어한 것처럼 보인다.

비록 암묵적이기는 하지만 그런 구분은 노조의 약탈기능을 호도하고 온존하게 하는 데 기여하게 될 공산이 크다, 그리고 그런 생각은 기업가-자본가를 노동자를 약탈하는 집단으로 몰아가는데 은연중에 기여한다. 한 마디로, 귀족노조라는 용어는 우리 사회에 널리 퍼져있는 '반자본주의 심리'를 부지불식간에 온존 내지는 촉진하는 제도이다.

우리가 자유시장경제로 진정 나아가고자 한다면 귀족노조라는 반자본주의적 표현을 즉각 멈추어야 한다. 부정확한 용어를 사용함으로써 자신도 모르는 사이에 시장경제를 망가뜨리고 있다. 노조에 대한 정확한 이해와 그에 맞는 용어의 사용은 너무나 중요하고 크다. 우리 사회가 자유시장경제로부터 멀어지고 있는 이유가 하나 둘이 아니고 어제 오늘의 일이 아니지만, 귀족노조라는 표현에 숨겨진 '독소'도 그 중의 하나임을 부인할 수 없다.

4. 전태일과 민주화유공자보상법: 노동조합의 본질에 비추어[3]

필자는 본지 6일자에 "'귀족노조'라는 표현에 숨겨진 독소"라는 제목으로 노동조합의 본질과 기능에 비추어 귀족노조라는 용어에 숨겨진 반자본주의적 요소를 분석했다. 이제 그곳에 서술한 노동조합의 본질에 비추어 전태일의 행동을 해석하고 일명 '민주화유공자보상법'(민주화운동 관련자 명예회복 및 보상 등에 관한 법률)의 문제점을 지적하고자 한다.

먼저 추후의 논의를 위하여 노동조합의 본질을 다시 한번 간단히 요약하자. 노동조합이란 국가가 부여한 특권을 향유하는 조직으로서 그 특권을 이용하여 경제 내의 비조합원인 노동자와 자본가 등을

---

3) 이 글은 2005년 9월 20일자로 인터넷신문 「데일리언」에 게재한 것이다.

'약탈'한다. 다시 말하면, 노동조합은 국가가 부여한 특권을 이용하여 '현직에' 있는 노동조합원만을 위하는 조직이고 그 과정에서 노동조합원이 아닌 경제주체, 특히 비조합원인 노동자 -노동조합이 있는 기업의 비조합원과 노동조합이 없는 기업의 노동자-와 자본가 -특히 노동조합이 있는 기업의 자본가- 등을 약탈한다. 이것이 노동조합의 본질과 기능이다. 그러므로 노동조합이 노동자 일반을 위한다는 구호는 전적으로 틀린 것이다.

전태일은 70년대 노동자의 암울한 노동조건 -왜 당시의 노동조건이 열악했는가 하는 것도 중요한 질문이지만 여기에서는 생략한다 -을 비판하고 당시 헌법에 보장된 노동3권을 국가가 보장할 것을 요구하며 분신자살했다. 그런 그의 행동은 노동계에서 뿐만 아니라 문화계에서도 영웅적으로 미화되어 내려오고 있다. 그리고 노동조합의 본질과 기능을 정확히 모르는 대부분의 일반인과 지식인은 그의 그런 영웅적 행동을 당연시하고 있는 것을 볼 수 있다.

그러나 노동조합의 본질에 비추어 보면 전태일의 분신자살은 결코 영웅적 행동이 아니다. 노동조합의 허용과 결성을 촉구한 그의 행동은 기실 노조원이 비노조원과 자본가를 약탈할 것을 촉구한 행동이었다. 누가 그런 그의 행동을 영웅적이라 할 수 있는가? 노동조합의 본질을 모르기 때문에 그의 행동을 노동자를 위한 영웅적 행동으로 묘사하고 있는 것이다. 그리고 앞에서는 생략했지만 노동조합의 약탈과정에서 실업자는 양산되고 실업은 반영구화 또는 영구화된다.(작금의 높은 실업률은 약간의 예외를 제외하면 모두 노동조합으로 인한 것이다) 그런 실업은 당연히 경제의 효율성과 성장을 떨어뜨린다. 즉 노동조합은 경제에 명백히 해가 되는 데 전태일의 행동은 그런 노동조합을 전국적으로 퍼뜨리는 데 '효시'가 되었다는 점에서도 부정적이다.

다만 전태일이 다른 노동자의 열악한 삶에 인간적 연민을 가졌다는 점은 높이 사야 할 것이다. 그러나 그런 인간적 의도에도 불구하고 그의 행동은 궁극적으로 노동자와 경제에 부정적인 영향을 크게 미쳐왔다는 점에 주목해야 할 것이다. 백번 양보하여 비록 그의 의도가 선한 것이라 하더라도 그의 행동이 가져온 부정적인 영향은 너무 크다는 점을 부인할 수 없다. 그의 행동은 노동조합이 노동자 일반을 위한다는 잘못된 생각에 의해 미화되어 오고 있다. 전태일은 이웃의 삶에 뜨거운 관심을 가졌다는 점에서 '아름다운' 청년일 수 있을지 모르지만 노동자를 약탈자로 유도하고 영구적 실업을 가져오게 하는 노동조합을 촉구했다는 점에서 결코 아름다운 청년이라 할 수 없다.

1980년대 독재에 항거했던 일부 지식인은 노동조합의 물리력을 적극 이용했다. 그러므로 당시 노동조합 운동이 반독재에 기여한 바가 전혀 없었다고 할 수는 없다. 그러나 앞에서 보았듯이 노동조합은 기본적으로 경제내의 조합원이 아닌 경제주체를 약탈하고 경제에 부정적인 영향을 미치는 조직이라는 점과 노동조합이 정치문제보다도 자신의 이해와 밀접한 경제문제만을 구호를 내걸고 투쟁했다는 점에서 노동조합 운동에 가담했던 인사를 민주화 유공자로 분류하여 보상하는 것은 명백히 잘못된 것이다.

특히 전태일의 경우는 너무도 명백하다. 전태일은 당시 정부가 노동조합을 허용하고 노동3권을 보장할 것만을 촉구하였기 때문에 그의 행동과 민주화는 전혀 관련이 없다. 그럼에도 불구하고 민주화유공자보상법은 전태일을 비롯한 노동조합 운동을 했던 인사를 민주화유공자로 분류하여 보상하고 있다.

우리의 삶에 악영향을 끼쳤던 인물을 민주화유공자로 분류하여 보상하는 것은 비유하면 "도둑을 경찰이라고 하는 것"과 크게 다를 바가 없다. 그 점에서 민주화유공자보상법은 철저한 검토가 필요하다. 작금에 우리가 겪고 있는 큰 혼란의 밑바닥에는 이러한 잘못된 가치가 자리잡고 있다. 잘못된 가치를 바로잡지 않는다면 조만간 그 잘못된 가치가 우리를 삼킬 날이 올 것이다.

5. 민주화 유공자와 남파간첩[4]

비전향 장기수가 민주화에 기여한 인사라는 의문사진상규명위원회의 '의문적인' 결정과 그러한 결정에 대한 성공회대 한홍구 교수의 옹호 발언은 인간과 우리 사회의 기본 가치에 대한 혼란이 극에 달했음을 보여주고 있다. 그들의 결정과 발언은 결코 간과할 수 없는 중요한 오류들을 담고 있기 때문에 그것들을 지적하지 않을 수 없다. 의문사진상규명위원회의 결정과 한 교수의 발언에는 많은 쟁점이 내포되어 있지만 여기에서는 주요한 몇 가지만 다루고자 한다.

첫째, 민주화를 위하여 독재에 맞서 싸운 사람과 남파간첩이나 빨치산은 기본적으로 지향하는 바가 달랐다. 반독재 투쟁에 참여했던 사람은 독재정권을 타도함으로써 민주정부를 수립하는 것을 목표로 했다. 그러나 남파간첩은 친북한 또는 공산당 독재정권을 수립하는 것을 목표로 당시의 독재정권을 타도하고자 했을 뿐만 아니라 국민의 생명과 재산을 침해했다. 독재에 항거한 민주화 인사와 남파간첩은 목표와 과정에서 이렇게 전적으로 달랐다. 예외적으로, 독재정권의 타도라는 중간 단계의 목표가 민주화 인사와 남파간첩 간에 동일한 것이지만 말이다. 아마도 이 점으로 인하여 의문사진상규명위원회와 한 교수가 중대한 잘못을 범한 것으로 여겨진다. 그러나 남

---

4) 이 글은 2004년 7월 10일자로 인터넷신문 「데일리언」에 게재한 글이다.

파간첩이 자신의 목표를 달성하기 위하여 민주정부도 전복하고자 한다는 점은 민주화 유공자와 빨치산을 구분하는 중요한 잣대이다. 그러므로 독재정권의 타도라는 보이는 현상에만 치중할 것이 아니라 민주화에 기여한 인사와 비전향 장기수의 궁극적인 목표와 전체적인 과정을 비교해야만 두 집단을 정확히 구분할 수 있다. 한 마디로, 남파간첩이 자유민주주의와 자유 시장경제라는 우리사회의 헌정질서와 기본 가치를 파괴하고자 한 폭도라면 민주화 유공자는 독재정권을 전복함으로써 그런 질서와 가치를 회복하고자 한 운동가이다.

둘째, 한 교수의 주장처럼 민주주의 또는 민주 사회에서 사상의 자유는 어떤 자유보다도 기본적인 것이다. 민주주의는 정치적 의사결정 방법이기 때문에 사회나 집단에서 무엇이 최고의 가치인가는 토론과 논쟁을 통해 모색하고 찾을 수밖에 없다. 다시 말하면, 민주주의가 그 자체로서 궁극적 가치가 될 수 없을 뿐만 아니라 민주주의가 그러한 가치에 대해 한 마디도 말해주거나 지시해 주지 않는다는 것이다. 사상의 자유가 허용되지 않는다면 무엇이 최고의 가치인가를 찾을 수 있는 수단이 없기 때문에 우리는 마치 암흑 속에서 항해하는 배와 같다. 그리고 개인도 논쟁과 토론을 통하여 자신이 추구하는 최고의 가치를 찾아야 한다. 민주주의에서 사상의 자유가 그토록 중요한 이유이다.

그러나 사상의 자유는 인간의 생명과 재산을 존중하고 보호해야 한다는 기본 전제를 깔아야 한다. 더 엄밀히 말한다면, 인간에게 있어서 최고의 가치는 인간 자신의 생명과 재산(인간은 음식으로 생존해야 된다는 점에서 다른 동물과 다르지 않기 때문에 그 점에서 재산은 생명과 표리의 관계에 있다)이기 때문에 사상의 자유는 인간의 생명과 재산(사상 그 자체는 재산의 일부이다)을 지키기 위한 수단이다. 결코 그것 자체가 궁극적인 목적은 아니다. 그러나 그 자체로서 매우 높은 가치임에는 틀림없다. 일반적으로 말하면, 어떤 자유도 인간의 생명과 재산을 위한 수단일 뿐이다. 만약 자유라는 이름으로 타인의 생명과 재산을 파괴하거나 빼앗는다면 그것은 자유라는 이름의 탈을 쓴 약탈일 뿐이다(이 점에서 민주주의는 분명 문제가 있는 제도이고 그것을 해결하기 위해서는 인간의 생명과 재산에 대한 존중이 가장 중요한 가치로 전제되어야 한다). 그러나 자유는 인간의 생명과 재산을 지키기 위하여 가장 중요한 것이기 때문에 생명과 재산에 버금가는 중요한 수단임은 재삼 강조할 필요도 없다.

민주 사회의 시민은 누구나 자신의 이상을 사상으로 구현하여 타인을 설득할 수 있다. 그러한 설득을 통하여 모든 사람이 원하는 이상 사회를 건설할 수 있다. 그렇게 하기 위하여 사상의 자유는 반드시 필요하지만 그러나 타인에게 무력으로 그것을 강요하거나 타인의 생명과 재산을 파괴하거나 침해해서는 안 된다. 민주 사회에도 좌파나 사회주의자는 존재하고 그들은 토론과 논쟁을 통하여 타인을 설득할 수 있다. 유럽의 좌파나 사회주의자가 좋은 예이다. 이 과정에서 사상의 자유는 없어서는 안 될 수단이다. 그러나 북한이 남파한 간첩은 공산주의 또는 사회주의 사회의 건설이라는 이상을 타인의 생명과 재산을 파괴함으로써 이룩하고자 한다. 적어도 지금까지는 그렇다. 이 점이 민주 사회내의 좌파 또는 사회주의자와 북한의 비전향장기수를 구분하게 한다. 한 교수가 비전향 장기수를 민주화 인사로 둔갑시킨 의문사진상규명위원회의 결정을 사상의 자유를 들어 옹호한 것은 인간에게 최고의 가치가 무엇인가를 망각했기 때문으로 여겨진다. 그리고 한 교수는 사상의 자유만 강조했을 뿐으로 남한과 같은 민주 사회에서의 사회주의자와 북한과 같은 독재 사회주의 사회 또는 공산주의 사회에서의 사회주의자가 어떻게 다른가를 구분하지 않았다.

셋째, 비전향 장기수는 자신들이 적극적으로 반독재 투쟁을 한 것이 아니라 자신들의 궁극적 목표를 성취하기 위하여 활동하다가 당시의 정부에 잡혔고 그 과정에서 자신의 신념을 지키기 위하여 오랜 기간 동안 영어의 몸이 되었다.(또는 심지어 죽기도 하였다) 민주화 인사는 반독재 투쟁을 하는 과정에서 오랜 기간 동안 영어의 몸이 된 것은(또는 심지어 죽기도 한 것은) 비전향 장기수와 같지만 앞에서 보았듯이 목표와 수단에서 비전향 장기수와 분명히 달랐다. 두 집단이 독재정권으로부터 매우 유사한 취급을 받았지만 지향하는 바가 달랐다는 점을 의문사진상규명위원회와 한 교수는 부인한 것처럼 보인다.

결론적으로, 비록 민주정부라 하더라도 자국민, 더 나아가 인간의 생명과 재산을 파괴하는 인사를 체포하거나 적절한 벌을 가하여야 할 것이다. 비록 그런 인사가 남파간첩이 아니라도 그렇게 해야 한다는 것은 분명하다. 폭력적으로 공산주의 사회를 이룩하고자 하는 남파간첩은 의심의 여지가 없다.

6. 끝맺는 말

현재의 징병제도는 많은 문제를 일으키고 있다. 왜냐하면 징병제가 독점이기 때문이다. 군인도 다른 노동자와 본질적인 측면에서 다를 바가 없다. 징병제는 보안을 생산하는 노동자를 모집하는 방법 중에서 가장 비효율적이고 문제가 많은 제도이기 때문에 개혁이 필요하다. 노동조합은 독점 기구이고 노동자 일반의 복지를 위하여 존재하는 기구가 아니다. 노동조합은 현직에 있는 노동자를 위하는 기구이고 현직에 있는 노동자의 이익을 돌보는 과정에서 비노조원은 그만큼 손해를 보게 된다. 여기에서 비노조원이란 어떤 기업의 비노

조원뿐만 아니라 경제 내에서 노조원이 아닌 일반 노동자를 모두
지칭한다. 그러나 민주화유공자보상법은 그런 노동조합 운동을 했던
인사들을 적절히 보상하도록 규정하고 있다. 과연 그런 보상이 적절
한 것인가를 경제이론에 의거하여 철저히 검토할 것을 촉구했다. 마
지막으로 남파간첩을 민주화유공자로 포상할 수 없는 이유를 지적
했다.

자유민주주의와 시장경제가 진보로 가는 길

최승노
(자유기업원 대외협력실장)

아시아의 네 마리 용으로 평가받던 한국이 가장 낮은 성장률 수준으로 떨어지면서 경제침체, 일자리 창출실패, 사회분열과 혼란이 야기되면서 아시아의 문제아로 전락한 원인을 어디에서 찾을 수 있을까. 그것은 우리정치시장에 신주류로 떠오른 좌파세력의 낮은 경쟁력에서 찾을 수 있다. 그들은 연고주의를 극복하겠다고 하면서 운동권세력을 중심으로 등장한 새로운 연고주의세력이다. 그들의 저급한 지적 수준과 이념 편향성, 거기에 수구성까지 어울리면서 한국의 활력은 끝없이 추락하고 있는 것이다.

민주화 세력의 무지와 무능

신지배세력은 비판세력으로 출발했다. 태생적으로 자신의 이념과 정체성을 내세우기 보다는 비판을 통해 자신의 정당성을 확보하였다. 고도성장기 한국의 지배이데올로기였던 자본주의, 무역개방주의에 대한 비판을 통해 자신들의 이념과 생각을 정리한 세력이다. 가장 성공적으로 대두된 세력은 정치적 민주화에 앞장선 정치운동세력이었다. 그들은 '민주화'를 앞세워 국민에게 다가갔으며, 국민들은 그들의 진정성에 대해 여러 번 선거를 통해 지지를 보냈다. 국민들은 민주주의의 핵심을 잘 이해했고 정치민주화는 실제로 성공을 거뒀다. 이 민주화운동의 핵심은 바로 국민의 선택권이었다. 국민이 스스로 자신들의 지도자를 뽑을 수 있기를 바라는 마음이었다.

정치적 민주화의 핵심은 권위주의 정부를 국민이 선택하는 정부로 바꾸는 것이었다. 하지만 이들 운동권세력은 권위주의 정부의 문제점을 거론하면서 자본주의와 동일한 것으로 상징화해 왔고, 지금 반자본주의 평등세력으로 탈바꿈했다.

1986년 온 국민의 염원이었던 절차적 민주주의는 정착했다. 민주화운동의 꽃이 이 땅에 활짝 핀 것이다. 정치적 민주화의 성공은 우리 사회를 크게 변화시켰다. 사회 각 분야는 민주화의 논리에 따라 변화해 갔다. 한번 성공의 신화를 일궈본 사람은 그 힘을 잃어버리지 않는다. 우리 사회도 민주화의 힘에 따라 엄청난 변화의 동력을 얻었다. 그 힘은 기존의 질서를 흔들었고, 그 영향력은 20년간 지속되고 있다. 물론 민주화는 긍정적인 면과 부정적인 면 모두를 가지고 있었다.

민주화세력은 제도권으로 들어오면서 과거의 시스템인 관료주의와 계획주의, 자본주의, 개방주의에 대해서 취사선택하는 입장을 취했다. 계획주의는 근본적으로 사회주의와 친숙한 개념이기에 잘 계승하였다. 과거의 관료주의와 계획주의 경제운영 시스템을 확대시켰을 뿐만 아니라, 정부의 정책 가운데 자신들의 신념에 맞는 것에는 로드맵, 개혁안의 이름으로 정부 부처의 확대와 함께 진행하고 있다. 하지만 자본주의에 대해서는 사안별로 이슈를 만들어 반자본주의 입장을 견지하면서 재산권 침해, 반기업 정서, 반시장 정책을 만들어내고 있다. 특이한 것은 개방주의에 대해서는 자신의 정체성에 반하는 입장과 정책을 보여주고 있다는 점이다.

이는 세계화와 자유무역이 워낙 우리 사회를 근본적으로 혁신한 성공의 동력으로 작동해온 탓이 크다. 이를 부정해서는 제도권 내에서 자신의 위상을 유지하기 어렵다는 점을 잘 알기 때문일 것이다. 김대중정부는 대통령이 되기 전부터 외국투기자본의 대가인 소로스에게 도움을 청하는 모습을 보였고, 5년의 통치기간에서 외환자유화, 개방화라는 업적을 남길 수 있었다. 물론 이러한 흐름에서 노무현정부도 예외는 아니다. 경제자유지역을 내세웠을 뿐만 아니라, 김대중정부가 시작한 FTA협상을 지속적으로 유지하여 앞으로 큰 성과를 낼 것으로 보이기 때문이다. 이러한 개방화의 동력을 이용하려는 신지배세력에 대해 반자본주의 세력은 '신자유주의정부'라고 비판하고 있다.

연대를 통해 정치주류로 성장한 이들 비판세력은 불행하게도 본질적으로는 반자본주의 노선에 서 있다. 자본주의의 모든 것을 한꺼번에 부정할 수는 없다는 현실적 한계에서 부분적으로 접근하고 있는 것이다. 실제로 신지배세력은 연합세력이다. 시장을 부분적으로 인정하는 사회주의에서 근본적으로 자본주의를 부정하는 폭력세력까지 다양한 스펙트럼을 보이고 있다. 또 연대를 통해 지배세력으로 등장했기에 자신의 정체성을 분명히 하기 어렵다. 현실을 인정하는 세력은 정치일선에 나서고, 보다 급진적인 세력은 다음을 준비하는 식의 순환적 구조를 띠고 있다. 문제는 연대세력에 친북세력과 폭력세력을 포함하고 있다는 점이다. 더구나 통일을 인권보다도 상위개념으로 위치시키는 우를 범하고 있다.

민주화세력은 자신들이 민주화의 일등공신이기에 모든 행위에 대한 정당성을 확보하고 있다는 착각을 하고 있다. 사실 민주화는 운동에 의해 폭발적인 순간을 맞이한 것은 사실이지만, 그 발화점을 가능케 한 잠재력은 어디까지나 경제적 성공의 부산물인 중산층의 힘이었고, 다시 민주화가 후퇴하지 못하도록 막고 있는 것도 성숙한 자본주의 경제동력이다. 또 비판세력이 표방하는 반자본주의 운동은 처음부터 민주화운동의 본질적 내용이 아니었지만, 지금 가장 핵심적 쟁점으로 부각되어 있다.

비판세력은 본질적으로 부수적 존재다. 우리 사회에서 비판세력은 자본주의 성공 없이는 애초에 존재하기 어려웠다. 그런 의미에서 이 땅의 진보세력은 보수세력의 성공신화에서 벗어나기 어려운 태생적 한계를 갖고 있는 것이다. 그럼에도 자신을 존재하게 만든 역사를 부정하고, 타도의 대상으로 삼는 정치적 행동은 윤리적으로나 현실적으로나 틀렸다. 가끔 현실에서 벗어나 혁명의 노선을 택했다가 실패의 늪에 빠지는 진보세력의 사례가 여럿 있었다. 지금의 정치적 성공이 현실적인 개혁노선에서 나왔다는 것은 앞으로의 운동도 두 발을 땅에서 떼지 않아야 한다는 점을 말해준다.

진보를 이루지 못하는 자본주의 비판세력

인류의 역사를 보면, 늘 진보만 한 것은 아니었음을 알 수 있다. 찬란하게 문명을 일으키고 삶이 윤택해지면서 인구도 늘어나던 진보의 시기가 있었는가 하면, 삶은 황폐해지고 사람들이 굶주림에 시달리던 퇴보의 시기도 있었다. 이런 사례는 자본주의가 발달하면서 선진국으로 등장한 나라에서도 발생했다. 사람들이 잘 살게 되면서 평등주의가 사회를 휩쓸고 노동조합을 중심으로 갈등과 투쟁이 사회질서를 유린하던 시기가 영국, 스웨덴, 독일, 미국에서도 있었다. 이를 극복한 영국과 미국은 다시 세계의 주력으로 다시 복귀했지만, 극복하지 못한 스웨덴, 독일 등은 계속 뒤처지고 있다. 우리 사회도 민주화이후 노동세력의 등장과 함께 저성장의 궤도를 걷기 시작했고, 최근에 와서는 잠재성장률이 급격히 낮아지는 모습을 보이고 있다. 사회 각 분야는 삐걱거리고 있고 무엇 하나 제대로 움직이지 않고 있다.

무엇이 우리 사회를 이렇게 '나사 빠진 고물기계'로 전락시켰을까. 그것은 바로 신지배 계층의 '무능함' 때문이다. 그 무능함은 다섯 가지다. 첫째가, 먹고 사는 문제를 해결하지 못하는 본질적 무능이다. 둘째, 사회를 통합시키지 못하고 과거지향의 사회로 만드는 본능적 무능이다. 셋째, 태생적 한계에서 벗어나지 못하는 리더십의 무능이다. 넷째, 인류의 보편적 가치를 타락시키는 지적 무능이다. 다섯째, 창조적 결과를 파괴하기만 하고 만들 줄 모르는 기술적 무능이다.

첫 번째 무능함은 경제침체로 귀결된다. 신지배세력이 먹고 사는 문제를 해결할 능력이 없음에 대해서는 다양한 원인과 설명이 있지만, 그 핵심은 행동을 유발하는 생각과 사고에 연유한다. 좌익을 중심으로 구성된 연대세력이 좌파정책을 중심으로 하는 것은 이상한 일이 아니다. 문제는 좌파정책이 불러오는 재앙이다. 좌파정책은 기본적으로 개인의 자발적인 거래행위에 대해 사회적 압력을 가하기 때문에 민간경제의 활력은 떨어지게 마련이고, 계획주의 통제시스템을 선호하기 때문에 민간부문이 정부부문으로 이동하면서 경제의 확대재생산 구조가 느슨해지기 마련이다.

이처럼 사회주의 경제정책의 본질적 한계가 우리 사회에서 나타나는 것도 문제이지만, 신지배 계층의 정당성에 대한 지나친 자만심과 경제에 대한 몰이해가 아마추어리즘의 결과를 보여주고 있는 점도 문제다. 심지어 자만심이 현실에서 상처를 입자 오만과 독선으로 표출되었다. 자신들의 모든 정책은 결과에 무관하게 당연히 정당성을 갖는 것으로 간주하는 부작용이 나타난 것이다. 또 경제문제를 정치적 해결에 따라 당연히 해결되는 부차적 문제로 취급하는 우를 범했다. 민주화 과정에서 보여준 열과 성은 사라지고 경제문제에 대해서는 명분론으로 일관하면서, 경제 현실은 참담할 정도의 실패로 나타나고 있다.

　두 번째 무능함은 퇴보의 역사를 만드는 비판세력의 본능적 태도에서 나온다. 비판을 통해 성공을 거두었다는 성공신화가 과잉비판 노선을 초래하는 것이다. 뭔가를 이뤄내기 위해서는 비판이 가장 좋은 방법이었다는 성공의 역사가 지금 실패의 역사를 만들고 있는 것이다. 경제문제를 해결하려고 해도 먼저 특정집단을 지목해 비판부터 앞세우는 우를 범하면서 모든 정책이 올바른 방향을 설정하지 못하고 갈등만 유발하는 것이다. 이는 사회주의 세력의 본질적 모습으로 볼 수도 있다.

　애초에 사회주의 세력은 빛바랜 청사진만을 가지고 있었지, 현실에서 성공해본 적이 없었다. 현실에서 사회주의 정책이 실패했고, 성공 가능한 정책이 없다는 근본적 문제가 그들을 본능적으로 '불임상태'에 빠뜨리고 있는 것이다. 따라서 현실에서 성공하기 어려운 청사진은 정치적 헤게모니 획득과정에서 그쳐야 함에도, 이를 현실에 옮기는 무모함이 갈등과 퇴보를 일으키는 것이다.

　세 번째 무능함은 리더십의 한계에서 나온다. 사회주의와 자본주의의 경쟁에서 초기에 사회주의 계획경제가 우세한 성과를 보인 적이 있다. 또 한국의 경제발전 과정에 리더십과 계획경제가 조화를 이루면서 고도성장을 이루었다. 이 과정에서 효율적인 리더십의 영향력은 상당히 컸다. 사회주의 국가이든 자본주의 국가이든 국가의 발전에는 근본적으로 효율적인 리더십이 필요하다. 현재 우리사회의 지배세력의 리더십 부족은 사회주의 정책의 한계와 함께 큰 재앙이 되고 있다.

　사회주의 진영에서 최근 중국의 약진은 리더십의 중요성을 잘 설명한다. 정치적 일당독재 하에서도 리더십이 자본주의 경제시스템에 우호적이어서 경제적 자유가 보장되면 경제적 성과와 삶의 질 향상이 가능하며 진보도 달성할 수 있다는 점이다. 이는 인도가 좋은 조건에서 시작하였지만 사회주의 시스템에서 벗어나지 못하고 가난의 길을 걸은 사례, 중국이 문화혁명을 거치면서 수천만 명이 굶어 죽은 사례, 북한의 몰락과 잘 비교된다. 그렇지만, 아무리 훌륭한 리더십이 있더라도 사회주의 정책으로 성공하는 데에는 한계가 있으며, 계획주의에도 한계가 있다. 경제적 자유에 얼마나 우호적인가가 효율적인 리더십만큼이나 성공을 결정하는 중요한 요인이기 때문이다.

네 번째 무능함은 인류의 보편적 가치를 퇴보시키는 데서 나온다. 인류의 보편적 가치는 인권이다. 인권은 그 무엇과도 바꿀 수 있는 것이 아니다. 민주주의가 실현된 나라에서, 다수가 원한다고 해서 소수의 자유와 인권을 억압할 수는 없는 것이다. 인권과 자유보다 상위의 개념을 찾을 수는 없는 것이다. 그럼에도 공공의 이익을 위한다며 인권을 억압하는 일이 발생하고 있다. 인권은 속성상 자유의지이며, 나와 내가 만들어 낸 것을 포함한다. 내가 만들어낸 것의 가치는 내가 가지는 것이 정당하며 내 것에 대한 처분은 내 의지에 따르는 것이 정당한 일이다. 이에 대해 좌익세력은 공익을 내세워 선택권을 없애고, 소유권과 사용권을 제한하는 일을 일상화시키고 있다. 이는 정의롭지 못한 일이며, 인류의 보편적 가치를 퇴보시키는 일이다.

다섯 번째 무능함은 새로운 것을 만들지 못하고 파괴를 능사로 하는 지적 경박함에서 나온다. 자본주의는 '기업천하지대본(企業天下之大本)'인 패러다임을 갖는다. 과거 성장의 동력은 재벌시스템이었다. 자본주의의 경쟁단위는 기업이며, 글로벌 경쟁에서 필요한 것은 글로벌 기업이다. 이 글로벌 기업의 특징은 세계시장에서 경쟁력을 갖출 정도의 기업의 규모와 경영능력을 보유해야 한다는 점이다. 이 재벌에 대한 공격은 지속적으로 전개되었고 급기야 재벌해체의 국면을 맞고 있다.

재벌을 공격하는 세력은 자본주의의 심장을 공격하는 쾌감을 느끼겠지만, 그 파괴적 결과에 대해서는 책임감을 느끼지 못한다. 이 점은 비판세력의 기본적인 속성이다. 보수세력이 자신들이 만들어 놓은 동력이 해체되는 것에 안타까움과 분노를 느끼는 반면, 진보세력은 어차피 내 것이 아니라면 해체해도 그만이라는 경박함을 갖고 있다. 먹고 살기 위한 동력을 만드는 것이 얼마나 어려운 일인지에 대해서 아직 생각이 미치지 못하고 있는 것이다. 민주화 이후 아직 이렇다 할 세계적 기업이 새롭게 출현하지 못하고 있음은 우연이 아니다. 오히려 많은 기업이 해체되고 사라지고 있다.

창조보다 파괴적 정책 '난무'

사람은 누구나 자신을 위해 무언가를 선택하고 자신이 기여한 만큼 분배를 받는다. 자발적 거래를 통해 얻어진 결과이기에, 크든 작든 자신의 책임으로 받아들인다. 이런 건강한 사회를 자본주의라고 부른다. 이 과정에 정부가 끼어들면서 자본주의의 순수성이 변질돼 왔다.

부는 강제성을 갖고 있기에 경제에 대한 개입을 가급적 피하고 민간의 의사결정을 존중하는 것이 옳지만 스스로 영역을 확대하려는 관료주의 속성이라는 한계를 갖고 있다. 그래서 정부가 담당해야 할 분야인 치안, 외교, 법치 등과 사회간접자본 투자, 경제력이 없는 사람에 대한 복지 등을 벗어난 확장을 시민단체가 나서서 견제하고 감시해야 하는 것이다. 그런데 정부가 대다수 국민이 동의하기 어려운 공공의 목적을 달성하겠다고 나서면 경제는 힘을 잃게 마련이다. 공익으로 포장된 선의의 목적은 숨어 있는 비용도 대단히 커서 장기적으로 경제에 파괴적 부작용을 낳는다.

경제정책의 결과는 긴 시간을 통해 현실로 나타난다. '시장원리'와

'작은 정부'에 맞게 선택된 경제정책은 시민과 국가를 부강하게 만들지만 정부가 늘 그런 선택을 하는 것은 아니다. 일본에서는 불황을 핑계로 재정지출을 방만하게 늘린 정부의 오판과 자만심이 10년의 불황을 불렀다. 시장의 힘을 무시한 것에 대한 냉엄한 대가를 치른 것이다. 반면 대처 전 영국 총리, 레이건 전 미국 대통령처럼 10년간 뼈를 깎는 구조조정으로 초유의 번성기를 가능케 한 사례도 있다.

그렇다면 한국은 과거 10년 동안 어떤 정책을 썼나. 불행히도 한국의 경제정책은 창조적이기보다는 파괴적이었다. 법치를 지키지 못하고 이익집단에 휘둘렸고 성장엔진을 해체했으며 민간경제의 활력을 빼앗아 버렸다. 최근 들어 노무현정부는 수도권 해체, 삼성 해체, 재산권 해체 등 해체공화국으로 나아가고 있다. 물론 긍정적인 면도 있었다. 외환위기 과정에서 구조조정을 단행했으며 개방화를 통해 국제경쟁력을 높였고 여러 나라와 자유무역협정(FTA)을 체결하기 시작했다. 이런 글로벌화 노력은 우리나라가 성장해 온 자유무역의 바탕을 더욱 튼실하게 만든다는 점에서 바람직하다.

우리 경제의 최대 취약점은 관치경제다. 막강한 관료집단과 무한 간섭주의, 그리고 정부 만능주의가 그 특징이다. 고도성장시기의 관치경제는 다행히 부작용이 크지 않았지만 민주화 이후 관치경제는 경제활성화의 걸림돌이 되고 있다. 관치로 얼룩진 경제시스템의 경직성은 외환위기를 초래했다. 높은 환율을 무리하게 유지했으며 경직된 관치금융시스템은 외부의 충격에 쉽게 무너져 내렸다. 더구나 기아자동차 부도를 처리하는 과정에서 나타난 정치논리와 법치를 무시한 노동계의 불법투쟁은 김영삼정부 말기의 극심한 혼란을 가져왔다. 또 무능한 관치경제로 인해 고비용 저효율의 말기적 현상이 나타났다.

위기는 기회의 다른 말이라고 했던가. 외환위기를 극복하기 위한 처방으로 관치경제는 흔들렸다. 우리 경제가 관치경제를 시장경제 시스템으로 바꿀 수 있는 기회가 온 것이다. 하지만 금융개혁, 기업개혁 과정에서 관치는 다시 부활했다. 과거 권위주의 시절에 행한 것처럼 정부는 기업을 대신해서 의사결정을 내렸고 그 결과는 빅딜의 실패로 나타났다. 더구나 1999년 말까지 대기업의 부채비율을 200%로 줄이라는 경제정책은 그야말로 경제의 활력을 빼앗아 갔다.

기업에 대한 규제는 점차 커지고 중복돼 점차 기업의 목을 졸랐다. '재벌 해체'를 겨냥한 정치적 공세는 공정거래법의 잦은 개악으로 나타났으며 대기업은 점차 분해돼 갔다. 참여정부에서 참여연대 주도로 추진되는 '금산법'은 '재벌 해체'에서 '삼성 해체'로 한 걸음 나아간 것이다. 하지만 '재벌 길들이기'는 실패로 가는 길이다. 과거 고도성장의 성장엔진이 바로 대기업이었고, 대기업을 무력화시키는 것은 미래의 성장잠재력을 낮추는 것이기 때문이다. 우리 대기업들은 이미 글로벌 기업으로 발전한 지 오래며, 외국인이 절반 이상을 소유한 상태다.

기업정책의 실패는 벤처지원정책에서도 나타났다. 경제의 쏠림현상을 부추기고 불확실성만 높였다. 이처럼 열악한 산업을 보호하고 막강한 기업을 규제해야 한다는 명분론에서 시작된 정부의 간섭은 경제를 혼란에 빠뜨리고 활력을 빼앗아갔다. 정부는 기업을 지도·관리하겠다고 나서지 말고, 그냥 기업을 경쟁 속으로 내모는 것으로 족하다. 기업정책은 경쟁정책이 가장 바람직한 방향이기 때문이다. 정부는 보호의 대상을 넓혀가고 있다. 중소기업에 이어 노동자, 노동단체, 농민, 심지어 자영업자까지 끝이 없다. 결국 정부에 일자리를 보장하라고 요구하는 시대가 됐다.

노무현정부는 부동산가격을 인위적으로 동결시키라는 국민정서에 정부가 부화뇌동하다 보니 부동산시장의 혼란은 끝이 없다. 경제문제는 경제논리로 풀어야 뒤탈이 없는데 '경제민주화'의 구호 속에

무리하게 정치논리를 앞세워 시장을 무력화시키는 일이 반복되고 있다.

김대중정부에선 시장경제는 지향해야 할 목표였으나 노무현정부에선 시장은 불신의 대상이다. 시장의 결과가 마음에 들지 않으면 그것이 시장 실패라고 우기고, 시장 실패라는 말을 앞세워 시장 개혁이라는 구호를 내건다. 시장의 활력은 점차 줄고 공공부문의 비대화만 남아 있다. 노무현정부는 김대중정부와는 달리 처음부터 공무원 수를 늘리려는 정책을 쓰고 있다. 다른 분야에 비해 미진했던 공공개혁이 완전히 중단된 것이다. 민영화도 중단됐고 세금증가와 재정확대로 공공부문의 낭비와 저효율은 민간경제를 짓누르고 있다.

김대중정부의 인위적인 경기부양책의 후유증은 컸다. 노무현정부는 그 부작용 속에서 출범했음에도 과거에서 배우는 것이 없다. 추경예산을 편성해서 재정지출을 늘리고, 예산을 조기 집행하겠다고 한다. 조삼모사식의 예산지출이 무슨 경기부양에 도움을 주며, 공무원을 더 뽑아서 실업을 해소하겠다니 그 비용을 부담해야 하는 국민들의 속 타는 마음을 아는지 모르는지 안타까울 뿐이다.

김대중정부에서 시작된 복지비용의 증가가 노무현정부에서 크게 증가하고 있다. 상당한 재정적 부담이 들더라도 복지비용을 늘리겠다는 노무현 대통령의 의지는 경제에 큰 부담이 되고 있다. 민주주의가 발전한 나라에서 인기를 끌기 위한 재정지출을 확대하면 이를 다시 보전할 방법이 없다. 혜택은 남이 보고 그 재정적자를 대신 부담해야 하는 사람들에게 세금을 더 내라고 설득하기 어렵기 때문이다. 그래서 재정적자의 늪에 빠진 대부분의 선진국들이 장기침체를 겪은 것이다.

먹고사는 일은 사소해 보이지만 가장 중요한 일이다. 그래서 경제는 가장 근본이며 개혁도 배부르고 등 따뜻하게 한 결과를 놓고 긍정성을 평가받을 수 있는 것이다. 룰라 브라질 대통령이나 유럽의 사회복지국가들은 좌파노선을 표방했지만 실제로는 제3의 길이라는 포장 속에서 자유주의 노선으로 회귀해 조국을 구했다. 하지만 한국에서는 반대의 현상이 나타나고 있다. 중도보수의 기치를 내걸거나 심지어 높은 경제성장률을 공약해서 당선된 정부가 반대의 길을 걷고 있다. 높은 성장률 공약이 재정확대와 세금증가를 위한 근거로만 사용되고 있으니 국민의 한숨은 깊어만 가는 것이다.

기업가정신이 살아나기 위해서는 정부 정책의 불확실성이 제거돼야 한다. 우리만 예외로 하고 특별히 보호해 달라는 논리로는 미래가 없다. 이제 정부는 변해야 한다. 자유주의사상이 현 위기를 극복할 수 있는 유일한 해법이며 경제정책의 비용과 편익을 꼼꼼히 따지고 분석하는 것이 그 처방이다.

지금 '어떤 이념이 경제를 살릴 수 있나'를 분명히 해야 하기에 이념논쟁은 나쁘지 않다. 올바른 길을 선택할 책임은 우리 모두에게 있기 때문이다. 적당히 중도라고 표현하는 것은 문제를 회피하고 진보의 역사를 후퇴시키는 일이다. 지금 세계를 지배하는 시대정신은 자유주의다. 이를 외면할 수도 없고 외면해서도 안 된다.

정부 비대화로 쪼들리는 서민경제

아무리 부자라 해도 쓰고 싶다고 해서 펑펑 쓰다가는 얼마 못가 거덜나는 게 살림살이의 이치다. 이는 살림을 해본 사람은 누구나 터득하고 있는 바다. 생산성을 웃도는 소득을 누리다가는 얼마 못가 일자리가 없어지게 마련이고, 소득을 넘는 소비를 하다가는 자산을 모두 잃고 결국 파산하게 마련이다. 한 나라의 살림도 마찬가지다. 그 나라의 총소득과 자산의 한계가 있는데 어떻게 쓰고 싶은 곳에다 쓸 수 있겠는가.

사람들은 불쌍한 사람을 위해서 자신의 돈을 기꺼이 내놓는 아름다운 마음을 갖고 있다. 그렇지만 남에게 그것을 강요하지는 못한다. 자기가 쓰고 싶다고 남의 호주머니에서 돈을 꺼내가는 것은 법에 어긋나는 짓이기 때문이다. 하지만 정부는 합법적으로 사람들의 주머니에서 돈을 꺼내다가 다른 사람에게 줄 수 있다. 그런 이유로 해서 정부의 살림살이는 커지게 마련이다. 처음에는 모든 사람이 공감할 수 있는 극빈층을 돕는 것에서 출발하지만, 일단 정부가 복지지출을 하기 시작하면 이런저런 이유를 들어 차상위계층까지 지출을 늘려가기 때문이다.

또 시장의 부작용이 크다면서 민간에서 할 수 있는 일까지 정부가 맡게 되면서 정부의 기능은 커지고 시장은 위축되고 만다. 선의로 포장된 정부의 기능 강화가 나쁜 결과를 초래하는 이유는 무엇일까. 그것은 정부 비대화가 경제활동을 위축시켜 장기적으로 모든 경제주체의 삶을 황폐화시키기 때문이다. 참여정부는 정부가 해야할 일이 많다고 하면서, 정작 그 씀씀이를 감당해낼 부가가치 창출에는 무능하다. 참여정부에서 느는 것은 세금과 공무원이요, 사라지는 것은 중산층과 성장동력이라는 말이다. 벌어야 쓸 돈도 나오는법인데, 기업과 시장에는 온갖 규제를 강화한다.

경제를 민주화하겠다면서 정치원리를 들이대고, 시장을 개혁하겠다고 경쟁질서를 훼손한다. 잘하는 기업에 벌을 주고 부실기업을 지원하는 반 경쟁정책이 판을 친다. 재산권과 법치를 강화하기보다는 포퓰리즘과 관료지상주의로 시장을 억압한다. 사실 우리 사회는 양극화를 개방화로 인한 불가피한 현상으로만 여기고, 정부의 반 시장 정책에 기인한 측면은 무시하는 경향이 있다. 세계시장과 연관된 수출부문의 비약적 성장과는 달리, 계속되는 내수 침체는 중소기업과 서민의 생활을 위축시켰다. 외부적으로 세계화가 진행되듯이 내부적으로 경제자유화가 함께 진행돼야 하는데, 참여정부는 내부적으로 경제자유화보다는 반자본주의 정책을 추진했다. 그 결과 기업과 자본은 외국으로 탈출했으며, 경제활력이 급격히 떨어지면서 내수침체와 중산층 몰락을 유발한 것이다.

빡빡해진 살림에 물가상승 압박에 시달리는 서민의 삶은 그야말로 붕괴 직전이다. 부자들을 조준해서 정밀 폭격하겠다는 세금폭탄이 알고 보니 '세금공화국'의 시발점이었음이 드러나고 있다. 서민들은 정부의 방만해지는 씀씀이에 기가 찰 노릇이다. 온갖 이유를 들이대고 지출을 늘리면서, 당신들의 주머니에는 손을 대지 않고 다른 사람에게서 세금을 거둘 것이라고 하지만, 결국 그 부담은 서민에게 돌아오기 때문이다.

정부의 비대화가 시장을 죽이고 경제 침체를 불러오는 것은 정해진 이치다. 그래서 외국의 선진국가들이 정부 살림살이를 함부로 늘리지 않고 줄이려 노력하는 것이다. 그럼에도 뼈를 깎는 구조조정 없이, 잘못된 방향설정에 대한 반성도 없이, 참여정부는 국민에게 부담만 늘리겠다고 하니 한심스럽다.

지금 우리 사회에서 가장 뒤처진 분야는 정부의 경쟁력이다. 정부의 활동이 가치를 창조하기보다 파괴하는 데 모아져서는 미래가 없다. 투명성도 떨어지고, 생산성과 효율성까지 뒤처진 정부를 혁신하는 것이 무엇보다 중요하다. 비대해진 정부가 세계 경쟁에서 잘 뛸 것을 기대하기는 어렵다. 정부가 갖춰야 할 분명한 비전은 민간이 할 수 있는 일은 시장에 맡기고 작은 정부로 돌아가는 일이다.

경쟁과 시장은 시장 개입과 관치경제에 비해 늘 우월하다. 미래를 알 수 없기에 더 큰 성과를 낼 수 있는 것이다. 이러한 친시장적인 정책은 진보의 결과를 가져온다. 과거 관치경제의 틀에서도 차별화 정책이 추진됐고, 이것이 관치경제의 비효율을 극복하면서 우리 경제는 빠른 발전을 이룩했다. 하지만 정치민주화가 달성되면서, 경제민주화라는 잘못된 정책 방향이 우리 경제의 발목을 잡고 있다. 결국 관치경제는 평등주의적 시장 개입으로 변화하면서 그 폐해가 심해졌다.

시장 기능을 마비시키는 경제정책은 실패하기 마련이다. 이미 선진국에서 충분히 검증한 것들이다. 실패할 정책을 꼭 실험을 통해 확인할 필요가 있는지 궁금하다. 뒤따라가는 나라의 장점은 앞선 경험을 참고할 수 있다는 점이다. 한국 정부는 선진국 정부와의 경제정책 경쟁에서 뒤처지지 않도록 스스로 기업가 정신을 갖추어야 한다. 지시와 규제로 시장을 다스리겠다는 오만한 생각은 이제 버려야 한다. 관치경제로 유연성을 상실한 경제는 활력을 잃고 경쟁에서 도태할 뿐이다.

지금 우리 사회에는 뜨거운 정의감을 앞세운 운동권 논리가 정부 정책으로 자리잡고 있다. 이로 인해 현실감을 상실한 정책은 없는 사람들을 더욱 비참하게 만들고 있다. 가난한 자를 돕겠다는 것이 오히려 더욱 괴롭히고 있는 것이다. 우리 사회에서 경제 활력이 더 고갈되기 전에 하루라도 빨리 시장경제 시스템으로 전환해야 한다. 창의적 혁신이 가능한 자유로운 경제라야 고용 창출도 진보도 가능하다. 경제 문제는 경제 논리로 풀어야 뒤탈이 없다.

규제 과감하게 풀어주자

고용창출을 위해 정부가 해야 할 일은 규제를 과감히 푸는 일이다. 시장경제에 반하는 반기업적 규제를 해소해야 국내외 자본의 투자가 활성화될 수 있고 그래야 새로운 일자리가 만들어지기 때문이다. 여기에 두 가지 반문이 제기된다. 고용없는 성장시대에 규제해소가 고용창출 대신 기업의 수익성만 높여주는 것이 아니냐는 것과 과거에는 규제가 없어서 투자를 많이 했느냐는 것이다.

우리 경제가 고용창출이 없는 '고용없는 성장'이라는 현상이 계속

되면서 소비내수가 좀처럼 회복되지 못하고 있다. 하지만 '고용없는 성장'은 실제로 존재할 수 없다. 다른 알지 못하는 요인이 숨겨져 있거나 시차를 두고 일어날 뿐이다. 우리나라 성장률은 수출에 의해 주도되었고 수출이 내수로 연결되지 않고 있는 것은 투자가 국내에서 일어나지 않고 외국으로 나가기 때문이다. 국내에서 투자할 매력을 느끼지 못하는 중소, 중견, 대기업들이 빠르게 공장을 옮기고 있어, 제조업 공동화 현상이 급격하게 진행되고 있다. 또 외국의 자본은 우리나라에 투자할 유인을 갖지 못하고 있는 형편이다.

과거에는 기업의 투자는 활발했다. 미래에 대한 불확실성이 낮았고, 예측가능한 정책이 장기적으로 실행되었고, 국내의 투자여건도 좋았다. 반면 지금은 과거에 비해 다른 나라에 대한 투자전망이 높고, 자유로운 자본이동이 가능하게 되었다. 국내와 외국의 투자여건을 비교할 수 있는 상황이 된 것이다. 따라서 국내의 규제여건이 높으면 투자가 일어나기 어려운 상황이다. 이러한 이유로 고용을 창출하기 위한 기업의 투자를 활성화하는 가장 선결과제는 규제해소이다. 확실히 규제를 풀어 다른 나라에 비해 투자여건이 개선되어야 효과가 있다. 즉 우리나라를 투자하기에 매력적인 나라로 만들어야 한다. 지금은 한국이 과거처럼 기회의 땅이 아니다. 오히려 너무 투자를 많이 해서 야단을 맞았고 그런 법률(부채비율 제한)이 아직도 우리 기업경영환경을 지배하고 있다. 이런 규제가 있는 상황에서 일자리 창출이 말처럼 쉬운 일이 아니다.

정부가 아무리 규제를 많이 풀었다고 자찬을 하지만 실제로 기업인이 느끼는 규제의 강도는 변화하지 않고 있다. 양보다는 질이 문제다. 핵심적이고 실질적인 규제 하나를 푸는 것이 중요하지만, 그런 규제일수록 국민정서를 빌미로 정부가 꼭 붙잡고 있다. 출자총액제한, 수도권집중억제, 부동산투기대책 등이 그런 예다. 실제로 우리나라 규제수준은 세계적으로 최하위권이다. 이처럼 규제가 심각한 것은 우리 경제가 기본적으로 관치경제의 틀에서 벗어나지 못하고 있음을 말해준다. 규제는 일종의 감추어진 세금과 같다. 정부가 임의로 경제에 대한 간섭과 조절을 할 수 있는 장치다. 저질의 규제는 절차를 복잡하게 만들고 제도를 불투명하게 만들어 예측가능성을 떨어뜨린다. 더구나 괘씸죄라는 임의성까지 포함하게 되면, 불법정치자금의 원인이 된다. 이러한 요인들은 우리 경제를 고비용 저효율로 몰아간다.

정부는 관치경제 시스템을 시장경제 시스템으로 바꾸겠다고 공언하고 있지만, 그야말로 말잔치에 머물고 있다. 실제로 경제를 움직이는 것은 실천이며, 장기적 예측가능성이다. 인센티브 시스템이 시장경제의 자연스런 작동원리이기 때문이다. 규제로 시장의 역할을 죽이고 정부가 임의로 경제를 억압하는 나라가 잘 살 수는 없다.

어리석은 생각이 자신의 발목을 잡고 있는 것이다. 시장에 대한 불신, 부자에 대한 미움, 자본주의에 대한 반감, 정부에 대한 의존적 사고 등이 어울려져 만들어낸 반시장적인 규제가 고스란히 서민에게 부담으로 떠넘겨지고 있는 것이다.

시장경제원리는 개인의 선택과 책임을 통해 작동한다. 국가에 의존하고, 자신의 권리와 의무를 떠넘기는 태도는 시장경제를 위축시켜 장기적으로 자신의 부담만 늘릴 뿐이다. 작은 정부, 균형재정, 최소한의 세금, 이것이 시장을 활성화시켜 삶의 질을 높이는 최선의 방법이다.

21세기 시대정신은 자유주의

1989년 소련을 비롯한 동유럽국가의 사회주의 통제경제체제의 붕괴 이후 15년의 시간이 지났다. 사회주의 실험은 거대한 실패로 끝났다. 경제적 자유는 고사하고 정치적 자유도 얻지 못했으며, 인민의 삶은 황폐함 그 자체였다. 그들이 어쩔 수 없이 선택한 것은 시장경제체제였다. 비슷한 처지였던 중국과 인도는 사회주의의 한계를 벗어나기 위해 시장경제체제를 받아들이고 세계화에 적극 동참하면서 가난에서의 탈출을 시도하고 있다.

사회주의 실험은 잘사는 나라에서도 있었다. 자본주의 꽃을 피웠던 영국과 미국도 예외는 아니었다. 사회주의 정책들은 경제침체를 불렀고, 사회는 활력을 잃었다. 영국의 대처수상, 미국의 레이건 대통령은 사회주의 실험에서 나라를 건진 대표적인 지도자였다. 이들 국가가 다시 시장경제체제로 회귀하면서 자유주의 진영의 우위는 지나치다고 비난받을 정도로 분명해졌다.

지구촌의 대부분의 나라가 지향하고 있는 이 시장경제체제가 요즘 우리 사회에서 비판의 대상이 되고 있는 신자유주의다. 신자유주의라고 쉽게 매도되고 있는 자유주의 시장경제는 21세기 모든 나라가 채택할 수밖에 없는 가장 우월한 시스템이다. 이 신자유주의에 필적할 대안이 없다는 것이 좌파세력이 다양한 세력으로 분파되어 연대할 수밖에 없는 이유일 것이다.

사실 자유주의 시장경제에 대한 본질적인 비판은 불가능하다. 지구상의 인민의 삶의 질을 이만큼 진보시킬 수 있는 유일한 시스템임이 역사적으로 증명되었기 때문이다. 좌파의 비판은 시장경제의 흠만 잡아내고 부정적 부분을 확대해서 보여줄 뿐이다. 그야말로 정치적 투쟁을 목표하는 대안 없는 비판들뿐이다. 그들은 근본적으로 인민의 삶의 풍요로움을 높일 수 있는 새로운 대안을 제시할 수 없다. 그래서 좌파는 근본적으로 진보세력이 아니다. 새로운 창조모델을 가지고 있지 못하기 때문에 가치파괴적 사회주의 실험을 이름만 바꿔가며 반복하고 있는 것이다.

우리 사회에서 자유시장경제에 대한 비판세력은 크게 두 가지 그룹으로 나뉜다. 첫째는 시장경제의 필요성을 인정하면서 이를 사회

주의 목적에 적합하게 조정하자는 수정주의 태도를 보이는 세력이
다. 대부분의 시민단체와 정치인들, 그리고 신진보세력과 노동계가
그들이다. 이들은 현재의 생산성을 유지하면서 기득권을 옹호하기
때문에 근본주의자들로부터 대안 없는 자본주의 옹호세력으로 비판
받는다. 둘째는 신자유주의에 대한 대안을 제시하는 환경론자, 극단
의 사회주의 세력이다. 하지만 이들은 현실에 다가갈수록 소수가 되
고, 수정을 요구받는다. 그들의 시스템으로는 인민의 삶의 질을 유
지할 수 없기 때문이다.

자유시장경제체제에 대한 대안을 찾기 위한 좌파의 노력은 유럽
에서도 제3의 길이라는 형태로 나타났다. 하지만 포장만 사회주의지
사실 내면은 모두 자유시장경제체제를 받아들이자는 것이다. 대안
없는 좌파의 어쩔 수 없는 선택일 것이다. 사실 제3의 길이란 없다.
현실적으로 선택 가능한 유일한 길은 오직 제1의 길인 자유의 길뿐
이다. 우리 사회도 나아갈 길은 바로 자유주의 시장경제뿐이다. 사
회주의는 부분적으로 틀린 것이 아니라 완전히 틀린 것이다. 아무리
이름을 바꿔도 사회주의는 퇴보의 길일뿐이다. 좌파세력은 잘못된
것을 모두 사회의 구조적 모순 탓으로 돌린다. 그리고는 누군가의
주머니에서 돈을 더 빼내서 세금으로 해결하자고 한다.

스스로 문제를 해결하기보다는 남에게 의존하고 그래서 더 큰 문
제를 만드는 악순환의 고리를 만든다. 그야말로 온정주의, 집단주의,
국가주의 사고방식의 전형이다. 사람들을 게으르게 만드는 평등주의
사회는 진보하기 어렵다. 실제로 인류 역사가 늘 진보한 것은 아니
었다. 인민의 삶이 퇴보한 기간이 오히려 더 길었을 지도 모른다.
집단주의로 얼룩진 긴 역사 속에서 인민의 자유는 짓밟히고 억눌렸
다. 하지만 시장이 커지고, 자유의 영역이 넓어지면서 시민의 정치
적 자유와 경제적 자유는 신장되었고 풍요로움으로 열매를 맺었다.
우연하게 자본주의 시장경제체제에 편입된 한국도 짧은 기간에 가

난을 벗어났다. 미국주도의 세계화에 동참한 결과였다. 다른 나라에 비해 더 적극적으로 세계화에 다가간 결과로 더 많은 결실을 얻은 것이다.

일반적으로 삶의 질이 개선되는 것도 자유가 제약된 그만큼 제약을 받는다. 경제적 자유의 개선 없이는 한계가 있는 것이다. 자유주의가 빈약한 일본, 중국도 그만큼 발전의 한계를 가지고 있다. 진정한 진보는 자유주의를 확보하는 것에서 나온다. 지금 한국의 자유는 진전되지 못하고 있고, 그나마 발전의 원동력이었던 세계화마저 흔들리고 있다.

진보의 기준은 개인의 삶에서 찾아야 한다. 타인의 이익과 권리를 해치지 않는 범위에서 개인의 자유는 가장 소중한 가치다. 국가의 과제는 이 개인의 자유를 보호하는 것이어야 한다. 정부가 개인의 삶을 규제하고 영향을 미칠수록 개인의 자유는 위축될 수밖에 없다. 그래서 작은 정부가 보다 진보적 대안인 것이다.

개인의 자유와 함께 자유시장경제의 핵심은 재산권 보호다. 자신이 얻어낸 것을 자기 것으로 하지 못하는 사회는 재산권을 보호해주는 사회에 의해 도태되어 왔다. 재산권을 보호해주는 사회에서 풍요로운 삶이 이루어졌으며, 부의 불평등은 완화되었다. 그래서 성과에 대한 공헌을 재산에 대한 권리의 근거로 삼는 자본주의가 가장 정의로운 시스템인 것이다.

달리기 시합에서 그 결과를 미리 안다면 누가 열심히 뛰겠는가. 경쟁의 결과를 알지 못할 때 더 큰 열매를 얻는 법이다. 시장의 경쟁이 우리 삶의 질을 높이는 기관차다. 자유주의를 신자유주의라고 몰아세우고, 신자유주의가 지구화된다며 비판하는 것은 시대의 흐름을 거꾸로 가는 것이다. 21세기 시대정신은 바로 자유주의다. 자유주의만이 우리사회를 진보로 이끄는 유일한 길이다.

자유주의 시리즈 5

자유주의만이 살길이다

초판 1쇄 발행일/ 2006년 10월 16일
지은이/ 한국 하이에크 소사이어티 엮음
펴낸이/ 이정옥
펴낸곳/ 평민사

주소/ 서울시 서대문구 남가좌 2동 370-40
전화/ 02)375-8571(영업)·02)375-8572(편집)
fax) 02)375-8573
e-mail/ pms1976@korea.com
등록번호/ 제10-328호

값/ 12,000원

ISBN 89-7115-465-9 93320

* 잘못 만들어진 책은 바꾸어 드립니다.